AF814396

राजकमल चौधरी

जन्म : 13 दिसम्बर, 1929 को अपने ननिहाल रामपुर हवेली में। पितृग्राम महिषी (सहरसा, बिहार)। इंटरमीडिएट आर्ट्स में नामांकन, किन्तु उसे छोड़कर भागलपुर आकर इंटरमीडिएट कॉमर्स में प्रवेश। मारवाड़ी कॉलेज, भागलपुर से 1955 में आई.कॉम.। 1953 में गया कॉलेज से बी.कॉम। लेखन की शुरुआत भागलपुर से ही हो गई थी। शिक्षा पूरी करने के बाद अधिकतर कलकत्ता में रहे। हिन्दी आर मैथिली की कई पत्रिकाओं का सम्पादन किया। अन्तिम वर्षों में पूरी तरह स्वतंत्र लेखन। 19 जून, 1967 को पटना के अस्पताल में लम्बी बीमारी के बाद निधन।

प्रकाशित कृतियाँ : हिन्दी में : *अग्निस्नान, शहर था शहर नहीं था, नदी बहती थी, ताश के पत्तों का शहर, मछली मरी हुई* (उपन्यास); *बीस रानियों के बाइस्कोप, एक अनार : एक बीमार* (लघु उपन्यास); *मुक्ति-प्रसंग, कंकावती, इस अकाल वेला में, स्वरगन्धा, ऑडिट रिपोर्ट, विचित्र* (कविता-संग्रह); *मछली जाल, सामुद्रिक एवं अन्य कहानियाँ* (कहानी-संग्रह)।

मैथिली में : *आदिकथा, पाथरफूल, आन्दोलन* (उपन्यास); *स्वरगन्धा, कविता राजकमलक* (कविता-संग्रह); *एकटा चंपाकली विषधर, कृति राजकमलक* (कहानी-संग्रह)।

अनूदित कृतियाँ : मूल बांग्ला से शंकर के उपन्यास *चौरंगी* और वाणी राय के उपन्यास *चोखे आमार तृष्णा* का हिन्दी अनुवाद।

देवशंकर नवीन

जन्म : 2 अगस्त, 1962 को मोहनपुर, जिला सहरसा (बिहार) में। एम.ए., पी-एच.डी. (हिन्दी, मैथिली)। जी.एल.ए. कॉलेज, डालटनगंज, में छह वर्षों तक अध्यापन किया। नेशनल बुक ट्रस्ट के सम्पादकीय विभाग में कार्यरत रहे। इग्नू के अनुवाद अध्ययन एवं प्रशिक्षण विद्यापीठ में अध्यापन किया। फिलहाल जवाहरलाल नेहरू विश्वविद्यालय के भारतीय भाषा केन्द्र में प्रोफेसर पद पर कार्यरत हैं।

प्रकाशित कृतियाँ : *जमाना बदल गया, पहचान, सोना बाबू का यार* (कहानी), *अभिधा, चानन-काजर, ओ ना मा सी* (कविता), *हाथी चलए बजार, राजकमल चौधरी का रचनाकर्म, आधुनिक मैथिली साहित्यिक परिदृश्य, मैथिली साहित्य : दशा दिशा सन्दर्भ, राजकमल चौधरी : जीवन एवं सृजन* आदि (आलोचना) तथा दस से अधिक सम्पादित पुस्तकें।

मैथिली-हिन्दी की समस्त पत्र-पत्रिकाओं में रचनाएँ प्रकाशित। अंग्रेजी सहित कई अन्य भारतीय भाषाओं में भी रचनाएँ अनूदित।

राजकमल चौधरी रचनावली

1

कविता : 1

सम्पादक
देवशंकर नवीन

राजकमल प्रकाशन

ISBN : 978-81-267-2878-7

मूल्य : ₹ 3000
सेट (8 खंडों में)

© नीलमाधव चौधरी
© सम्पादकीय : देवशंकर नवीन

पहला संस्करण : 2015

प्रकाशक : राजकमल प्रकाशन प्रा. लि.
1-बी, नेताजी सुभाष मार्ग, दरियागंज
नई दिल्ली-110 002

शाखाएँ : अशोक राजपथ, साइंस कॉलेज के सामने, पटना-800 006
पहली मंजिल, दरबारी बिल्डिंग, महात्मा गांधी मार्ग, इलाहाबाद-211 001
36 ए, शेक्सपियर सरणी, कोलकाता-700 017

वेबसाइट : www.rajkamalprakashan.com
ई-मेल : info@rajkamalprakashan.com

मुद्रक : बी.के. ऑफसेट
नवीन शाहदरा, दिल्ली-110 032

Rajkamal Chaudhary Rachanavali-1
Edited by Deo Shankar Navin

इस पुस्तक के सर्वाधिकार सुरक्षित हैं। प्रकाशक की लिखित अनुमति के बिना इसके किसी भी अंश की, फोटोकॉपी एवं रिकॉर्डिंग सहित इलेक्ट्रॉनिक अथवा मशीनी, किसी भी माध्यम से अथवा ज्ञान के संग्रहण एवं पुनःप्रयोग की प्रणाली द्वारा, किसी भी रूप में, पुनरुत्पादित अथवा संचारित-प्रसारित नहीं किया जा सकता।

आदरणीया शशिकान्ताजी की पुण्यस्मृति में

राजकमल चौधरी
(13 दिसम्बर, 1929 — 19 जून, 1967)

मधुसूदन चौधरी (राजकमल चौधरी के पिता)
त्रिवेणी देवी (माता) एवं बालक राजकमल चौधरी

मधुसूदन चौधरी (पिता)

नरेन्द्र नारायण चौधरी (चाचा)

मध्य में राजकमल चौधरी, उसके बाएँ धीर चौधरी (भाई),
दाएँ सुधीर चौधरी (भाई)

अब गंगा नदी में चन्द्रमा नहीं तैरता

स्थापित धार्मिक मान्यता, संचालित आर्थिक-राजनीतिक-सामाजिक व्यवस्था और प्रचलित लोकसत्ता के प्रति आस्था अथवा भक्ति रखना अब तर्कशक्ति के साथ सम्भव नहीं है। समय के देवताओं का कहना है कि धर्म और कानून का पालन करो, उस पर तर्क न करो।...तर्कपसन्द जनता उन्हें पसन्द नहीं उन्हें पता है कि जनता तर्क करने लगेगी, तो उनकी गद्दी हिल जाएगी। इसलिए स्वातन्त्र्योत्तर काल के भारत के सत्ताधीशों ने शिक्षित जनता को तर्कविमुख करने की सफल कोशिश की। रोजगार की सम्भावनाओं को नष्ट कर बेरोजगारों की फौज तैयार की। अभाव बढ़ता गया, समस्याएँ बढ़ीं, शोषण बढ़ा, निर्धनों का अपमान बढ़ा, जनता का मनोबल टूटा, श्रम का अवमूल्यन हुआ, श्रमजीवी और अभावग्रस्त जनता पूँजीपतियों के लिए उत्पादक मशीन हो गई। गाँव के असन्तुष्ट श्रमजीवी शहर की ओर दौड़े। गाँव विरल होता गया, शहर की आबादी बढ़ती गई। परिवार, समाज, गाँव-शहर नई-नई परिस्थितियों से जूझने लगा। एक छोटी समस्या कई बड़ी समस्याओं की जननी होने लगी। वैज्ञानिकता के प्रवेश और संसाधन की उपलब्धता से राष्ट्रीय-अन्तर्राष्ट्रीय सूचनाएँ सहजता से मिलने लगीं। शिक्षा के प्रचार-प्रसार से नारी शिक्षा में वृद्धि हुई। विद्यालयीय- महाविद्यालयीय शिक्षार्जन के क्रम में किशोर-किशोरियों की उन्मुक्त मित्रता बढ़ चली। समय पाकर कामान्धता को भी जगह मिलने लगी। इच्छा और साधन दोनों मौजूद हों, समाज में अपने को दोषमुक्त साबित करने के लिए विज्ञान-प्रसूत उपस्कर भी उपलब्ध हो, तो स्कूल-कॉलेजों में अध्ययनरत किशोर-किशोरियाँ और कार्यालयों में कार्यरत स्त्री-पुरुष अपने उन्माद को क्यों दबाएँ! दोषमुक्ति की आश्वस्ति से उनकी इच्छा बलवती हुई, उनके मन-मिजाज से पाप-पुण्य की भावनाएँ लुप्त हुईं और शील-सभ्यता की सीमा से बाहर आकर शारीरिक विवशता के रूप में यौनोन्माद चल पड़ा। यौनाचार की इस स्वच्छन्दता से बहुगामी आचरण को बल मिला। विवाहेतर सम्बन्ध बढ़ चले। दाम्पत्य तनाव के साथ-साथ इस परिणति के और भी कई पहलू समाज में व्याप्त हुए। कई धर्मप्राण लोग फिर भी इस हरकत को नीति-विरुद्ध मानते रहे, साधन उपलब्ध होने के बावजूद उन्हें इच्छा नहीं

हुई, या इच्छा को होने से टालते रहे, या फिर इच्छा को दबाते रहे। लेकिन जिजीविषा, नैतिकता से बलिष्ठ होती है। निष्कलुष दाम्पत्य जीवन और निर्द्वन्द्व मनःस्थिति के बावजूद जीवनरक्षा की बुनियादी शर्तें उन नीतिबद्ध मनुष्यों में से कुछ को प्रतिबन्धित कर्मों की ओर उन्मुख करती रहीं। जो कुछ उन्मुख नहीं हो पाए, वे भी अभाव, और खंडित अभिलाषाओं और आत्म-स्थापन के लिए विहित संघर्षों से जूझते हुए ह्रस्त, त्रस्त और परास्त होते रहे।

आजादी के बाद के वर्षों ने भारत के नागरिकों को ये सारे वरदान काफी उदारता से दिए। और, सुसुप्त नागरिकों को जीवन-संग्राम की इन त्रासदियों से भारतीय साहित्य परिचित कराता रहा। इस दौरान हिन्दी कविता ने अवसर पाकर अपने कई तेवर बदले। बीसवीं शताब्दी के कालजयी रचनाकार राजकमल चौधरी ने कहा, "मनुष्य तीन प्रकार के होते हैं। एक वे, जो समाज के, युग के पीछे-पीछे चलते हैं। दूसरे वे हैं, जो समाज के, युग के साथ-साथ चलते हैं। तीसरे वे, जो समाज के, युग के आगे-आगे चलते हैं। तीसरे प्रकार के व्यक्ति ही सृजेता कहलाते हैं। समाज का निर्माण करते हैं। साहित्य (नए) का निर्माण करते हैं, (लहर, दिसम्बर-जनवरी, 1968) राजकमल अपने को तीसरी कोटि में रखते थे। समाज एवं युग के आगे-आगे चलने और चलते रहने की ईमानदारी, योग्यता एवं उदारता उनमें थी भी। इस अगुआई का कारगर तरीका उन्हें नई दृष्टि का साहित्य सृजन ही लगा। जीवन की भीषण आपदाओं से जूझती जनता के भोलेपन और उस भोलेपन से मजाक करते मुट्ठी भर सत्ताधीशों और उनके मुँहलगुओं की दुर्वृत्ति को देखकर ही वे इस निष्कर्ष पर पहुँचे थे। उनकी पहली कविता हिन्दी में सितम्बर, 1956 में तथा मैथिली में फरवरी, 1955 में प्रकाशित हुई। इस समय तक हिन्दी में *दूसरा सप्तक* प्रकाशित हो चुका था। *नए पत्ते* (1953) और *नई कविता* (1954) का प्रकाशन भी हो चुका था। *नए पत्ते* में और *आलोचना* के कुछ अंकों में नई कविता की कुछेक मूल स्थापनाएँ दी जा चुकी थीं। कहा गया था कि कुंठा और वर्जना से विमुख नई कविता मुक्त यथार्थ का समर्थन करती है, विवेक के आधार पर इस मुक्त यथार्थ का साक्षात्कार वह न्यायोचित समझती है और क्षण तथा समसामयिकता के दायित्व को स्वीकार करती है। विवेचना और विवेक के बल पर जिस वैज्ञानिक दृष्टिकोण से मानवता और यथार्थ दृष्टि अर्जित होती है, उसका आदर करती है। (साहित्य कोश, भाग-1, पृ. 311) यद्यपि *तीसरा सप्तक* का प्रकाशन सन् 1959 में हुआ, पर उसके सम्पादकीय वक्तव्य से जो स्पष्ट होता है, वह यह कि *तार सप्तक* में संगृहीत कवि *अपनी-अपनी अलग राह* का अन्वेषण करते हुए मंजिल निर्धारित कर चुके; बल्कि मुक्तिबोध का अभिप्राय तो साफ था कि असल में *तार सप्तक* ही नई कविता की घोषणा थी।...अर्थात्, *नई कविता* को विधिवत्

मान्यता मिलने के दौरान ही राजकमल की कविताएँ प्रकाश में आने लगी थीं, यद्यपि सृजनरत चार-छह वर्ष पूर्व से ही रहे थे।

भारतीय समाज का वह ऐसा दौर था कि जनता अपने को ठगी हुई-सी, जुए के दाँव में हारी हुई-सी महसूस कर रही थी। डॉ. राममनोहर लोहिया जैसे चिन्तक की धारणा यह थी कि 'हर एक व्यक्ति को एक हद तक अपने जीवन को अपने मन के मुताबिक चलाने का अधिकार होना चाहिए।' पर यहाँ सामाजिक, प्रशासनिक, राजनीतिक और आर्थिक व्यवस्था की नाक इतनी बढ़ गई थी कि जनता की जीवन-प्रक्रिया को बेवजह सूँघते रहना और उसके मन तथा जीवन के स्वातन्त्र्य को खंडित करना, अपना प्राथमिक कर्तव्य समझती थी। भारतीय गणतंत्र में उदार और सुसंगत परम्परा स्थापित करने हेतु, कांग्रेस पार्टी और जवाहर लाल नेहरू की नीतियों का, डॉ. लोहिया द्वारा किए गए निरन्तर विरोध की प्रक्रिया से आज के समाजवादी कार्यकर्ता (?) भी परिचित होंगे। आचार्य नरेन्द्र देव और जयप्रकाश नारायण जैसे सामाजिक हित के चिन्तक और राष्ट्रवाद के सूक्ष्म व्याख्याकार के चिन्तन-मनन से देश के बुद्धिजीवी एवं रचनाधर्मी परिचित थे। वैज्ञानिक विकास और औद्योगिक क्रान्ति की दुहाई तो दी जा रही थी, सामाजिक जीवन-प्रक्रिया को सुविधा-सम्पन्न बनाने की बात तो की जा रही थी, पर निर्णीत और परिलक्षित सामाजिक सत्य वही था, जो आचार्य नरेन्द्र देव का अभिप्राय था। सामन्ती व्यवस्था चरमरा तो गई थी पर औद्योगिक क्रान्ति से वैसी ही व्यवस्था का पर्याय पुनः व्याप्त हो गया था। उत्पादनधर्मी व्यवस्था की बागडोर पूँजीपतियों के हाथ में चली गई थी। कृषि-कर्म की जीवनी-शक्ति से अनुप्राणित अधिसंख्य जनता मजदूर बन गई। उत्पादन, विपणन, वितरण के औजार के रूप में जनता का उपयोग होने लगा। उसकी श्रमशक्ति बिकने लगी, बल्कि श्रमशक्ति बेचने को वह मजबूर हो गई और मुट्ठी भर पूँजीपति उसके नियामक और नियन्ता बन गए। आर्थिक वैषम्य की इस विशाल खाई से समाजवाद का रास्ता अवरुद्ध हुआ। वर्गहीन समाज की संकल्पना आहत हुई; अर्थात्, भारत की स्वाधीनता का अर्थ, जनता के सपनों के लिए कहीं से अर्थवान नहीं हुआ। जनता को नागार्जुन की पंक्तियाँ सच लगने लगीं :

अंग्रेजी-अमेरिकी जोंकें, देशी जोंकें एक हुईं
नेताओं की नीयत बदली, भारत माता टेक हुईं

इस अवधि की इन सारी स्थितियों को राजकमल चौधरी की पैनी नजर गम्भीरता से जाँच-परख रही थी। सन् 1960 के आते-आते उनके धैर्य की सीमा टूट गई। तब तक नई कविता स्थापित और सर्वस्वीकृत हो गई थी। पर उन्हें लगा कि फिर भी ऐसा बहुत बचा रह जा रहा है, जो प्रभाव के स्तर पर भला नहीं हो रहा है। आजादी के तेरह वर्षों बाद भी भारतीय जनता का जीवन सहज

नहीं हो पाया है। कांग्रेसी राजनीतिज्ञों के तिकड़मों से संचालित शासन-तंत्र में विकास और लोक-तंत्र की मूल स्थापनाओं के सारे सूत्र थोथे साबित हो रहे हैं। और, ऐसे ही समय में वे कुछ और उग्र हुए। यद्यपि भारत के सत्ताधीशों द्वारा लोकतंत्र और समाजवाद की पक्षधरता के दिए गए नारों और साम्राज्यवाद के प्रति रहस्यमूलक आकर्षण को देखकर सारे यथार्थ उद्‌घाटित हो चुके थे, और उन स्थितियों पर छठे दशक के प्रारम्भ में ही कई कविताएँ लिख चुके थे। पर सन् 1960-61 के आस-पास यथार्थभोग की तीक्ष्णता इतनी वेधक हो गई थी कि स्थापित काव्यधारा की सीमा को लाँघकर, उन्होंने *अकविता* आन्दोलन शुरू किया। कहा जाता है कि बाद के दिनों में कुछ लोगों ने समाचार पत्रों में इस कविताधारा की अकाल-मृत्यु की घोषणा कर दी, क्योंकि इसमें दृष्टिकोण की अस्थिरता थी, प्रदर्शन की भंगिमा थी, भूखी और आहत पीढ़ी के प्रभाव के प्रति स्वीकार-अस्वीकार का द्वन्द्व था। लेकिन सच है कि नई कविता की सीमाबद्ध दृष्टि के बाद आविर्भूत इस कविता आन्दोलन ने हिन्दी साहित्य में खूब धूम मचाई। *प्रारम्भ* और *अभिव्यक्ति* में इस धारा की कविताओं एवं तद्‌विषयक अनेक लेखों का प्रकाशन हुआ। उससे पूर्व ही सन् 1960-61 में प्रकाशित *नई कविता* के संयुक्तांक में इसका आह्वान हो चुका था। इस काव्यधारा की गतिकता एवं इसका प्रभाव इतना ताकतवर था कि घोषणाकाल से ही उसे व्यापक स्वीकृति मिल गई। सन् 1963 में जगदीश चतुर्वेदी द्वारा सम्पादित पुस्तक *प्रारम्भ* में चौदह कवियों की कुछ-कुछ कविताएँ संकलित हुईं। इनमें सन् 1960-61 के बीच लिखी गई राजकमल चौधरी की उन्नीस कविताएँ प्रकाशित हुईं। उन कविताओं में सामाजिक यथार्थ की बीभत्स स्थिति को नंगे स्वरूप में प्रस्तुत किया गया था। पर यह बात हमें स्वीकार लेनी चाहिए कि बिम्बों-प्रतीकों की नग्नता के बावजूद वे कविताएँ उतनी नग्न नहीं थीं, जितना नग्न वह यथार्थ था। इस सामाजिक यथार्थ को कोई भी अस्वीकृत नहीं कर सकता था :

सड़कें खाली हैं। वे करती हैं इन्तजार
...
आवाज पहचानती हैं। दर्द, वहशत, बीमारियाँ और
हविस उसकी—वे जानती हैं
सिर्फ नहीं उसका नाम...

(वेश्याएँ)

या फिर

तुम्हारे उतारे हुए कपड़े फर्श पर फेंक देता हूँ।
तुम रोशनी बुझा देती हो अचानक...
और, मैं महसूस करने लगता हूँ—

तुम्हारा नंगापन मेरा भी नंगापन है,
तुम्हारी लज्जा केवल तुम्हारी है

(अपनी ही बीवी के लिए)

और जब जनपद के जीवन-क्रम का स्थ पित सच यह हो, तो इसे कविता का सच भी होना चाहिए।

राजकमल चौधरी की सन् 1960 के बाद की रचनाओं में, वह चाहे कविता, कहानी, उपन्यास, निबन्ध-आलोचना-डायरी, रूपक आदि कुछ भी हो, समकालीन समाज की विकृति का वास्तविक चित्र अंकित हुआ है, भयावह यथार्थ का क्रूरतम चेहरा सामने आया है। जीवन-संग्राम की त्रासदियों और विसंगतियों से ऊबे हुए, आहत, भयमुक्त, और क्रोध से भरे हुए समाज एवं समय को नेतृत्व देने हेतु अपनी पूरी रचनाशीलता के साथ राजकमल चौधरी सामने आए हैं। स्वाधीनता के बाद एक-सवा दशक से सँजोया धैर्य, यहाँ क्षत-विक्षत हुआ लगता है। जहाँ मशीन-तंत्र, राजनीति-तंत्र और अर्थ-तंत्र देश के नागरिक को चूहों और मच्छरों की हैसियत में ले आए, जहाँ प्राणरक्षा हेतु टुकड़ा भर रोटी के लिए चीखती नारी कहे कि

मुझे खरीद लें
फटे कोट की तरह टाँग दें दीवार पर
भले ही न पहनें
पर, मुझे खरीद लें
मैं भूखी हूँ, प्यासी हूँ, हूँ बीमार
यम के हाथों से मुझे छीन लें...

(मैथिली कविता)

और दूसरी ओर

शीला हर सातवें दिन,
अपने कल-कारखानों से गायब रहती है
लीला, तुम अपने बैग में क्या रखती हो?
अपने दोस्त के घर की चाबी रखती है
शीला! तुम
सेक्नल?

(अनिर्णय : सात कविताएँ)

ऐसा प्रश्न बेखटके पूछने की स्थिति जहाँ आ जाए, वहाँ, और वैसी लोकतांत्रिक व्यवस्था में किस तरह धार्मिक-सामाजिक-सांस्कृतिक सत्ता के प्रति आस्था रखी जा सकती है? नारी के मान-सम्मान, मर्यादा-महत्त्व का गायन-भाषण

तो होना था। 'रिजर्व बैंक की दस मंजिला इमारत बनाने के लिए खड़ा किया गया इस्पात का फ्रेम...अकालग्रस्त क्षेत्रों में सरकारी नेताओं के हवाई दौरे और हवाई भाषण और आकाशवाणी से प्रसारित इन दौरों के विवरण...फुटपाथ पर कतारों में सोए हुए भिखारी, मजदूर और कुत्ते...दैनिक समाचार पत्र जिनमें अब लूटपाट, हत्याओं, राजनीतिक दलबन्दियों, रेल दुर्घटनाओं और दंगे-फसादों के सिवा किसी और बात की सूचना नहीं' जैसी स्थिति देखकर कवि राजकमल चौधरी को अपनी मजबूरी बतानी पड़ी थी कि 'नई शब्दावली और नए शिल्प के काल्पनिक सत्यों और बीते हुए मूल्यों की कविता प्रस्तुत करूँ—मुझसे यह नहीं हुआ। अपने पूर्वकालीनों को दुहराते रहना भी सम्भव नहीं है।...क्योंकि मुझे मालूम है, गंगा नदी में चन्द्रमा नहीं तैरता, केवल अवैध गाँजा, अवैध चावल, अवैध अफीम और अवैध गेहूँ ढोने वाली नावें तैरती हैं (कविता अथवा मेरी.../लहर, फरवरी, 1968)।'

वस्तुतः रचनाकारों की अभिव्यक्ति को समाज और सामाजिक हरकतें बहुत प्रभावित करती हैं। यह सही-सही निर्धारित करना जटिल काम है कि रचनाकार स्वभाव से उग्र होते हैं या शान्त। पर इतना बताना सहज है कि वह जनहित में जितना मुग्ध और शान्त रहता है, जनाहित की स्थिति आने पर उतना ही उग्र होता है। घटनाविहीन क्षेत्र में आज तक कोई गतिशील साहित्य पनपा हो, ऐसा दिखता नहीं। निष्क्रिय क्षेत्र के साहित्य में शान्ति और एकरसता छाई रहती है। आजादी के बाद के डेढ़ दशक में भारत में न केवल घटनाओं की बहुलता देखी गई, बल्कि सामान्य नागरिक के जीवन-क्रम पर उसका असर भी हृदय-विदारक हो उठा। राजकमल चौधरी ने उस दारुण दशा वाले समाज के जीवन के सहयात्री के रूप में घोषणा की कि 'मैं तटस्थ नहीं हूँ, और न कोई तमाशबीन हूँ। मैं संजय नहीं हूँ, और न धृतराष्ट्र। मैं अपने बाहर और अपने अन्दर महाभारत युद्ध में शामिल हूँ। युद्धरत हूँ। तटस्थ होना मेरे लिए नपुंसक होना है। और मैं जानता हूँ, नपुंसक होकर मनुष्य और उसका कवि, उसका स्रष्टा दोनों मर जाते हैं। मुझे मृत्यु नहीं चाहिए (कविता अथवा मेरी.../लहर, फरवरी, 1968)।' कविता को अपना जीवन समझना और युद्धरत रहना, जिस कवि ने अपने जीवन का उद्देश्य बना लिया हो, जो कवि, नागरिक के सामूहिक जीवन-क्रम को निजी जीवन की तरह भोगे, उसकी कविता में, उसके सम्पूर्ण सृजन में विकृतियों, विसंगतियों से परिपूर्ण डेढ़ दशक की आजादी का चेहरा वैसा ही उतरना था, जैसा राजकमल चौधरी के यहाँ उतरा है।

दरअसल जब से कविता छन्दों के बन्धन से बाहर आई, वहाँ शब्दों का महत्त्व बढ़ गया। शब्दों की सघनता, औचित्य, व्यंजना, अर्थवत्ता में ही कविता की काया और आत्मा निदर्शित होने लगी। *कंकावती* की कविताओं को कवि ने जिस तरह प्रस्तुत किया है—दोनों तरफ पर्याप्त हाशिया छोड़ा जाना, शब्दों के

अक्षर का टूटकर अगली पंक्ति में चला जाना, पंक्ति के बीच में गद्य की तरह विराम चिह्न होना, एक के बाद एक कविता का बड़े अक्षर और छोटे अक्षर में होना... ये सब मात्र एक शैली नहीं है, इस शैली के सहारे कवि, समाज और सामाजिक व्यवस्था और नागरिक जीवन के बारे में बिना कुछ कहे बहुत कुछ कह रहे हैं। शब्दों से अक्षरों का इस तरह टूटना कि उसे जोड़कर पढ़ने और अर्थ लगाने के लिए पाठकों को मशक्कत करनी पड़े, मानव जीवन के टूटन को द्योतित करता है, कि मनुष्य भले ही टूट जाए, उसका अस्तित्व भले ही खंडित हो जाए पर मनुष्य के लिए निर्मित व्यवस्था (?) का पाखंड अक्षुण्ण रहे, उसकी अस्मिता बनी रहे; व्यवस्था के आस-पास, हाशिये में शान्ति छाई रहे, वहाँ किसी तरह की भीड़-भाड़ न हो; अक्षरों के आकार और रंग के भेद-भाव के बावजूद पंक्ति की लम्बाई अनुशासित रहे; अर्थात् साठ के बाद की कविता में राजकमल चौधरी ने यह भी एक नया अध्याय जोड़ा कि शैली के माध्यम से भी कवि बहुत कुछ कह सकता है।

सन् 1965 में राजकमल चौधरी ने *दास कविता* लिखनी शुरू की थी। कई पृष्ठों की इस लम्बी कविता का काफी हिस्सा लिखा जा चुका था, किसी कारण से वह न तो पूरा हो सका और न ही वह कहीं छप सका। सन् 1988 में यह महत्त्वपूर्ण धरोहर *इस अकालवेला में* संकलन में प्रकाशित हुई, संकलक श्री सुरेश शर्मा को यह कविता राजकमल के करीबी मित्र एवं हिन्दी के प्रसिद्ध कवि स्व. राजेन्द्र प्रसाद सिंह से प्राप्त हुई थी। उनकी सर्वप्रसिद्ध कविता *मुक्ति-प्रसंग* 15 अगस्त, 1966 को प्रकाशित हुई। इसके प्रकाशन के बाद एक वर्ष भी वे जिन्दा नहीं रह सके। काश! *दास कविता* पूरी हुई होती। यूँ तो अकाल-मृत्यु के कारण राजकमल चौधरी की कई रचनाएँ पूरी नहीं हो पाईं, पर *दास कविता* की अपूर्णता खटकने लायक है। मेरी समझ से यह कहना ज्यादा समीचीन होगा कि *दास कविता*, *मुक्ति-प्रसंग* का ही पूर्वांश है। इन दोनों कविताओं को एक साथ मिलाकर देखने पर पता चलता है कि जहाँ *दास कविता* में दारुण अतीत के प्रति, भयानक और बीभत्स वर्तमान के प्रति स्वीकार भाव है, और तन-मन-प्राण पर उसके बोझिल जंजाल का दबाव है, वहीं *मुक्ति-प्रसंग* में तमाम विसंगतियों और विकृतियों से मुक्ति की कामना मौजूद है। *दास कविता* में जहाँ *पानी को मथकर घी निकालती इस व्यवस्था में हम/धर्मादर्श और कानून-नियम बनाने वालों के/दासों के—दासों के—दासानुदास हैं*, कवि घोषणा करते हैं कि

इन्कलाबी साथियो! तुम्हारे साथ मैं दास हूँ—
सत्ता और समाज के बीच घोषित-अघोषित शर्तनामों का दास
मैं अगर हूँ उस शर्तनामे का दास
अपनी रोटी, शराब, सिगरेट, पतलून, हँसी और कोठरी और कलम

के लिए

तो तुम भी मेरी तरह, महज देशवासी की तरह, जीने और राजनीति करने के लिए उसी शर्तनामे की सत्ता, व्यवस्था, गुंजाइश, छोटी-बड़ी सुविधा के दास हो!

अगली दुनिया के अन्वेषको!

हमारी दुनिया तो यही है—

प्रभुता से नियन्त्रित, दासता से अभिशप्त, बर्वर अमानवीय ताकतों से अनुशासित

अनियामक जनता की दुनिया, इसे तोड़ो—।

वहीं *मुक्ति प्रसंग* में घोषणा करते हैं—

अपनी देह-सीमाओं के विषय में ईश्वर के प्रति

एक ही प्रार्थना हो सकती है आधुनिक मनुष्य की व्यक्तिगत प्रार्थना

अपनी मुक्ति के लिए—

संगठन और संस्थाओं के विरुद्ध हो जाना अर्थात् शासन-तंत्र और सेनाओं के विरुद्ध हो जाना अपनी इकाई बचाने के लिए एक ही प्रार्थना

वास्तविक जीवन और कविता में...

शामिल होने, स्वीकार करने और मुक्ति पाने की इन्हीं तीन क्रियाओं से राजकमल चौधरी की काव्य-यात्रा भरी पड़ी है; तमाशबीन होने, संजय-धृतराष्ट्र होने की स्थिति उन्हें स्वीकार्य नहीं रही; जीना, जीने की मजबूरियों को समझना और मजबूरियों की त्रासदी से मुक्ति पाना ही उनका मूल लक्ष्य रहा। यह दुखद है कि साहित्य और सामाजिक सरोकारों से निष्ठापूर्वक जुड़े उस महान रचनाकार का लाभ साहित्य और साहित्यानुरागियों को ज्यादा दिन नहीं मिल पाया। विपुल संख्या में लिखी गई उनकी कविताएँ, जिनमें से अभी तक ढेर सारी अप्रकाशित ही थीं; कालदर्शी दिख रही हैं।

उनका राजनीतिक दृष्टिकोण और भूमंडल की समस्याओं का बोध इतना दुरुस्त और स्पष्ट था कि उसके चित्रण में उन्हें कहीं कोई असुविधा नहीं हुई। *सब कुछ बुझ गए अचानक पन्द्रह अगस्त की/पहली रात के बाद/अब राख ही राख बच गया है पीला मवाद* और *क्यों एक ही युद्ध मेरी कमर की हड्डियों में और कभी/वियतनाम में* जैसी पंक्तियों में शारीरिक व्याधि और राष्ट्रीय-अन्तर्राष्ट्रीय संकट को कवि समतुल्य वेदना की तरह यदि झेल रहा है, तो यह कवि के सामाजिक और राजनीतिक दृष्टिकोण की सूक्ष्मता और परिवेश के प्रति जागृति का ही परिचायक है। लम्बी बीमारी के दौरान रोग शैया पर बैठकर निर्बन्ध और निर्द्वन्द्व साहस के साथ लिखी गई लम्बी कविता *मुक्ति-प्रसंग* में कवि ने लगभग दो दशक की आजादी के दौरान भारत देश में आई व्याधियों को व्यक्त

करने हेतु इतिहास, पुराण, मिथक, यथार्थ, विश्व घटना-चक्र आदि के सहारे गढ़े हुए बिम्बों का और निजी बीमारी का उपयोग किया है। कवि को स्वाधीनता *पानी और अनाज के देवताओं से भीख माँगती* दिखती है, *नंगी* और *खून से लथपथ* दिखती है, अपने खुले हुए पेट की बीमारियाँ, मवाद, दुर्गन्धियाँ, देश की व्यवस्था में व्याप्त व्याधियों और विकृतियों जैसी लगती हैं, और कवि इन तमाम व्याधियों से मुक्ति चाहता है—मुक्ति शारीरिक व्याधि से और राष्ट्रीय-अन्तर्राष्ट्रीय व्याधि से। विज्ञान-तंत्र, अर्थ-तंत्र और राजनीति-तंत्र जैसी प्रभु सत्ता के कारण देश और देश की आजादी जिन आपदाओं के बीच अटक गई, उस सत्ता से संघर्षरत और युद्धरत होना तथा निरर्थक वर्जनाओं और थोपी गई व्याधियों से मुक्ति पाना मात्र ही राजकमल चौधरी का काम्य रहा—शरीर के लिए भी और देश के लिए भी।

कुल मिलाकर ऐसा परिलक्षित होता है कि उनकी पूरी सृजन-यात्रा इस एक ही विषय-बोध के आस-पास नाना तरह से पूरी हुई है। हाँ, यह बात जरूर है कि उस विषय का आयाम इतना विस्तृत है, कि उनमें सारे के सारे परिदृश्य समा जाते हैं। शब्द-प्रयोग में तो उन्हें महारत हासिल थी, शब्द-ब्रह्मा की तरह अपनी कथन-शैली और वाक्य-प्रयोग में नए-नए अर्थ भरकर कविता को जीवन्त, प्रभावी और विराट व्यंजना से परिपूर्ण किया है। देश की व्याधियों और आँकड़ों के *ऑडिट रिपोर्ट* (कंकावती) में सात हजार वर्षों के इतिहास को खींचकर एक व्यक्ति और व्यक्ति के परिवार तक, और फिर उसे खींचकर तीन सौ करोड़ दीवारों और परिवारों तक ले जाने की चमत्कारिक कला और फिर उसमें देश, समाज, परिवार, व्यक्ति के बल-वैभव-बुद्धि-मन-मूल्य के खंडन के दृश्य उद्धरणीय हैं। केवल एक कविता ही नहीं, राजकमल चौधरी के पूरे रचना-संसार पर नजर डालने से यह बात सामने आती है कि *ऑडिट रिपोर्ट* केवल रुपयों अथवा अंकों के आँकड़े ही नहीं होते। यदि कायदे से गिना जाए तो इस देश दुनिया में ऐसी हजारों-लाखों हरकतें होती हैं, जो नहीं होनी चाहिए और अगर हो गईं, तो उन्हें कहीं दर्ज होना चाहिए। सरकारी-गैरसरकारी खातों की ऑडिट-रिपोर्ट के आँकड़े गढ़े जाते हैं। व्यवस्था और सत्ता के कर्णधारों के हाथों में पावर है, जो करें, और जिसे दर्ज करें, वही वैध आँकड़े होंगे। पर साहित्य में ऑडिट-रिपोर्ट वैसी नहीं होती। सरकारी खाते के ऑडिटरों की तरह यहाँ आँकड़े गढ़े नहीं जाते, दर्ज किए जाते हैं। राजकमल चौधरी का साहित्य चूँकि समाज और सत्ता की हरकतों और मनोवृत्तियों का ऐसा ही ऑडिट करता है। और ठीक इसके पलट मुक्ति प्रसंग में वैयक्तिक व्याधि को खींचकर राष्ट्रीय-अन्तर्राष्ट्रीय घटना-कुघटना तक पहुँचाया है। सृजनात्मकता का इतना विशाल फैलाव किसी विराट दृष्टि और विराट हृदय वाले रचनाकार के यहाँ ही सम्भव है। भाषिक विशेषता, शब्द-प्रयोग, शिल्प की

मौलिकता एवं नवता, प्रतीक नियोजन, अनुकरणात्मक ध्वनि-प्रयोग, अलंकारों की छटा आदि की दृष्टि से *कंकावती* की कविताएँ अत्यन्त महत्त्वपूर्ण बन पड़ी हैं और अपने समय की लगभग कविताओं पर भारी पड़ती हैं। वाकई ऐसा लगता है कि टेलीग्राम की भाषा में देश-समाज की स्थिति-परिस्थिति पर दी गई गम्भीर टिप्पणियों का यह संकलन हो! शब्दों की कलाबाजी का जादुई असर, और शब्दों के सहारे चमत्कारिक बिम्ब-प्रतीकों का सृजन, उनकी कविताओं में पाठकों को जादू-नगर में बाँधे रहता है। ऐसा प्रतीत होता है जैसे कोई बाजीगर, शब्दों का जीवन-प्रसूत खेल दिखा रहा हो, पुराने और परिचित शब्दों से नए अर्थों का नया परिचय करा रहा हो, शब्दों का पुराना और स्थापित अर्थ अक्षम-सा किनारे बैठा पश्चात्ताप कर रहा हो! वन्ध्या ॠतु, नपुंसक सूचनाएँ, आदमकद घड़ी, राजनीतिक वेश्याओं, सामुद्रिक स्वाद, प्रज्वलित श्मशान, हिमखंड ऑपरेशन टेबल, नकाबपोश नकली ईश्वर, अपाहिज बेशर्म आवाज, घायल खरगोश, प्रदग्ध क्षण, बीमार जलन, भूख से अधमरा साँप, काली बदसूरत गर्भहीन धरती, हतवीर्य पुरुष, टूटे हुए पुल आदि पदबन्धों में शब्दों को जो नया अर्थ मिला है, उससे बने हुए बिम्बों से दृश्यों को ज्यादा प्रभावी बनाने का कौशल, राजकमल की कविता की खास विशेषता है।

प्रथम पुरुष एक वचन का सर्वनाम 'मैं' ज्यादातर समय में उनकी कविताओं में प्रतीक अर्थों में आता है और वह, लोकतंत्र की तानाशाही का विकराल बोझ वहन करता हुआ, दायित्व का निर्वाह करता हुआ भारत का नागरिक होता है, जो कई बार अपनी विकल स्थिति देखकर घबरा भी जाता है, और असमंजस की स्थिति में भी आ जाता है। कई बार उपमा, उत्प्रेक्षा, रूपक आदि में यह असमंजस इस तरह व्यक्त होता है :

जहरीले मवाद और रक्तमिश्रित पेशाब
की गन्ध से अर्थात् लोकतंत्र से
और राशन कार्डों से
मैं अपने बच्चों और विधवाओं को कैसे मुक्ति दे आऊँ

(एक अभिशप्त निराकार)

कुल मिलाकर राजकमल चौधरी की पूरी कविताधारा देश की लोकतांत्रिक पद्धतियों की विकृतियों का अलबम है। शासन और सत्ता द्वारा गणराज्य और समाजवाद की जितनी भी दुहाई दी गई हो, पर राजकमल ने इस व्यवस्था को जहरीले मवाद, रक्त-मिश्रित पेशाब और दुर्गन्धियों से सना ही देखा है।

राजकमल के करीबी मित्रों और रिश्तेदारों से सुने हुए संस्मरणों के आधार पर यह स्पष्ट होता है कि वे परम स्वाभिमानी, ईमानदार, उदार और साहित्य सृजन में अनुभूति की मौलिकता के पक्षधर थे, इसीलिए कठोर सच बोलते-लिखते थे और अश्लील तथा उद्दंड कह दिए जाते थे। कभी कोई खेमेबाजी अथवा

आत्मविज्ञापन के धन्धे में संलग्न नहीं हुए, इसलिए पक्षधर नहीं बना पाए। जिन बेईमानों की बखिया उधेड़ी, उनकी गालियों के हकदार हो गए। पर, एक बात साफ है कि सन् 1960 के बाद राजकमल चौधरी जिस रूप में हमारे समक्ष थे, वह इस तीक्ष्ण रचनाधर्मिता के बावजूद एक बनते हुए राजकमल का रूप था। सन् 1966-67 में ही उन्होंने कई घोषणाओं के साथ एक घोषणा यह की कि 'मैं, राजकमल चौधरी, अपनी तरफ से जनता के पास वापस चले आने का वादा करता हूँ—मेरी सही यात्रा वहीं से शुरू होगी।' दूसरी घोषणा थी कि अब तक (25 जनवरी, 1967) उन्होंने 'अपनी भाषा और अपना वक्तव्य तय करने के सिवा और कुछ तय नहीं किया है।...यह निर्णय लेने में उन्नीस सौ पचपन से उन्नीस सौ पैंसठ तक के दस साल बीत गए हैं। पैंसठ और छियासठ—ये दो साल बीमार होने और बीमार होकर अच्छा होने में।' और तीसरी घोषणा मैथिली में थी कि *मुझे दुख है कि कविता मेरी कच्ची ही रह गई/इस ईंधन से उठ कहाँ पाई ज्वाला!*—ये तीनों वक्तव्य करीब-करीब एक ही अन्तराल के हैं, जो यह संकेत देते हैं कि अब उनकी सही यात्रा शुरू होने वाली थी और अपने जीवन का श्रेष्ठतर अभी तक वे लिख नहीं पाए थे। गत शताब्दी का अन्तिम चरण तो और भी दुःसह बीता, राजकमल चौधरी तो मात्र सन् 1967 तक की स्थितियाँ देखकर इतने खिन्न थे, आगे का समय देखा होता, तब तो और कुछ होता। पर खैर...

इससे अलग बात मेरी राय में यह भी है कि राजकमल के यहाँ विचार और रचनाशीलता के विकास-क्रम और कविता के तेवर को देखने पर, सन् 1950 से लेकर 1967 तक की यात्रा में कोई पलड़ा बदलने जैसी बातें नहीं दिखतीं। ऐसा लगता है कि इन्होंने एकबारगी अपने को पूरी तरह रगड़-माँजकर ही सृजन के मैदान में उतारा था। सन् 1950-55 तक की कुछ कविताओं में थोड़ा वयसोचित उन्माद और रसिकता कहीं-कहीं है। पर वह है भी, तो क्या बुरा है? सारी दुख-दुविधाओं के बीच मनुष्य आहार-निद्रा-मैथुन से कभी मुक्त कहाँ हो पाता है? और जब नहीं हो पाता है, खुश होता ही है, हँस लेता ही है, यौवनोन्माद में किसी कामिनी को देखकर थोड़ी नजरें नचा ही लेता है, तो कविता में उसका चित्रण क्यों न हो! कम से कम राजकमल इतने बेईमान नहीं थे कि सच छुपा जाते, अर्थात् उनसे ऐसा सम्भव नहीं था कि वे पाखंडी की तरह सोचते कुछ और, लिखते कुछ और।...

आठ खंडों की राजकमल रचनावली के पहले दो खंड कविताओं के हैं। कविताओं का क्रम लगाने में कई समस्याएँ आईं। तथ्य है कि उनकी अधिकांश रचनाएँ 19 जून, 1967 को उनके देहावसान के बाद ही प्रकाशित हुईं। इस स्थिति में ऐसी सम्भावना कई कविताओं के लिए बनती है कि वे लिखी गईं पहले, और

प्रकाशित हुईं बाद में। कई बार तो ऐसा भी दिखा है कि एक ही रचना भिन्न-भिन्न समय में कई बार प्रकाशित हुई। कई कविताओं की रचना-तिथि अथवा प्रकाशन-तिथि उपलब्ध नहीं हो पाई। अन्ततः मैथिली (संख्या में वे हिन्दी की तुलना में कम हैं) में उपलब्ध उनकी सारी कविताओं (जो *कविता राजकमलक* पुस्तक में संकलित हैं, और जिसमें मैथिली में प्रकाशित पुस्तक *स्वरगंधा* की भी सारी कविताएँ शामिल हैं, के अलावा अन्य सभी मैथिली कविताओं) का अनुवाद सबसे पहले दिया गया है। इन कविताओं का अनुवाद सम्पादक ने स्वयं किया है। इसके बाद पहले खंड में उनकी ऐसी कविताएँ हैं, जिनके छोटे-छोटे संकलनों की पांडुलिपि और प्रकाशन-खर्च का बजट राजकमल चौधरी ने बना रखा था, पर दुर्भागयवश उनका प्रकाशन उनके जीवन-काल में नहीं हो सका। *बेदाग दरपन, एक व्यक्ति प्राणहीन, अमृता के लिए कविताएँ, नंगी प्रार्थनाएँ, विचित्रा* जैसी पांडुलिपियाँ उसी कोटि की हैं। इसलिए इन पांडुलिपियों की कविताएँ उसी क्रम से दी गई हैं, जैसे उन्होंने समायोजित कर रखा था। उनकी हस्तलिपि में रचना-तिथि के उल्लेख के साथ जो कुछ फुटकर रचनाएँ मिलीं, उनको तिथिवार संकलित किया गया है। प्रकाशित रचनाओं को प्रकाशन-तिथि के अनुसार रखा गया है, पर प्रधानता रचना-तिथि की ही है। जिन रचनाओं की रचना-तिथि अथवा प्रकाशन-तिथि उपलब्ध नहीं हुई, वे एक जगह अलग से रखी गई हैं। पर इस तरह के क्रम-निर्धारण से राजकमल चौधरी की कविताई के मूल्यांकन में शायद ही कोई सहयोग हो, बहरहाल...।

राजकमल चौधरी की रचनाओं का संग्रह एक सामूहिक सत्प्रयास से सम्भव हुआ है। अकेले मैं तो क्या, किसी के वश की बात न थी कि राजकमल चौधरी जैसे यायावरी जीवन जीने वाले और अपनी रचनाओं के व्यवस्थापूर्ण संग्रह से उदासीन रहने वाले रचनाकार की रचनाओं का संकलन किया जा सके। सहयोग करने वालों की सूची लम्बी है। राजकमल के अभिन्न मित्र स्व. शम्भूनाथ मिश्र, श्री मुद्राराक्षस, डॉ. रामकिशोर द्विवेदी, श्री काशीनाथ सिंह, श्री रामदेव झा, डॉ. शंकरदेव झा, श्री राजेन आहुति, डॉ. गंगेश गुंजन, डॉ. चन्देश्वर कर्ण, डॉ. बलदेव वंशी, डॉ. नन्दकिशोर नवल, स्व. दिनेश शर्मा, श्री कर्मेन्दु शिशिर, डॉ. तारानन्द वियोगी, श्री मोहन भारद्वाज, डॉ. भीमनाथ झा, डॉ. रमानन्द रमण, श्री केदार कानन, श्री सौमित्र मोहन, श्री मदन कश्यप, श्री नवीन चौधरी, श्री महेश नारायण भारती, स्व. कमलेश्वर, डॉ. पंकज पराशर, स्व. सत्यप्रकाश मिश्र, श्री विनय भूषण, श्री मिथिलेश कुमार झा, श्री भारत यायावर, स्व. जगदीश चन्द्रिकेश, श्री दीपक चौधरी प्रभृत्ति ने रचना संकलन में मदद दी है। श्री सूर्यनाथ सिंह,

श्रीमती प्रतिमा, श्रीमती प्रीति चन्द्रावती, श्री ओमप्रकाश झा ने कुछ रचनाओं का अनुवाद कार्य मनोयोग से किया है। अंग्रेजी रचनाओं के उपस्थापन में श्री राजेश कुमार झा, श्री कुमार विक्रम, डॉ. श्रीरंग झा तथा श्री विपिन कुमार का समर्पित सहयोग मिला है। जीर्ण-शीर्ण कागज के टुकड़ों से मिटते हुए अक्षरों के टंकण हेतु श्रीमती सविता प्रसाद का तत्पर रहना भी इस काम की पूर्णता में कम महत्त्वपूर्ण नहीं है। इन सबके प्रति आभार क्या प्रकट करना, यह मानकर चलता हूँ कि एक महायज्ञ के अकेले 'होता' को इन लोगों ने अनासक्त सहारा दिया है। इन सबके समक्ष मैं नतसिर हूँ। आदरणीया शशिकान्ताजी एवं श्री नीलकमल चौधरी (राजकमल चौधरी की धर्मपत्नी एवं पुत्र) का मेरे प्रति जो विश्वास बना रहा, उससे भी मुझे काफी बल मिला। अन्त में, जो कि पहले होना चाहिए था, राजकमल प्रकाशन के स्वामी श्री अशोक महेश्वरी, जिनका राजकमल चौधरी के प्रति अतिरिक्त अनुराग है, के सहयोग और समयानुसार प्रकाशन के लिए मैं आभारी हूँ।

यह काम अब जैसा भी बन पड़ा, आप सबके समक्ष है। मैं अभी भी दावा नहीं करता कि सारी रचनाएँ आ गईं। सम्भव है, काफी बची हों। आगे जो भी रचनानाएँ उपलब्ध होंगी और आप सबका जो भी सुझाव होगा, उसे बाद में अलग खंड में प्रकाशित किया जाएगा।

साभार।

—देवशंकर नवीन

अनुक्रम

हिन्दी कविताएँ

नंगी प्रार्थनाएँ

एक व्यक्ति प्राणहीन

...अमृता के लिए कविताएँ

कुछ फुटकर कविताएँ

विचित्रा

खंड : एक

खंड : दो

खंड : तीन

मैथिली कविताएँ

मैथिली अकादमी द्वारा प्रकाशित 'कविता राजकमल' की पुस्तक में राजकमल चौधरी की 'स्वरगन्धा' संकलन की सारी कविताएँ संकलित हैं। उस संकलन के अतिरिक्त भी उनकी कुछ मैथिली कविताएँ उपलब्ध हुईं। यहाँ उन सबका अविकल अनुवाद प्रस्तुत है। इन कविताओं का अनुवाद सम्पादक ने किया है। **—सं.**

पटनियाँ टट्टू के प्रति

मैं आया हूँ कमतौल से
पढ़ने के लिए कॉलेज में
हॉस्टल में सामान रखकर
पैंट चढ़ाकर, कोट पहनकर
रात-दिन दोपहर
घूमता हूँ मौज में
पढ़ने के लिए कॉलेज में

वाह रे वाह, पटना कॉलेज
दरभंगा महाराज की तरह
देखते ही चकित हुआ
चारों ओर देखकर मोहित हुआ
सारी चीजें अपूर्व आहा...
नजदीक में चाय की कैंटीन
इधर-उधर छात्रों की टोलियाँ
एक-दो-तीन, अनगिनत
अँह, सारे लड़के रमे हुए हैं
गप-शप, हँसी–
ठहाके, मोद-विनोद
अनुराग-राग में
बाप रे बाप, अनर्थ हो गया
मेरी ही ओर देख देखकर
कह रहा है
मेरी ही ओर निहार रहे हैं

बोल रहे हैं वे सब–
'देहाती है, दरभंगिया है, भुच्च है!'
ना भई!
मैं नहीं हूँ दरभंगिया
मैं तो हूँ पटनियाँ टट्टू
मैं तो हूँ पूरा पूरा निखट्टू
हाँ, नया हूँ
सीखते-सीखते ही चाल पकड़ूँगा
चाबुक खाऊँगा, नाल ठोकाऊँगा
चाल पकड़ूँगा...
अच्छा...
क्या कहा आपने?
अँ? क्या? फिर से कहिए तो?
हाँ, समझा, उचित कहते हैं
सारे दरभंगिए
होते हैं जनम से रसोइया
पकाता है रसोई, पालता है पेट
कमाता है गाँठ के गाँठ रुपए
किन्तु मित्र!
सुना है कि
हो रहा है हल्ला-गुल्ला
मैथिल लोग माँग रहे हैं प्रान्त
कृष्ण के गोपिकामय शासन को
देते हैं गालियाँ खुल्लम-खुल्ला
मोकामा में पुल बनता है
कुटिल काँटा भी फूल बनता है
दामोदर की अरण्यघटिका
स्वर्ग के समतुल्य बनती है
और इधर
रोती है मिथिला
मिथिला है पुत्र-विहीना
मिथिला है शिथिला
कौसिकी का प्रकोप है
मलेरिया का प्रहार है

जन-जन के घर में
मरण का महा हाहाकार है
किन्तु, उससे क्या? कौन सुने?
मैथिल हैं बेवकूफ
मैथिल हैं मूढ़
इसीलिए लपेटे हुए हैं
हाथी के सूँढ़

अब कह रहे हैं
आप अतीत की बातें
आपको नहीं है स्मरण?
आपने नहीं सुना है विद्यापति का नाम?
नहीं सुना है मधुर गीत
और स्वर्गिक माधुर्य, तान?
और काव्य के चमत्कार
गोपिका का शृंगार
राधिका का मनुहार
और उपालम्भ, और अभिसार
कृष्ण के केलि, मान, विहार
नहीं सुने आपने?
सीता के जीवन का तप-ताप अभिशाप
सतीत्व का विमल प्रताप?
आपने नहीं पढ़ा?
मेरा उपनिषद्
याज्ञवल्क्य का तर्क
गार्गी का ज्ञान
जनक की अनासक्ति
वशिष्ठ की भक्ति
परशुराम का स्वाभिमान?
भारती-मंडन द्वारा शंकर का मान-मर्दन?
तब आप क्या जानेंगे
कि मिथिला क्या है
है क्या मैथिल परम्परा
अरे ओ पटनिए टट्टू

अरे ओ निखट्टू
मेरे शब्द चुभे या नहीं कलेजे में!
आप क्या पढ़ेंगे इस कॉलेज में!

[वैदेही, फरवरी, 1955]

शशि उर्वशी

हँसी-हँसी में ही फँस गईं
कामिनी-दामिनी
आँखों ही आँखों में मुस्काईं
चपल-चरण नाच-नाच
विहँस उठे कनक-कदलि

धुक चुक में धूप उगी
आ गई है छुपी, तपी, विमल, नवल बदरी
सुमुखि, सुन्दरी रम्भा-सी
दीप्त कंचनजंघा-सी
खुली-खिली कदली
तम का हृदय फटा
प्रणय-विनय चमक उठा
नयन-नयन दमक उठा
हँसे नाचे घटा-घटा
कामिनी, दामिनी अटा-अटा
नाच-नाच आँख-आँख
थक गए अंजन

काम-कुसुम यौवन-वन
थिरक-थिरक दौड़ा हरिण-हरण हृदय-बाण
कुचयुग सन्धान-तान
पुष्प-तीर छोड़ा
आँचल को लहराकर
विद्युल्लता फहराकर

हँसी-हँसी हंस उड़े
देख-देख हरसि उठे मुग्धा के लोचन
इधर-उधर लुका-छिपी
प्रमद भाव से विभोर
चन्दा की नखत नाव डूबी नील धवल सिन्धु में
ओस-आस भींग गई
चम्पा के दल पर हिमकण प्रसन्न हुए
खुली-खिली यामा की साड़ी...
चातकी,
कहा-सुना माफ करो, साफ-साफ सुनो कि अब
छोड़ो भजन, तोड़ो विनय
मोड़कर हृदय, भूलकर विषय
निर्दय स्वाति की बूँद
यमुना में डूब गई...

प्रातःकालीय लय-सी प्रवाहित
लाज-उर्मि रक्तिम
भ्रू भंगिमा बंकिम
अंकिम सुकुमारिता...
बाँह पर रखे गाल
हटाकर पलक से अलक जाल
हाल-चाल पूछा था उन्होंने
तोड़कर लोक-शोक
अभिधा का, प्रज्ञा का बन्धन
'संचयिता' की कविता-सी
सविता की सरिता-सी
निर्झरिता-सी
हँसी-हँसी में ही फँस गईं
बिजुरी-सी हृदय में धँस गईं
कामिनी-दामिनी
अन्तर सुहासिनी
सुमधुरा अप्सरा
उर्वशी-शशि

[वैदेही, जुलाई, 1955]

प्रवासी का प्रलाप

कामदग्धा कामिनी के पर्यंक-सा यह नगर पटना
छह बजे हैं शाम के
चारों ओर नगर की जिन्दगी चमचम करती है
चारों ओर फैला है
अगम, अथाह, विस्तृत रूप-सज्जा
भव्य भवनादि के प्रमद सागर अथाह...
जा रहे हैं
जन कण्टकाच्छादित राजपथ से जा रहा हूँ
मन ही मन पछता रहा हूँ–
क्यों त्यागा गाँव महिषी!
फूट रहे हैं कल्पना के पंख
खुल रही हैं आज भाव-शिव की तीसरी आँख
शत-शत बहता है रक्त

धन्य हे कवि, धन्य तेरा प्राण!
पेट क्या भर पाएगा
यदि देखता ही रह जाऊँ पूर्णिमा के चाँद?
धन्य यह काव्य का अभियान–
भावना तो है प्रणय का
किन्तु खाली पेट?
मित्र, नित्य खाता ही रहा हूँ
'कंचन-भवन' में हुलसकर दोनों शाम
अर्द्ध-सिद्ध भात
दाल तो गंगाजल-सी अति पवित्र
खाली हुई टेंट
किन्तु, रह गया जलता ही पेट
पेट का दुर्भाग्य है यह दोष दूसरों का क्या

गंगा तट दरभंगा-घाट पर बैठा
करता हूँ विचार
भाव का सृजन-शृंगार

कब मिलेगा
भौजी का पकाया कबइ मछली का शोरबा
बासमती का भात
अपनी भैंस का वह दही अमृत...
कब मिलेगा
एक क्षण की भी फुरसत नहीं उनको...
(कवि प्रिया को)
कि देखूँ किसी एकान्त क्षण में
श्लथ-कुन्तला, नींद में मदहोश स्वेद-स्नाता...
कि, कब
गाँव में अपने
खेत की मृदुल मेड़ पर बैठकर
गीत कोई गाऊँ, धीमे-धीमे बाँसुरी बजाऊँ,
'मनुआँ' धार में बंसी खेलूँ
खोई हुई कथा कोई याद करूँ
क्या पता कौन कहे ओ मित्र!
यह कल आए ही नहीं यदि
आशा के कोकिल गीत यदि गाए ही नहीं?
कौन कहे, यह नगर पटना
बाघ बनकर निगल ही जाए मुझे?
किन्तु, नहीं मित्र!
जिन्दगी के मन में बन रहा है नया चित्र
कल्पना में नहीं, सत्य में विश्वास है
सत्य में नहीं, संघर्ष में विश्वास है
विश्वास है, इसीलिए प्रगति का आभास है
रूप का सागर-नगर यह है
किन्तु,
मन के वज्र प्रस्तर-खंड तो बह नहीं सकते
रेशमी साड़ी के आँचल से
हृदय नहीं बँध सकते!

[वैदेही, नवम्बर, 1956]

भाव की वर्षा से भींगी स्मृति

आप जब-जब याद आती हैं
याद आती है
गोबर से लीपे आँगन में पूरब कोने की तुलसी-चौरा
याद आता है...
अल्पना पर रखा घड़ा
कमल के पत्ते
पिठार* से रंजित-सज्जित, झकाझक साफ सफेद नया पीढ़ा
गीत-नाद, विद्यापति-जयदेव
या फिर किसी और की
तिरहुत, बटगमनी, समदाउन**
बारिश में भींगे मिट्टी की दीवार वाले घर में भुकभुकाती लघु-दीया
दीये जैसा ही सीमित आपका आभामय रूप...
लाज-स्वेद से भींगा हुआ गात-गात
उत्कंठा से परेशान हुई
बन्द सीपी जैसी, रेहू मछली जैसी, बड़ी-बड़ी आँखें
भीति से भरी आश से सजी
ननकिलाट*** की दसगज्जी साड़ी में सिमटी आपकी देह
याद आती है
और फिर पान के पत्ते जैसा पतला, पान की सुर्खी से रँगे होंठों से
मद्धम-मद्धम बोले हुए स्वर...
अरे! दीप बुझ गया, डर लगता है मुझे...
सचमुच रानी!
(आपकी कसम खाकर कहता हूँ)
डर लगता है मुझे...
यह पछिया हवा, यह पावस
आकाश में गरजता हुआ काले-काले बादर
यह वातास, यह अँधेरी रात
आँगन-आँगन बौखता भूखा लँगड़ा कुत्ता

---

* कच्चे और भींगे चावल के पिसे हुए घोल

** विदागीत

*** मामूली आयवित्त की स्त्रियों के पहनने लायक सूती साड़ी

ये सब देख-देखकर मन क्या कहता है (कौन पूछेगा?)
कैसे धैर्य धारण करूँ
कैसे अपने अल्हड़ हृदय को आज सँभालूँ
भाँग पीकर मस्त हुआ इस वर्षा का गीत गाऊँगा
पल-पल, अनबूझी थकान को अंग-अंग मैं पी जाऊँगा
भोर का तारा उगते ही सिरहाने रखे दीये को बुझाऊँगा
और
अलस्सुबह दरवाजे के पास पटने की राजनन्दिनी कानी मेहतरानी की कर्कश ध्वनि
इन तमाम विवित्रताओं के सम्मेलन से रानी,
सच कहता हूँ
डर लगता है मुझे...
हर दिन सुबह-सुबह पढ़ लेता हूँ अखबार
कि टूट रहा है बाँध कौसिकी का, उफन रही है नदी
गाँव का गाँव बहता जा रहा है
(कल तक डूब गए थे मिथिला के आठ सौ गाँव)
इस बार फिर होगा प्रलय, गत वर्ष से भी अधिक
वासडीह भी बह जाएगा नदी-धारा में निश्चय
तो भँवर में जकड़ जाती है
कल्पना, सुन्दर स्वर्णिम तान-वितान
विगलित हो उठता है मन
स्नेह का पावसी अलस पवन बन जाता है आग की क्रोधित ज्वाला
रस भरे सिन्दूरी आम की स्मृति, सूखे वृक्ष कंकाल बन जाते हैं
याद आते हैं...
गाँव के सारे घर, बाट-घाट
बड़की भौजी ने अपने ही हाथों लगाया था नींबू का बिड़वा
पंडित बाबा के बनवाए तालाब की स्वादिष्ट मछलियाँ
और
जगतारण माँ तारा का स्थान
भगवती के गीत, शंख की अनहद निनाद, मंत्रोच्चार
सारा कुछ अभी ही याद आता है...
दो दिन पहले तक इस वर्षा से
उठता था हृदय में गीत मल्हार, नव-नव स्वर उदार
किन्तु

अब इस वर्षा से हृदय पर होता है वज्रपात
कि इस वर्षा से अभिमन्त्रित है, महाभयावह बाढ़
कि इस वर्षा से हो रहे हैं नियन्त्रित रोग मलेरिया, मरण मलेरिया
रानी,
इस वर्षा को देख-देखकर ढहा जा रहा है
कल्पना-गोबर से लीपे मिथिला के आँगनों में
कोने-कोने की लाख-लाख तुलसी-चौरा

* *राजकमल चौधरी द्वारा अपने समकालीन लेखक रामदेव झा की पत्रिका में प्रकाशनार्थ प्रेषित अपनी मैथिली कहानी 'धर्मप्रिया-तर्कनिष्ठा' के साथ यह कविता दुर्भाग्यवश प्रकाशित नहीं हुई, पर जीर्ण-शीर्ण स्थिति में इसकी मूल प्रति राजकमल चौधरी की हस्तलिपि में प्रो. रामदेव झा के पास आज भी सुरक्षित है। बासठ वर्षों तक इस पांडुलिपि को बचाकर रखने और प्रतिलिपि उपलब्ध कराने के लिए मैं प्रो. रामदेव झा और श्री शंकरदेव झा के प्रति राजकमल चौधरी के सुधी पाठकों की ओर से आभार प्रकट करता हूँ। कविता श्री शशि चौधरी के नाम से प्रकाशनार्थ भेजी गई थी। कविता में तिथि का उल्लेख नहीं है। पर 'धर्मप्रिया-तर्कनिष्ठा' कहानी के साथ भेजे जाने के कारण इसे 3 फरवरी, 1957 से पहले की लिखी माना जाना मुनासिब है। विदित है कि 'शशि' राजकमल चौधरी की पत्नी का नाम था, और वे कविता नहीं लिखती थीं। विदित यह भी है कि राजकमल चौधरी ने शशि चौधरी और अनामिका चौधरी के छद्म नाम से कई रचनाएँ की हैं। मैथिली से इसका हिन्दी अनुवाद मैंने खुद किया है।* **—सं.**

'साँझ'—स्वरावरोध

समय के शिला-खंड तले रुक गया है, मित्र
दब गया प्राण का शिशु-तरुवर
वंशी में अब है नहीं स्वर

चम्पा से रँगी साँझ, है काली-स्याह
दम्पति-नकुल मनहूस हुआ-सा, हुआ विलग
नहीं ले जाएगा विरही यक्ष का सन्देश प्रिया तक
यह जल-शून्य मेघ, यह दुखित खग

रवि-किरण क्षितिज-आलिंगन में सोया
कमलिनी अन्धकार में रोती

अति दूर देश के गाँव, आँगन, तुलसी-चौरा के पास बैठी
मेरी राधिका गा रही होंगी–
आएँगे नहीं क्या 'प्राण' मेरे
समय के शिला-खंड तले रुक गया, सखि
दब गया स्नेह का शिशु-तरुवर
वंशी में अब है नहीं स्वर

जाना भी नहीं कि किस दिन बीत गया वसन्त
झर गई किस दिन गुलाब की मधु मुस्कान
अभाव से ग्रस्त, अर्थ की चिन्ता में व्यस्त रहता हूँ
धधकता रहता है सतत विद्रोही प्राण
भूल गया विवाह के गीत, करुण समदाओन (विदाई गीत)
विस्मृत हो गई प्रिया की चौड़ी सिन्दूर-रेखा
गाँव, गाँव की स्मृति तक खो गई
क्या-क्या खोया, नहीं है लेखा
सूख गया हृदय की स्मृति का मधु-निर्झर
समय के शिला-खंड तले रुक गया, सजनी,
दब गया हृदय का शिशु-तरुवर
वंशी में अब है नहीं स्वर

[पल्लव, वर्ष-1 अंक-5, सितम्बर, 1957]

महाकवि के प्रति श्रद्धांजलि

भाषा की अंजलि में भरकर
श्रद्धा के रवि फूल
कवि कोकिल मैं आ पहुँचा हूँ
आपके स्मृति-कूल
गीत आपका जाग्रत् करता
अब भी सोया प्राण
तब तो करते सालाना सब
मिलकर चर्चा ध्यान

आएँ, मिथिला में फिर आएँ
बन जन-जीवन सूर्य
रति अभिसार बहुत लिक्खा अब
बजे क्रान्ति का तूर्य
देस जल रहा, लोग मर रहे
वस्त्र मिले न अन्न
तेरी राधा देह बेच रही
कृष्ण तेरा अवसन्न
कवि-कुल-गौरव, हे विद्यापति
रखें देस की लाज
आएँ, कंस हटाएँ पद से
रचें कृष्ण का राज
आपके स्मृति-जल से भरता
सूखे सरिता-प्रान
यही मेरी श्रद्धांजलि है और
यही मेरा आह्वान

[मिथिला दर्शन, दिसम्बर, 1957]

परिचय

कौन हूँ मैं?
क्या करता हूँ?
नाम क्या है?
किस निमित्त किस काम का हूँ?
और किसके लिए गाँव-गाँव, देस-देस
मैं भटक रहा हूँ?
कुछ मालूम नहीं
जीवन का क्या लक्ष्य
हूँ किसका मैं भक्ष्य
हूँ खुद से ही अज्ञात
अपनी बात खुद ही नहीं जान पाता
है अभिशाप

सहता हूँ युग का ताप...
पूछता हूँ लेकिन
आज तो आप ही हैं मेरा परिचय
रानी : केवल आपका ही है मुझे थोड़ा-सा भय

इसलिए कुछ तो कहूँगा ही
आत्म-प्रशंसा का दुख सहूँगा ही
थोड़ा-सा भी सच
अपनी कविता की कल्पना से दिन-रात
करता रहता हूँ बलात्कार
ऐसा ही स्वप्न देखता हूँ जो
कभी न होगा साकार
अपने नाम खुद ही
प्रेम-पत्र लिखता हूँ
यह सच है
कि युवतियों का मैं
बनाता रहता हूँ चित्र
यह सच है
कि चाय और सिगरेट मात्र
हैं मेरे मित्र
यह सच है
कि वृद्ध पिता से
प्रतिदिन करता हूँ झगड़ा-झंझट
यह सच है
कि अपने ही सिर में ठोक रहा हूँ
मोटी भोथड़ी कीलें
और
यह भी सच है
कि ढूँढ़-ढूँढ़ कर सिगरेट की अधजली टोंटी
रात-रात भर पीता हूँ
अन्धे कुत्ते बनकर
अन्धकार में भटकता हूँ
झाँऊ-झाँऊ करता जीता हूँ...

एकान्त निशा में
मेघदूत को मन की व्यथा सुनाना
स्वप्न सुन्दरी के मधुर स्वप्न में
सारी रात बिताना
किसको बुरा लगता है, रानी?
आप भी तो निश्चय ही
कमला नदी में चुभुकते वक्त
बनकर मृणाल, बनकर कमल-नाल
सखी-सहेलियों की झुण्ड में खोई
छम-छम करती
जाँघ भर पानी में भौंचक डरती हुई
गाती ही होंगी दो आखर भी
केशी मदनमुदारम्, सखि हे
किन्तु
गीत से मुझे क्या?
मैं तो यूँ ही पटने में
रोटी-चकला-बेलन रटने में
रटता ही रह जाऊँगा ताउम्र
अपना यह दुख सोच-सोच कर
सतत लगती है मन में मिरगी
इसीलिए आज घृणा हो गई है गीत से मुझे
भला नहीं लगता है कुसुम

न कानन, न काली, न भैंस
मैं अपने ही जीवन से सीदित हूँ
क्या कहूँ हाल?
किन्तु–
आज तो आप ही पूछती हैं परिचय
रानी! केवल आपका ही है मुझे भय!
कवि नहीं हूँ
कल्पना-पार्वती का बसहा-बैल हूँ
या यूँ कहें कि धोबी का गधा हूँ
घर से घाट, घाट से घर तक
दौड़ता हूँ सुबह-शाम

दूसरों की लगाई फसल
चरता हूँ बीचोबीच
खा जाता हूँ फूल
न स्वाद मिलता है तरकारी में
न गुलाब है
इसीलिए फुलवारी में
मैं गुलाब खाकर जीवित हूँ
क्या कहूँ हाल?
किन्तु,
आज तो आप ही पूछती हैं परिचय
रानी! केवल आपका ही है मुझे भय
इसीलिए कुछ तो कहूँगा ही
सोलह आना झूठ
खुद ही ताली बजाकर सदा
अपना गल्प सुनता हूँ
खुद का ही लिखा गीत गाता हूँ
पटकता हूँ अपना सिर
स्वान्तःसुखाय हेतु रात भर जगकर
दुखाता हूँ हाथ
आत्म-विमोहन से पीड़ित हूँ
क्या कहूँ हाल?
किन्तु,
आज तो आप ही पूछती हैं परिचय
रानी! केवल आपका ही है मुझे भय

[वैदेही, जुलाई, 1958]

वन्दना

सौन्दर्य, ज्ञान और शक्ति की आदि-कल्पना
महिषी (सहरसा) की भगवती तारा महादेवी के प्रति

जय हे, जय जय हे तारिणि, जन-कल्याणी
जय हे, आदि कल्पने, भगवती भवानी

माँगूँगा न आज मैं कोई वरदान
है अपनी ताकत पर मुझको अति अभिमान

भिक्षाटन में व्यय न करूँगा मैं अपनी यह वाणी
जय हे, जय जय हे तारिणि, जन-कल्याणी

तेरी मूर्ति है मेरी कल्पना, है मेरा प्रतीक
तेरी पूजा-अर्चा है, मेरी परम्परा की लीक

परम्परा को तोड़ूँगा न मैं हूँ संस्कृति अभिमानी
जय हे, जय जय हे तारिणि जन-कल्याणी

कर तेरी वन्दना लिखता हूँ शब्द-अल्पना
मैं हूँ शक्ति-उपासक, तू शक्ति-पुंज की आदि-कल्पना

शक्ति पाता हूँ तेरी भक्ति से मैं हे पाषाणी
जय हे, जय जय हे तारिणि, जन-कल्याणी

* *'वन्दना' से 'विसर्जन' तक की इकतीस कविताएँ 'स्वरगन्धा' शीर्षक मैथिली कविता-संग्रह में संकलित हुईं। संग्रह के इनर टाइटल पेज पर शीर्षनाम के ठीक ऊपर लिखा गया है : 'मैथिली कविता में नवीन शिल्प-शैली की स्थापना'। यह संग्रह 'प्रतिपदा' (सुरेन्द्र झा 'सुमन') और 'चित्रा' (वैद्यनाथ मिश्र 'यात्री') के कवियों को श्रद्धापूर्वक, मायाकान्त और द्विजेन्द्र को आस्थापूर्वक और लाल दाई को स्नेहपूर्वक समर्पित है। इस संग्रह की सारी कविताएँ कलकत्ता प्रवास के दौरान नवम्बर, 1957 से अप्रैल, 1958 के दौरान लिखी गईं। इसका प्रकाशन मई, 1958 में हुआ।* **–सं.**

स्मृति-जाल

स्वकीया शशिकान्ता के प्रति

आप आती हैं याद
हृदय के जगे व्रण पर छिड़क जाता है नमक

याद आते हैं
गोबर से लीपे आँगन में पूरब के कोने पर तुलसी-चौरा
दीवार पर चित्रित-अंकित नैना-जोगिन, आतिल-पातिल, शिव-गौरा
अल्पना के सतरंगे चित्र पर रखा
आम्रपल्लव युक्त घड़ा
पिठार से रंजित-सज्जित उजले पीढ़े
(प्रणय देश जाने हेतु अनुपम सीढ़ी)
बारात आदि के हास्य, किलकारी, शास्त्रार्थ
साला गालियाँ देने में अति योग्य
गीत-नाद, झूठ के प्रमाद, सास के संवाद
विद्यापति, जगन्नाथ, जयदेव के पद
जीवन का प्रति क्षण, उन्मद-उन्मद
स्पष्ट स्वर में वेद-ध्वनि, मंत्रोच्चार, उचिती-मिनती

'त्रुटि के लिए क्षमा किया जाए' –श्वसुर की विनती...
याद आते हैं
बारिश से भींगे मिट्टी की दीवार वाले घर में जलते लघुदीप विकल
लाज स्वेद से भींगे-तीते अंग-अंग अति शीतल
बन्द सीपि-सी आँखें
पलक अलक में उलझे, फड़फड़ाते पाखी के पंख
लाज से भरे, भीति से डरे-डरे से, उत्सुक, उन्मन
ननकिलाट की दसगज्जी लाल साड़ी में छिपे नवयौवन
आत्मसमर्पण, अनुनय-विनिमय, मान–
'ओह, कैसे बुझ गया दीपक, डर लगता है, प्रान!'
चिर-मंगलमय वह रात सुहानी
रुपए गहने तो क्या, दिया था मैंने अपनी जिन्दगी मुँह बजावन

इसी तरह बहुत कुछ याद आते हैं
मन के जगे व्रण पर नमक पड़ते हैं...
कितने ही स्नेह की घटनाएँ, गप-शप, हास
जीवन-स्नेह से, आलोक से, घर-आँगन में होता था प्रकाश
किन्तु, अब तो बच गया मात्र यह स्मृति-दाह
दरिद्रा महारानी के साथ करता हूँ नित्य प्रति निर्वाह, नित्य प्रति निर्वाह
करता हूँ सारा कुछ सुड्डाह

अपनी स्मृति को आँखों के सामने साकार करूँ
पुनः स्वप्न से क्षण भर भी जीवन प्राण का शृंगार करूँ
आज है नहीं उसका उपाय
कलकत्ते में बैठा हूँ निरुपाय
मन करता है, गाँव ही भागूँ भावुकता के वेग में
मात्र ग्यारह आने बचे हैं मनीबैग में
और, दरभंगे का रेल किराया है पूरे-पूरे ग्यारह रुपए
इसीलिए पैर फँसे हैं अभाव के पंक में...

** 27 जुलाई, 1955 को लिखी गई 'एक क्लर्क की स्मृति' शीर्षक कविता भी कुछ इसी तरह की है, जो 'विचित्रा' संग्रह में संकलित है। —सं.*

राधा तेरी बेच रही है देह

विद्यापति के प्रति, जिनका काव्य लखिमा रानी के शयन कक्ष से
उड़ीसा, बंगाल, आसाम के कुली-मजदूरों की झोंपड़ियों तक फैला है

भाषा की अंजलि भरकर मैं श्रद्धा के रवि फूल
आया हूँ अब हे कवि कोकिल तेरे स्मृति कूल

गीत तुम्हारा जगा रहा है अब भी सोए प्रान
अतः सतत सब मिल करते हैं तेरी चर्चा-ध्यान
गाता रहता सर्वोत्सव में नव जयदेव का गान
भाषा-कानन के विद्यापति, अमिय-पुष्प अम्लान

आओ मिथिला में फिर आओ जन जीवन के सूर्य
महाराज शिवसिंह के सेनापति, जगाएँ क्रान्ति के तूर्य

रति विपरीत औ' रति अभिसार के लिखे कितने गीत
अब न रहा शृंगार का युग न रहा कहीं भी स्नेह पिरीत
युद्ध, अकाल, बाढ़, सूखे से जन समाज भयभीत
कहीं न मिलती शान्ति क्षणिक भर, कोई न मिलता मीत

संस्कृति-सभ्यता का हिमालय हुआ चूर्ण-विचूर्ण
भाषा-साहित्य, नायिका-नयन है रक्त-अश्रु से पूर्ण

देश जल रहा, लोग मर रहे, वस्त्र मिले न मुट्ठी भर अन्न
साधारण दुख-दुविधा अभाव से सबके हृदय हैं छन्न
प्रगति विकास सुखसाधन के सब हुए रास्ते बन्द
राधा तेरी बेच रही है देह, कृष्ण तेरा अवसन्न

शक्ति उपासक ओ विद्यापति, ओ जनकवि रख लो देश की लाज
आओ कंस का राज हटाकर, लाओ कृष्ण का समता राज

जहाँ न नारी लाज बिके, मातु बहन न बेचे देह
जहाँ न प्यासी धरती रोए, न बरसे कहीं आग का मेघ
जहाँ न बाढ़ की प्रलय धार में बहे गाँव और सबका गेह
जहाँ न पापी पेट की खातिर, मरे देश से मानव स्नेह

यही मेरी श्रद्धांजलि है और यही मेरा आह्वान
तेरे ही स्वर में मैं गाता मिथिला जनजीवन का गान
तेरे स्मृति-जल से भरता हूँ सूखी सरिता प्राण

प्रभात का चित्रगीत

गाँव की प्रकृति छवि

कमल के वन
श्वेत उषा के गगन
नव सिन्दूरित माँग-सी होती अति रक्ताभ
तम न कहीं, न कहीं घन, रूपमयी यही प्रकृति धन-धन
किरण माँगे जीवन, किरण माँगे आत्मा, तन (प्राण)
परंच
क्षण भर भी न होता है, मन मेरा थिर
देखकर यह क्षितिज नीलाभ
होता नीलाभ-सा
जिससे मिलता है—मात्र सौन्दर्य का लाभ

मादक प्रभात
मनुआँ धार, कोसी किनार

घटवाहिका सुन्दरी गजगामिनी की भीड़
खिल-खिल हँसी, मोहक मदिर मुस्कान
ग्राम्या के अधर पर जयदेव के पदगान
मछली की तरह ही, अप्सराओं की तरह ही बहते हुए करते स्नान
परंच
किसी ठाँव नहीं चलता काम प्रत्यंचा
देखकर यह ग्राम्य-नदी का तीर
रूप यौवन चांचल्य की भीड़—होता है तनिक भी पीड़?

** 13 जुलाई, 1955 को लिखी गई कविता 'प्रभात का चित्र' कुछ इसी तरह की है जो 'विचित्रा' संकलन में संकलित है। —सं.*

वैद्यनाथ का पंडा

वेदादि के सम्मोहक स्वर में
कहता है भाष्यकार—
एकान्त, गोपस्थल, अभिज्ञात, सम्मोहन,
आदि वैधानिक रहस्यादि बन्धन है जीवन
कहता भाष्यकार—
देवशास्त्र फलित कर्म धर्म के प्रवाह में
पालित है, अंकुरित, पुष्पित, फलित है आत्मा
(जीएँ लाख बरस, ये प्रशंसाप्रिय परमात्मा)

कहता है भाष्यकार—
और कुछ नहीं है विश्व, विराट का परम क्षुद्र अंश है
आदि पुरुष कृष्ण, आदि कन्या राधा, पापी मन कंस है
ऐसे ही कितने रूपक गढ़ता है भाष्यकार

श्रीमद्भागवत पुराण बाँचता है भाष्यकार
करता है शास्त्रार्थ—ब्रह्म हैं द्वैत या अद्वैत
जुटते हैं मालपुआ भकोसने हेतु बड़े-बड़े फँकैत
आते हैं चौरासी लाख योनि को फलाँगकर

खाने में राक्षस, सोने में दैत्य
पढ़-पढ़कर इनके धर्मलेख, सारे विवादग्रस्त
वितंडा लोग करते हैं, होता है अति नष्ट-ध्वस्त
कि, विश्व है मिथ्या, मात्र ब्रह्म है सत्य
कि, नहीं, ब्रह्मा ही हैं झूठ, मात्र सत्य है मर्त्य
कि, सबसे श्रेष्ठ पूजनीया हैं दुर्गा
(कि, पहले अंडा हुआ कि मुर्गा?)
कि, मैं हूँ शाक्त, मैं वैष्णव, मैं शिव
मुंडे-मुंडे मतिर्भिन्ना...हा देव!
मेष वृष मिथुन कर्क, कुक्कुट सन कटु कूट तर्क
ईशावास्य तैत्तरीय मण्डूक सांख्य-अर्क
पीते जाइए, भाग जाएगा जुकाम-बुखार

कहते हैं महाराज मनु
अबलाओं पर चलाते हैं तीर-धनु
शय्याऽऽसनमलंकारं कामं क्रोधमनार्जवम
द्रोहभावं कुचर्यां च स्त्रीभ्यो मनुरकल्पयत्
नारी है मात्र शय्या, आसन के लिए
—और, ये सब धर्मासव सोमरस धर्मप्राण पीते हैं
सिन्दूर लगा-लगाकर पत्थरों पर, ढेलों पर, लोंदों पर, सिर को छूते हैं
धर्मजीवी जनता को ठग-ठगकर, लूट-लूटकर
हर युग के दार्शनिक, उपदेशक, भाष्यकार जीता है
फटी केथरी को सीता है...
पकता है धर्म का मांस-भात, चढ़ा है पुराण का हंडा
(आज, नहीं तो कल फूटेगा सब भंडा!)
चलिए पीछे-पीछे सुनम्र होकर, वर्ना मार देगा डंडा
वैद्यनाथ का पंडा!!

* *2 अक्टूबर, 1955 को लिखी गई कविता 'भाष्यकार कहते हैं' कुछ इसी तरह की है जो 'विचित्रा' संग्रह में संकलित है।* —**सं.**

सीता की मृत्यु : अहल्या का जन्म

प्रस्तावना

बिना किए धर्म-समाज की, लोक-लाज की परवाह
वृद्ध पितामह ले आए षोडशी ब्याह कर...

परिस्थिति

पंडित सुधाकर जी की धर्मपत्नी द्वितीया, स्वकीया
और मेरी नवजात वासना परकीया
दोनों है बँधी कुल-शील के फन्दे (ससरफानी) में
वैवस्वत मनु की महावाणी के अनुसार
परनारी का नाम न लें
परपुरुष को छूने न दें देह
मनेच्छा की न करें चर्चा, हृदय नद को रखें सम्हाल
देखिए, काट न पाए, विषधर को पहले ही दें मार
मन के वातायन पर टाँगें मोटे-मोटे काले परदे
खाते रहें कामना की मिट्टी, फाँकते रहें निवृत्ति के गर्द-गुबार
द्रवित, दुखित, भ्रमित होते ही रहें आत्मा के क्रन्दन से
भली-भाँति बँधे रहें स्मृति-पुराण संहिता के बन्धन से
लक्ष्मण रेखा से
नियति के व्यंग्यपूर्ण लेखा से...

कथा

किन्तु (यह 'किन्तु' है कितना नग्न, है कितना भग्न)
अर्थार्जन में सतत रहते हैं सुधाकर जी मग्न
जमींदार (पहले थे। अब नेता) देश के द्वार पर प्रति रात
करते गप-शप वही जो जमींदारिन को सुहाए
बाँचते हैं पुराण
बाँटते हैं धर्म के ज्ञान, त्याग, बलिदान
कि, ऐसे थे राजा शिवि ऐसे थे दधीचि
कर्तव्य रक्षार्थ अपने ही शोणित से धरा दिए सींच
ऐसी थीं गार्गी, मैत्रेयी, सीता, अनुसूया, सावित्री
अपनी शक्ति से किया जो, गौरवान्वित हुई यह धरित्री

ऐसे थे पूर्णब्रह्म श्रीकृष्ण भगवान
किए गोपिकाओं की रूप-गंगा में इच्छा भर स्नान
सुधाकर जी बाँटते हैं मर्मज्ञान
और, इधर उनकी द्वितीया, बनकर पूर्णिमा के चाँद
गाती हैं मधुर स्वर में किसी नटुवे से सुने हुए गान–
कैसी चतुर भौजाई रे
मन करता देवर संग जाय रे
कनकलता-सी देह का कंचन फल है
लाख जतन करने पर भी आँचल तले न समाय रे...

सत्य

गाती हैं मधुर स्वर से गान, होकर खिड़की पर खड़ी
मेरे हृदय में उठती है जैसे कोसिका की बाढ़
उफनती है कामना की धार
(क्यों, होगा अनर्गल, यदि रोकूँ नहीं मनःसागर का फेनिल यह ज्वार?)

उपसंहार

मिथ्या है मनुदेवता की स्मृति, मिथ्या है व्यासदेव के गीत
आज है कलियुग, त्रेता में मर गई सीता
मर गए एक पत्नीधारी पुरुषोत्तम राम
नहीं मरा मगर, शिव के तृतीय नेत्र की ज्वाला से भी काम
हुई नहीं संसार को कोई क्षति
सीता के मरने से भी क्या, जीवित ही हैं लक्ष-लक्ष रति
मरी अभी भी नहीं गौतम की पत्नी अहल्या सुकामा
मरे श्रीकृष्ण, जीवित ही हैं रूपभिक्षुक मुझ-सा सुदामा
और,
जनमती ही रहेंगी नित्य-प्रति अगणित अहल्या सुकुमारी
(ढूँढ़ेगी निश्चय ही स्वस्थ वृक्ष, माधवी लता है नारी)
जब तक जीवित है एक भी वृद्ध गूँगे गौतम
नहीं हट सकेगा यह तम
गाती ही रहेंगी नारियाँ परपुरुष के सहगान
करती रहेगी पुरुष जाति सहस्र अहल्या का ध्यान...

स्वगत भाषण

मेरे अन्तस् के लुच्चे, लफंगे, पागल कुत्ते
चले न देखकर कोई मेड़-आड़
कूदे खेत-दर-खेत
मेरी वासना के विक्षिप्त-से प्रेत
खड़ी हैं अहल्या खोलकर मन खिड़की के किवाड़
इसके अतिरिक्त समूचा विश्व है असार...

भरत वाक्य

सीता को हर कर ले जा रहे हैं रावण महावीर
रावण ही क्या, मारीच को भी नहीं मार सकेगा राम का सबल तीर
अहल्या के डर से ग़ौतम ऋषि काँपते हैं थर-थर
अब मुनि-शाप से होंगी नहीं वे पत्थर

अतृप्त प्रेम के गीत

भावुक मन की विवशता

उस रात का क्या मोल सखी, जो सपने में न बीती
रही जगी ही, गीली आँखें रहीं सतत ही भींगी

मन का मन में रहा धरा, मिली कथा को न भाषा
अधर, अधर तक आया, पर हुई न पूर्ण अभिलाषा
सागर तट पर रहे प्यासे, ऐसी मेरी पिपासा
आज जली हूँ मनःताप में, वायु रहा सुगन्ध से शीतल

रहा तुम्हारे संग, वृत्त बाँह की रची किन्तु नहीं
संग्रह तो कर लिया, पाथेय बचा कुछ संग किन्तु नहीं
लगा रूप का हाट, जँचा नयन में मुझे किन्तु नहीं
मेरे हिय की रूपदग्धता, सब दिन मुझसे जीती

शाप समय-गौतम का, अहल्या बनी ही हुई हैं पत्थर
अहल्या को जीवन दूँ, मैं नहीं हूँ राम गुणागर

तृषा लहर बाँधे है, डूब रही अनजाने सागर
सोमरस मिलता कहाँ है, दुःख-विष पीकर हूँ मृत-माती

उस रात का क्या मोल सखी, जो सपने में न बीती।

वसन्त की प्रतीक्षा

आशा के गीत–शकुन्तला का आगमन

कैसी थी वह भूख कैसी थी प्यास
एक युग तक देखता रहा मैं स्वप्न की आशा
खाता रहा आत्मा की दाह
पीता रहा नयन-जल खारा
मग्न रहा प्रणयदीक्षा में
अज्ञातिनी विदेशिनी अनागता अनामा प्रिया के मिलन की प्रतीक्षा में

वैसे तो पता था–
कि ये सब हैं छलनाएँ, वे सब हैं छल
कि स्नेह है मिथ्या, प्रेम है प्रतारणा, मिलन है अनर्थ

जीवन के सारे स्वर थे शान्त
तनिक भी नहीं क्लान्त, तनिक भी नहीं हृदय था पथभ्रान्त
किन्तु, अनचीन्हे रास्ते पर मीत एक मिला, गीत एक मिला
जैसे एक ही जगह निखिल विश्व का सौन्दर्य हो एकत्र
दुख-दुविधा मिटी, जीवन में आईं–'सावित्री', मिला सन्तोष
तृप्त हुई भूख और प्यास, भरा आत्मा का मधुकोष
किन्तु, तनिक भी ज्यादा नहीं, मात्र दो ही क्षण
तदुपरान्त मन हुआ उन्मन, प्राण हुआ पागल अनुक्षण
अब पुनः शून्य है प्रेम-कथा
अब पुनः बढ़ रही है हृदय-व्यथा
पर, एकमात्र प्राणेच्छा अभी भी है, तृप्ति की विह्वला
अभी भी है कल्पना सुकोमला
कि जीवन में कभी तो आएँगी पुनः मेरी शकुन्तला

कि गौरव से प्रसन्न होगा आत्मा का दुष्यन्त
व्यथा का होगा अन्त
जीवन में बिहुँसेगा वसन्त!

अशोक की छाल

आत्मा की थाह : विकाल वर्षा

ऋतु ढलने पर आई वर्षा, दिन ढलने पर सूरज चमका
प्यास के भौरे हुए दिवंगत, अब क्या, कि गुलाब दमका?

रूप-यौवन बीत जाने के उपरान्त
कुंजभवन अभिसार हेतु आए हैं रूठे कान्त
मुरझाई रहीं लजवन्ती
राजा नल तो हैं खड़े ही, सम्मुख मरी पड़ीं दमयन्ती
दिन ढलने पर बरसा बादल
हरियाली भींगी, उदास, मुखम्लान, विवशा
विरहिणी दुखमय दशा (में व्याप्त)
क्या लाभ? मरते समय आईं लक्ष्मी प्रणय-अलसा (हुईं यदि आप्त)
मर रहा हूँ
खुद ही सजाई चिता, खुद ही जल रहा हूँ

कमला नदी में बहती जा रही अकेली नाव
न कोई यात्री, न कोई नाविक मल्लाह
दहकती ज्वाला-सी लहर जल की न कहीं थाह
उफनती कमला से पूछता हूँ—अपने गाँव का हाल
अपने गेह का हाल, अपने धाम का हाल
जीवन के उस पूर्णविराम का हाल
प्रश्नचिह्न व्यथा का बनकर जो खड़ी होंगी किवाड़ के पास मेरी रानी
चिर-प्रतीक्षारता, यहाँ मैं ढूँढ़ता हूँ सोना-चाँदी
ढूँढ़ता हूँ अपनी फूटी नसीब
ढूँढ़ता हूँ वस्त्र, गृह, नमक, रोटी, साग

पूछता हूँ जल-लहर से कविप्रिया का हाल
छुड़ाता हूँ पुराने अशोक की छाल
पीसूँगा, हृदय-व्रण पर लगाऊँगा
भग्न वीणा पर पुराना ही राग, पुराना ही गीत गाऊँगा
कभी तो जाऊँगा गाँव
होगा अनुकूल समय कभी, जो अभी है प्रतिकूल

निशि हँसी तो हुई वर्षा
तारकावलि दन्त-पंक्ति श्वेत, लगी चेहरे पर किन्तु, कालिख
अँधेरे के खेल का चारों ओर होता है इन्तजाम
तोड़ने हेतु रात्रि-सुन्दरी का मान-अभिमान
किन्तु, हे लजवन्तिनी, हे दमयन्तिनी, यह तय है
इसमें सन्देह नहीं तनिक भी–
कि, बाँधूँगा नहीं कथमपि अब आपको अपने स्नेह से
कि, बाँधूँगा नहीं रसोई घर से, शयन-गेह से
ये सारे बन्धन हैं व्यर्थ
बन्धन के कारण ही होते हैं सारे अनर्थ
त्याग देती है नारी अपने नल की प्रतीक्षा
जल जाती हैं सीता जब होती है अग्निपरीक्षा

हुई वर्षा, उगा रसवृक्ष, किन्तु हृदय मेरा है सुड्डाह
बहता गया, ले गया जहाँ भी मुझे समय-प्रवाह
जलता रहा, दहकता रहा
आत्मा का ताप

आश्वासन

आशा और जीवन के प्रतीक-चित्र

पागल है पवन
चारों ओर फैला है करुणा का भय क्रन्दन
भयातुर है प्रकृति-गात

क्या होगा, कहाँ ले जाएगी यह आँधी है कुछ न ज्ञात
पागल हैं उनचासों पवन
काँपता है नंगा महावन

फिर भी, इस अन्धड़ में
जीवन के पथ बीहड़ में
दुविधा के झोंके, असुविधा के झाड़ विविधा की झाड़ी में
होता है यह विश्वास
होता है आत्मा में इतना आभास
हो जाएगा सब कुछ शान्त
विद्रोह के उपरान्त
हर्ष से उत्फुल्ल होगा जो अभी है क्लान्त
बिहुँसेगा नवजीवन

सकुसुम कलिका के वस्त्र में सलज्ज हो मुस्कुराया महावन
देखता हूँ, नवनिर्माण में असंख्य जन लगे हुए हैं
देखता हूँ, गाँव घर के लोग सब जगे हुए हैं
इसी हेतु, होता है आश्वासन
कि नन्दन कानन से भी अधिक सुन्दर बनेगा अपना महावन

इजोरिया धनुकाइन

प्रेम की नहीं, पेट की ज्वाला से विदग्धा

बाढ़ में डूबे खेत की ऋतु मेड़
रक्त सागर में जैसे बह रही हो तलवार
खेत की मेड़...
जिस पर उग रही है दूब
जैसे मरणकाल में मुस्कान लेती है अधरपुट को छू
हरी, टटकी दूब
जिस पर उग रही है पथिक चरण की छाप
मृत्यु-सा अभिशाप

एकस्वरा बैठी ही है प्रतीक्षा-मग्न
बाढ़ में डूबे खेत में कर स्वप्न सारे भग्न
अक्षयदेहा, देह-रस माती
किन्तु, दो साँझ से भूखी-प्यासी
इजोरिया धनुकाइन
(आज कहेगा गाँव पूरा 'वेश्या' कल कहेगा 'डाइन')
जिसके पतिदेवता भागे मोरंग
अकाल के समय दिया नहीं दो दिवस भी कुछ संग
विरहांग्नि नहीं, जठराग्नि से झरते हैं जिसके सब अंग
जिसकी जिन्दगी पर उग रही है दूब
जैसे मरणकाल में मुस्कान लेती है अधरपुट को छू
झुलसी, पकी दूब
जिस पर उग रही है पथिक चरण की छाप
युग का बहुत बड़ा पाप...

नींद न टूटे

सोए जनसमाज के प्रति आक्रोश

रात अँधेरी है, काँपती है थरथर बिजुरी, मेघ, गगन
दिशाएँ नहीं सूझती हैं
घाट-बाट, आँतर-पाँतर, बरगद-पीपल, खेत-पथार, कलम-बगान
अँधेरे में सारे कण-कण हैं डूबे
छोड़िए बहिर्जगत की चिन्ता
कीजिए मत घर से बाहर आकर जग देखने की अभिलाषा
रजाई ओढ़कर, मसनद लगाकर, कीजिए काव्य-चिन्तन
कीजिए गजगामिनी कामिनी के आगमन की प्रतीक्षा
लीजिए प्रेम की दीक्षा
        नींद न टूटे
पिता-पुत्र-कलत्र-परिजन-पुरजन नमक तेल तरकारी में
        लगे रह जाइए
बैल बने, साधारण सुख-सुविधा की टूटी गाड़ी में

जुते रह जाइए
माँ की बीमारी, भौजाई के परिहास, धर्मपत्नी की फटी साड़ी में
बँधे रह जाइए
दालान पर बैठकर रचिए शतरंज, ताश
बगीचे में रोपिए बैंगन, प्याज-लहसुन सोल्लास
गाँव-टोले की राजनीति में सतत लीन रहिए
गाँव के तालाब में तैरता हुआ मीन रहिए
नौकरानियों से सीखिए वात्स्यायन के काम-सूत्र अनुभव
पिता-पितृव्य के अर्जित वैभव को कीजिए वृद्ध
भँवर में डूबे देश की नाव
हो जाए सभ्यता और संस्कृति सुड्डाह
नींद न टूटे

कोई दुख नहीं, कुछ क्लेश नहीं, न कोई व्यथा
कान खोलकर सुनिए मत समाज की कष्ट-कथा
भोजन भर के आसरे न छूटे
घर-आँगन, दालान, टोला-गाँव देश भले सब टूटे
किन्तु आपकी नींद न टूटे कभी
अपनी टूटी खाट न छूटे कभी
हे कुम्भकर्ण!
हो नहीं सकते हैं आप महारथी कर्ण
हो नहीं सकते हैं कर्ण के गुरु परशुराम
हो नहीं सकते हैं मर्यादा पुरुषोत्तम राम
कर्ण की तरह कर न सकेंगे वचन की रक्षा, देकर सब कुछ दान
परशुराम बनकर फरसा उठाकर करेंगे नहीं शोणित-गंगा में स्नान
राम की मानिन्द करेंगे नहीं रावण का नाश

—मुझे होता है इतना घोर निराशामय विश्वास
देश, भाषा के रक्षार्थ बज रहा है युद्ध का डंका
सोए हुए हैं आप, जानते हैं, देश आपका हो गया लंका
हे कुम्भकर्ण!
देश-जाति-गौरव भूलकर, हो गए आप अवर्ण
हो गए आप शिखंडी, न पुरुष, न नारी

हो गए मरण निद्रा के व्यापारी

नींद न टूटे

मुक्तक

संकोच, प्रेम, विद्रोह और मेनका

धीमे-धीमे पहले बरसता है मेघ
संकोच से ही आरम्भ होता है नेह
पहले तो, लोग कहते हैं, मिलते हैं हृदय,
पर, क्रमशः सँभल नहीं पाती है देह

प्रेम ऐसा हुआ, कि तोड़ दी देह की सारी लाज
कहा—और कुछ से मुझे नहीं है काज
छोड़कर प्रशस्त राजपथ, अँधेरी पगडंडी से चला
किन्तु, रोक लिया रास्ता सबल समाज

अब सहूँगा नहीं मैं पागल है यह संसार
वहन होगा नहीं मुझसे मर्यादा-भार
स्वप्न बने हैं युग-युग से जो मेरे अन्तस् में,
इच्छा है कि उसे आज करूँ साकार

अब नहीं पोथी-पतरा वेद-पुरान
उतर रही है गगन पथ से मेरी मेनका अप्सरा
हे आत्मा-विश्वामित्र, लिखिए स्वागत गान

पूर्णिमा के चाँद से अनुरोध

जगा हुआ हूँ, कितनी रात ढल गई—ज्ञात नहीं हो रहा कुछ भी
झुक-झुक कर दो बार बुझ गई लालटेन

अँधेरा है, अँधेरा फैला है चारों ओर
गहन, निस्तब्ध! किन्तु, बाहर आँगन में
चमचम चमकता है चाँद का श्वेत प्रकाश
क्या खिड़की से नहीं झाँकेगा दो क्षण के लिए भी
पूर्णिमा का चाँद?

जगा हुआ हूँ, कितनी रात ढल गई—ज्ञात नहीं हो रहा कुछ भी
रूठी हुई प्रिया की तरह मत करो मान-अभिमान
हे चाँद, आओ, लालटेन के बदले में दान दो कुछ ज्योति
दो पाती भर लिखने हेतु अब बची है चिट्ठी
अपनी रानी को!

आभास

मिथिला का कोई एक गाँव : चित्र-परिचय

गाँव के किनारे पहाड़ की तरह है खड़ा, अँधेरे में डूबा
धृतराष्ट्र के वज्रालिंगन से है गात-गात टूटा-टूटा
अथवा एक-एक हड्डी जगी किसी मृतप्राय क्षयरोगी की तरह
महादेव का टूटा मन्दिर है दहता-बहता, शायद

पेट्रोमैक्स की रोशनी में नए मुखिया की नई दालान पर
खन-खन तबला, रें-रें सारंगी, सुललित कंठ के मधुरगान पर
गुंजित, मुस्की छाई ग्रामवासी जनता के मुख-म्लान पर
सिबीपट्टी के प्रसिद्ध नटुवे का है पद-पायल, शायद

धूमिल आकृति, विकृति, आश्रयहीन सर्वहारा अतिदीन
सोया, कुएँ के जगमोहन तट पर छाया परिचयहीन
अन्धकार चादर ओढ़े है, लज्जा-आशा-दुख-भयहीन
दूर देश का कोई बटोही भटक गया निज राह, शायद

चिरसंगिनी दरिद्रा, अभाव, भय, दुख, पीड़ा की अभ्यस्ता
बैठी भूखी है आँगन में, पति-प्रतीक्षा में अति त्रस्ता

खूँटे में बँधी है गाभिन बकरी, वान भय से त्रस्ता
इस युग के अभिशाप से नारी है अन्धराई, शायद

बीच गाँव में सिर उठाए है खड़ा गाछ एक पाकड़ का
बहुत दूर तक डालें फैलीं, पता लगे नहीं जड़ का
नव वसन्त के स्वागत में रचता है, नवजीवन नवकोंपल का
युग युग से संस्कृति का प्रतीक बना आया है, शायद

महात्मा

देश की मिट्टी जिसका परिधान बना है हरदम
देश का पानी जिसका मधुपान बना है हरदम
है वही महात्मा

जो सारी पीड़ा आत्मवेदना चुप ही रहकर वहन करे
जो हँसकर, मुस्काकर दुख-झंझा का हरण करे
आक्रोश से हाहाकार से न प्रलय मचाए कभी भी
नियति के पत्थर-पथ पर अन्धा बनकर चरण धरे
आस्था-शान्ति का सम्मान बने जो हरदम
है वही महात्मा

जो चले तो पीछे-पीछे न भागे जन-समाज
जो चीखे नहीं—'बदलूँगा मैं अन्याय का कुराज'
पत्नी के नेह, परिवार के शरीर से बँधे-बँधाए
चले कभी नहीं क्रान्तिमार्ग ले देशोद्धार का काज
जीए गृह-आँगन का प्राण बने जो हरदम
है वही महात्मा

जो जाए न मन्दिर पूजा से निर्मित करने परलोक
जो बन जाए खेत की आड़-मेड़ से सटा मरा-सा जोंक
देखे न नभ की ओर, रहे धरती पर लुढ़काया-सा
समय की वर्षा हर्ष हो जिसका सूखा-बाढ़ हो शोक
खलिहान-खेत का अभिमान बना बिहुँसे जो हरदम
है वही महात्मा

शयनकक्ष की नारी से

हे मेनका
आपके इन्द्रधनु आँचल पर वासना चित्र अंकित करने हेतु
प्रस्तुत नहीं हैं कोई विश्वामित्र
न कोई महाराज दुष्यन्त
कर सकेंगे आपकी शकुन्तला की असहायता का अन्त
खेत कोड़ने में, बाँध बनाने में लगे हैं लोग
चारों ओर फैला है हृदय का नहीं, पेट का बहु शोक

हे उर्वशी,
कौन देखेगा अब आदि मुद्रा का चकित मुदित अलस नृत्य
अभाव का चूल्हा जल रहा है, लोग प्राण का ईंधन झोंक रहे हैं
सम्राट विक्रम-पुरुरवादि हो गए दरिद्र
सामन्ती-जीवन के गूदड़ में हैं लाख-लाख छिद्र
और, हम सारे अर्जुन, महाभारत जीतने में लगे हैं
मरे नहीं, सोए नहीं, जगे हैं

हे रम्भा,
नन्दन जल गया, इन्द्र ने अपने ही वज्र से की आत्महत्या
आप भी स्वर्ग छोड़कर भागें, देवगण धरती का रस्ता पकड़ें
विलास नृत्य त्यागें, परती में रोपें धान
तभी बचेगा जीवन, तभी होगा कल्याण

अन्धप्रवृत्ति

जाड़े की रात अँधेरा घटाटोप
पृथ्वी पर फैला शशि का प्रकोप
    कलमबाग में किसी गाछ तले मचान पर
    स्थापित होता उन्माद का पागल स्वर
    किसी अजान छाया से छवि का परिचय
    अन्धकार में सारी सीमाओं का क्षय

अन्धकार से हम लोगों का बहुत प्रेम है
मैत्री है, मेल-मिलाप है
हैं परम अन्धे हम
हम लोगों का जनक है तम
रोशनी सतत काल हरते हैं
चन्द्रमा की किरणों से हम सब जलते हैं
है लाज़ मात्र बन्धन
नैतिकता मात्र धर्म का कटु क्रन्दन

बन्धन-मोक्ष

आरम्भिक धारणा

मान लीजिए, परिवार कोई एक वृत्त है
पिता सूर्य हैं, पृथ्वी की तरह परिक्रमा करती हैं सौतेली माँ
पत्नी हैं शशि, सूर्य से ज्योतित
पृथ्वी के चतुर्दिक परिधि-सा बनाती...
किन्तु, ज्यामिति का सूत्र नहीं है मेरा जीवन
क्योंकर मान लूँ मैं सूत्रात्मक बन्धन (?)
कथमपि नहीं हूँ मैं मात्र बिन्दु या सरल रेखा

माध्यमिक परिस्थिति

इस पार पिंजरे से मुक्त विहगसा मैं
मध्य में ड्योढ़ी की विशाल, जर्जर किबाड़
उस पार अश्वत्थ के वृद्ध वृक्ष से पिता
और दो भावुकमना नारी
        माँ, जिसने मुझे गर्भ में धारण नहीं किया
        पत्नी, जिसने वहन किया नहीं मेरा स्नेह
और, उदास-उदास थकी-सी तीन जोड़ी आँखें
बेधती दृष्टि बाण
यही है आपका गृह
यही है आपका भविष्य, वर्तमान, भूत
यही है आपका स्वर्ग, नरक, मर्त्य
यही है आपका दिवस, निशि, प्रभात

मत बनें पुत्र, आप गौतम सिद्धार्थ
पूरी नहीं हुई है अभी भी यशोधरा की आशा
कहाँ हैं राहुल?
और मैं?—बना हुआ हूँ विराट विकल विद्रोह
मेरे लिए टूट गई है घर की दीवार
मेरे लिए नहीं है कोई गृह, कोई परिवार
भर दिन, भर रात आँगन में
प्रदक्षिणा करता रहा समूचा विश्व :

तिब्बत का रहस्यमय प्राचीन मन्दिर : धर्म
मानसरोवर का श्वेत तनु हंस : सौन्दर्य
ताजमहल की गोल गोल गुम्बद : कला
काहिरा की कदलिजंघा नर्तकी : वासना
पेरिस की महाकाय ओपेरा : विलास
रूस का मास्को विश्वविद्यालय : ज्ञान
कश्मीर की अपरिचिता सुन्दरी : प्रेम

सबने इसी आँगन में गाया स्वागत गीत
तदुपरान्त वायु में विलीन हो गया, खो गया
दहकता रहा ज्वालामुखी हम लोगों के अन्तस् में
किन्तु चेहरे पर शून्य का आवरण, मौन का परदा ...

अन्तिम विद्रोह

दौड़ते हैं हम लोग किबाड़-पार की ध्वनि की ओर
द्रुत गति से त्यागकर पुरानी सारी व्यवस्थाएँ
अव्यवस्थित पंक्ति बनाकर, जुलूस लगाकर
किन्तु एक दूसरे से पूर्णतः अपरिचित रहकर

ओ अपरिचित पिता, ओ अनचीन्ही माँ
ओ अज्ञात पत्नी
कौन हैं आप लोग? मुझसे है क्या सम्बन्ध?
और कहाँ हैं हम? आ गया हूँ किस गाँव?
कैसे स्थगित कर दूँ मैं अपनी महायात्रा
कौन रोकेगा, कौन बाँधेगा, कौन मनाएगा?
चक्रव्यूह में मर गया है अभिमन्यु
रोते रहें ओ अर्जुन, ओ द्रौपदी, कोई लाभ नहीं

चीत्कार करें ओ उत्तरा
न आप जमदग्नि हैं, न मैं परशुराम
न आप कुन्ती हैं, न मैं कर्ण
न आप सावित्री हैं, न मैं सत्यवान

कमला तट की शाम

थिर-थिर लहर, किनारे हिलती
संक्रमित बर्तन सा खाली है पनघट
खाली है सब बाट
भाल के सिन्दूर धो लिए हैं सुमुखि कमला की धारा ने
पापी सूर्य ने की आत्महत्या
रक्त लिधुरा हुआ था जल, अब है परम श्वेत
कमला हुईं विधवा
और, रह गई बन्ध्या—यह सन्ध्या

* 'स्वरगन्धा' *कविता-संग्रह में* 'असम्बद्ध अनुभूति' *(अवचेतन हृदय पर स्थिति के प्रभाव सम्बन्धी कुछ कविताएँ) खंड के अन्तर्गत संकलित कविताएँ हैं*—'कमला तट की शाम', 'हितोपदेश', 'क्यों नहीं', 'आत्म-दर्शन', 'परितोष', 'अनुग्रह स्वीकार', 'निमंत्रण', 'मुग्धा-विमुग्धा', 'नहीं कहने योग्य बातें', 'परशुराम', 'असमाप्त कथा : असमाप्त पत्र', 'विसर्जन'—*ये कविताएँ सम्पादक श्री दीपक, कवि श्री सोमदेव, कथाकार श्री ललित, गीतकार श्री मायानन्द, लेखिका श्रीमती उर्मिला झा को अर्पित हैं।* —**सं.**

हितोपदेश

रात में भोजन के समय कहा सौतेली माँ ने
पुत्र, कविता के प्रणय कक्ष से बाहर निकलिए
नौकरी-चाकरी का कीजिए उपाय
आप अकेले नहीं हैं
एक युवती को हाथ पकड़ ले आए हैं
नहीं चलेगा काम

कालिदास बाणभट्ट विद्यापति करने से
विक्रमादित्य, श्री हर्ष, लखिमा ठकुराइन—सब हो जाएँ स्वाहा
जाते हैं, खोलेंगे पान-बीड़ी की दुकान दरभंगा टावर-चौराहा

क्यों नहीं...

मेरे वज्र आलिंगन में
मरी पड़ी काली स्याह हुई, सोई है उर्वशी
बासी-तेबासी भात-सी ठंडी
और, कोई पागल अँधेरी रात में भैरवी गाता है
रोशनी की स्वर्ण शिखा, प्रभात-पक्षी को जगाता है
उठकर नृत्य कर सकेगी क्या उर्वशी?
दो-चार अलक्षित तारक सजा सकेंगे क्या दीपावली!
खिलखिला सकेंगे क्या डाली से टूटे फूल?
मध्य रात्रि में उग सकेंगे क्या दिनकर भगवान?
अस्तु, क्यों न बन जाएँ हम लोग शिव
कन्धे पर रखकर, उर्वशी की नहीं, अपनी सती का शव
बढ़ चलें द्रुत गति से प्रभात-दिशा की ओर इसी क्षण
तोड़ दें कारागार की लौह शृंखला-सा निशाबन्धन
विध्वंस कर दें दक्ष प्रजापति का महायज्ञ
और, बनाएँ कोई एक नवीन विश्व, महाभव्य??
क्यों न भगीरथ बनकर पकड़ लाएँ ज्योति गंगा
क्यों न उद्धार हो जाएँ सगर के असंख्य पुत्र
क्यों न नष्ट हो इन्द्र देवता का अभिमान
क्यों नहीं! क्यों नहीं!! क्यों नहीं!!!

* *29 मई, 1966 को लिखी गई कविता 'उर्वशी की लाश' पर भी कुछ इसी तरह है, जो 'विचित्रा' संग्रह में संकलित है।* **—सं.**

आत्म-दर्शन

दुराग्रह बन गया जीने का माध्यम, हँसने का कारण
नहीं हो सका भ्रम ऊहापोह से निवृत्त
अनागता के द्वार पर, सब कुछ आया मैं हार
काटने लगा मैं जड़, बैठकर वृक्ष की ऊँची डार
परम्परा-आस्था हो जैसे खिलौने टँगे, बिन रँगे सुन्दर-कुरूप
मिट्‌टी के राजा-रानी, हाथी, कुत्ते, बन्दर
अबोध बालकों के खेल का साधन
जैसे रामलीला के रँगे-चढ़े मुखरे—
पति के संग वनगमन प्रस्तुता सीता, साधु बना रावण
सोने का मृग मारीच, वानर सेना केशासक सुग्रीव
वन-वन विलाप करते पागल राम...
—सब मिट्‌टी के (सब कुछ देखा मैंने)!
बदले में प्राप्त हुआ परिवार का क्रोध
किसी अपरिचिता कन्या का स्नेह
किन्तु, फिर भी रुका नहीं तेरे अधर पर गीत
समय-राक्षस सका नहीं मुझसे जीत
कोई एक नारी नहीं बनी मेरी परम्परा
किसी एक स्वप्न पर हुई नहीं मुझे आस्था
किसी एक स्थिति की साधना की नहीं
    था समूचे विश्व से मुझे बड़ा नेह
    समूची प्रकृति मेरी प्रेमिका, सब ठाँव मेरा गेह

परितोष

झरे हुए सिंगरहार के फूल-सी पीली मुस्कान करुण
पहसुल के पास छटपटाती मछली-सी आँख अरुण
न बूँद भर आँसू, न आखर भर उपराग
...मात्र भरी हुई माँग की ज्योति का सहयोग
सुनिए, इत्ती-सी बात मेरी, किए रहिए विश्वास
आप ही शशि हैं, जब तक है हृदय मेरा आकाश

अनुग्रह स्वीकार

चूल्हे में मत डालिए किरासन तेल, मत झोंकिए उपले
बाँधिए कसकर खुला है जूड़ा, ढीली हैं गाँठें
देखिए, छोलनी है अति तप्त, जल न जाए उँगली
जल्दी शोरबा डालिए, बड़े नेह से लाई है माँगुर मछली
लाल हुआ पड़ा है चेहरा, आँचल से पोछिए पसीना
नहीं खरीद पाया, अभी भी बड़ा महँगा बिकता है आम

धत्त, बहुत बड़बड़ाते हैं, मगर, आज नहीं दूँगी उत्तर
जैसे भी हैं, ले आए हैं बाजार से साड़ी सुन्दर

निमंत्रण

किसी गाछ में जनमा एक सुन्दर मधुमय फूल
फैल गया मेरे हृदय में मुस्कान की नव-नूतन रेख
अब न लगेगा हिमयात्री को पंचक या दिक्शूल
कुछ से भी। जीवन पथ में सम्भव नहीं है अब मीन-मेख

किसी नदी के तट पर मुझे मिली, किनारे लगी हुई अकेली एक नाव
पकड़ा लग्गा हाथ में कि खेने लगा मँझधार में ही,
कोई चिन्ता नहीं। घुटना पर पानी हो अथवा अथाह
बूढ़ा मेढक बना बैठा नहीं रहूँगा अब गाँव के कुएँ में

किसी गगन से झाँका कोई दप-दप उजला तारा
मुझे लगा कि यह किसी के माथे की है जगमगाती बिन्दिया
सच कहता हूँ, तोड़ न पाऊँगा मैं यह सीमा-कारा
प्रेम की ज्योति का। अब सहूँगा नहीं विरह का ठनका और बिजुली

अब द्वारिका की सुख-सुविधा नहीं हरेगी रास्ते की बन्धन-बाधा
चलिए कृष्ण, रास्ता देख रही हैं विद्यापति कवि की राधा

मुग्धा विमुग्धा

आम्रवृक्ष : कच्चे, सिनुराए, पुष्ट हुए फल से नत, अवनत
जाह्नवी : कछमछ करती, बेचैन होती, गोमुख से निकली
हवा : अभी उच्छृंखला निर्झरी, अभी ही परमशान्त शीतल
कहीं कितना उथला, कहीं अति गहरा, अथाह
उबडुब करती अज्ञात सिन्धु में लापरवाह नाव

छोड़ दीजिए, लग्गा से थाहना यह अनचीन्हा जलधार
प्रतीक्षा कीजिए, उगेगा चन्द्रमा पल-छिन में पर्वत के उस पार

नहीं कहने योग्य बातें

एक आदत, जो बाद में आत्महत्या बन गई
धुएँ की लहर-सी कुरूप हँसी किसी की
पहले मात्र घृणा बनी, फिर बन गई अनिवार्य आवश्यकता
इच्छा भित्ति-परिवर्तन
किरानीगीरी से महासेठ बनने का स्वप्न
भय, आतंक अंग अंग में विराट थकान

अज्ञात नगर की ऋतु-आयत, एकान्त रास्ता और साँझ
दौड़ती, चीखती आई, एक नारी
मेरे पीछे-पीछे, बहुत दूर तक
अँधेरे में टगती, थर-थर करती
मगर, क्यों? क्या लाभ??
जल-प्रवाह की प्रचंड गति, उबडुब करता पुरुष
घाट पर बेहोश, नंगी पड़ी नारी
—सब रोशनी माँगते हैं
प्रेम, शान्ति, जिन्दगी के लिए रोते हैं
हे बन्धु, मत लीजिए उसका नाम, जिससे किया प्रेम
मत लीजिए उसका नाम, जिससे मिली शान्ति
मत लीजिए उसका नाम, जो था आपकी जिन्दगी
चुप ही रह जाइए, चुप ही रहकर भूल जाइए
भाँग पीकर उजड़ी दालान में सो जाइए

अनावृता
न देह पर न मन पर कोई वस्त्र
लज्जा आवरण भी नहीं चेहरे पर
अन्धे रास्ते पर चीखती है एक नारी–
मुझे खरीद लीजिए
फटी कोट की तरह टाँग दीजिए दीवार पर
मुझे पहनिए मत
मगर, मुझे खरीद लीजिए
मैं भूखी हूँ, प्यासी हूँ, हूँ बीमार
यम के हाथ से मुझे छीन लीजिए

परशुराम

बड़े अल्पवयस हैं हम लोग, नहीं देख सकेंगे अपनी शवयात्रा
और,
इस मृत, दुर्गन्धमय रात में बढ़ गई है इच्छादि की मात्रा
और,
बिछावन पर मैली चादर है, मैं हूँ फटी रजाई में बन्द
और,
गढ़ रही है फिर भी आत्मा प्रकाश, किरण सूर्य का नया छन्द
प्राण अंकुर पर आस्था है
मन की मिट्टी है कुँआरी
इस मिट्टी से जनमेगा नव परशुराम
कथमपि नहीं अब कोई नारी

असमाप्त कथा : असमाप्त पत्र

कलकत्ता-प्रवास के हे मित्र, योगिराज
हो गई समाप्त जो कथा, पुनः कहने का क्या काम?
केवल 'सन्तोष' (मिल सकेगा क्या फिर मुझे?)
नहीं परोक्ष में सारा वसन्त-सुख चूस लेगा कोई नव भौंरा?

किन्तु, कैसे मैं बाँधूँ गृह उजड़ा-उखड़ा
अमृत तो ले गया छीनकर समय-देवता, बचा है गरल
मैं स्थिर हूँ, अनासक्त, स्थितप्रज्ञ, समाधिग्रस्त योगी-सा
अतिभोगिता भूखी वेश्या-सी मेरी आत्मा, है क्षयरोगी-सी
अकस्मात, घूमता है आकाश, है जिधर मेरी दमयन्ती
बह चला है विन्ध्याचल, करे अगस्त्य मुनि से विनती
उठता है ऊपर कोई रूपलोकित पर्वतीय नगर
किन्तु, पुनः बन्द हो सकेगा क्या कमलपत्रपुट में हृदय-भ्रमर?
प्रेम है हम लोगों का स्वर्गिक आनन्द, राजसी भोजन
स्मृति वनस्पति घी में छानकर मालपूआ खाते हैं सब जन
किन्तु प्रेम की वास्तविकता है अप्राप्य, दुर्लभ
जैसे खिड़की से आती सूर्यरश्मि, जैसे नीललोहित नभ
रश्मि करती है, स्मृति करती है मेरा स्पर्श, मगर सूर्य नहीं
सूर्य आएगा तो हो जाऊँगा मैं भस्म

मैं मनुष्य हूँ, स्मरण है अभी तक
भींगे नयन, सूखे रक्तिम अधर वाला कोई एक चेहरा
कोई अभागी नारी, जिसके पक्ष में नहीं है कुछ तर्क
निर्णायक है काल, करता है दुर्वह दंड की घोषणा
जीवन की आस्था चुप है अनुभवी वकील की तरह
मशीनयुग में भाग जाते हैं सौन्दर्य के सारे साक्षी
किसको परवाह है? ढहेगा तो ढह जाए कोई गृह
मैं हूँ इस कचहरी का ऊँघता द्वारपाल
आ जाती है नींद, सपने में चीखता हूँ—
टूट जाए सारे महल, प्रकोष्ठ, दीवार, खिड़की, किवाड़
टूट जाएँ, सारे मोह सारे बन्धन छूट जाएँ...

उठे आत्मा से प्रश्न—कौन थीं 'सावित्री'?
कहाँ थीं, क्यों थीं, मुझसे था क्या सम्बन्ध?
चन्द्रमा की किरणजाल प्रभातवायु में विलीन हो गई
छीन ली स्वार्थी सूर्य ने सारी ज्योति, सारी शान्ति
अँधेरी रात में की गई प्रतिज्ञा पर करेगा कौन दिन में विश्वास?
कहती है चन्द्रकिरण—विदा लीजिए, दूसरा नहीं है उपाय
मृत्यु के आगे मैं, आप, वे सब हैं निरुपाय

और कितनी देर तक ठहरेगा गुलाब की डाली पर हिमखंड?
अस्तित्व का नाश ही है स्नेह का एकमात्र दंड?
यदि स्थिति का होता मैं विधाता, होता ब्रह्मा, विश्वधर्मा
तो पल विपल क्षण की सीमा को बना देता अमर अनन्तधर्मा
नहीं हूँ विधाता, फिर भी, मेरी आत्मा में जीवित है
एक गुलाब, एक हिमखंड अमर है, असीमित है
सृष्टि की यह आदिकथा, विश्व का यह मूल नियम
नाश नहीं कर सकेगा महेश समाप्त नहीं करेगा यम
अग्नि ज्वाल में भी हँसेगा ही गुलाब दल-का-दल
ऐसा ही बहुत कुछ लिखना है...राजकमल

विसर्जन

हे शब्द के पुहुप-माल
हे कविता कमल-काल
भाषा मन्दिर की देवी पर चढ़कर बन गए तुम निर्माल्य
अब तुम्हारी आवश्यकता नहीं, इस मन्दिर से खिसक लो

करता हूँ तुम्हारा विसर्जन
हे कल्पने चिर-कुँआरी
हे रहस्यमयी, हे प्रेमिके सुकुमारी,
जीवन के सत्य सम्मुख हार गया तुम्हारा सारा का सारा नेह
अब तुम्हारी आवश्यकता नहीं, तुम अपने देश लौट जाओ

करता हूँ विसर्जन
हे मेरी आत्मा, हे कवि
दिखाओ मत निर्वसना निशा छवि
उग रहा है गगन में ज्योति का देवता, रवि
अब तुम्हारी आवश्यकता नहीं, नींद में मर जाओ
करता हूँ तुम्हारा विसर्जन

सोन-चिरइया

उड़ गई सोन-चिरइया
देर शाम को
काँपी डाली
हुई थिर
घिर उठी हवा झिर-झिर-झिर
घाट फिराओ नाव खेवइया,
उड़ गई सोन-चिरइया
अँधेरा हुआ
तट था, वह अगम धार हुआ
काँपी लहर
हुई थिर

[मिथिला दर्शन, मई, 1959]

प्रश्न-उत्तर

लौट जाऊँ गाँव?
क्या मेरे परोक्ष में अच्छा नहीं लगता है कुछ भी?
...पति के पत्र में प्रश्न–
नहीं मत आइए आप
जब तक पा न लें चाकरी
प्राणेश्वर मत त्यागें कलकत्ता
मैं प्रसन्न हूँ, सकुशल सानन्द हूँ
मेरे लिए मत करें कोई चिन्ता
आप समीप होएँ, इसका नहीं कोई मनोरथ
...ग्रामवधू ने लिखा उत्तर,
और, इतना लिखकर...
काफी देर तक मौन
सूखे होंठ, झुके नयन चकोर
और तदुपरान्त, हिचकी, सिसकी, आँसू
नहीं रोक पाईं रोना सुन्दरि
क्या यह रोना सुनेगी

ट्राम की हड़हड़ खटखट, जूट मिल की भोंपू?
जनसंकुल नगर की भीड़-भाड़ में
खोया, जीविका तलाशता, पत्र-लेखक पति!

[मिथिला दर्शन, मई, 1959/स्वतंत्र भारत (लखनऊ), 21 जून, 1993]

प्रेम : एक पुराना गीत

रात लगे जैसे दीप। मैं जैसे मुक्ता गिर गया सीप
आस की बाती। भरी साँझ प्रिय, गाएँ प्रभाती
दूजा नहीं उपाय
बाती, दीप, तेल—सब सोया जाता...
किन्तु, नींद के बाद स्वप्न
स्वप्न में केवल, केवल आप ही
हैं स्वप्न आप ही!

मध्य में नदी सात, सरिता चौदह
मध्य में शान्ति-स्नेह नहीं, अपयश भर
फिर भी आप यहीं हैं
फिर भी हमेशा मैं पागल-सा
हर जगह खोजता रहता हूँ।

[मिथिला दर्शन, मई, 1959]

तथाकथित परम्परावादी के प्रति

यदि नई ईंट बनाकर हम लोग बना रहे हैं अपना दुमंजिला
गुरुवर, क्रोध न करें!
यदि अन्धकार में हम लोग नए रास्ते तलाश रहे हैं इस वक्त,
थोड़ा भी न डरें!
काव्य के शव पर आपका मैथुनी आसन हम लोग छीन नहीं लेंगे!
मृदु, ललित स्वर से विविध राग में मादक आलाप से

आप गाते हैं, वह मधु-गायन हम छीन नहीं लेंगे!
पुरखे थे मैथिल-कोकिल विद्यापति महाराज
विपुल नितम्ब अति वेकल भेल, पालटि तापर कुन्तल देल
उजर ऊपर जब देहल दीठि, उर मोरि बइसल हरि करि पीठि
आप लाज न करें, खोलें हरदम काव्य की कंचुकी, नीवी
दूर से ही मेरा शत-शत प्रणाम, हे महाकवि कवि सम्मेलन-जीवी!

गितगाइन बनिए, मधुछन्द लहर में डूब-डूब बह जाइए,
कीजिए मत भाव-अभाव की चिन्ता,
कीजिए मत समाज के अन्तस्तल में घुसकर, अथाह जनसागर में तैरकर
काव्य का अमृतघट, लक्ष्मी, ऐरावत, धन्वन्तरि
ऊपर ले आने की अभिलाषा,
आपके लिए तो काव्य है मानस-विलास, रति!
पवन के रथ पर कारे-कारे बादल आए
दूर्वादल पर ओस के अश्रुविन्दु जमे, कमलिनी म्लान हुई
जय-जय वसन्त, जय-जय वसन्त, जय प्रकृति प्रिया
—इस इतिवृत्तात्मक वर्णन से किया करें काव्य की कपाल क्रिया,
कौन टोकेगा, किसको फुरसत है?
भटकता रहता है मन आपका सुन-सुनकर कोकिल के गीत
बीसवीं शताब्दी के इस मशीन युग में अभी भी
फैक्टरी का भोंपा नहीं, यंत्र सुन्दरी का लौह-जूड़ा नहीं
ट्रैक्टर की विकट निनाद नहीं, पूँजीपति से श्रमिकों का विवाद नहीं
कंट्रोल का गेहूँ, भुखमरी, अकाल नहीं, दंगा, जुलूस, हड़ताल नहीं
—बजता है कर्ण गुहर में अभी भी निर्झर-संगीत।
किन्तु, कौन टोकेगा, किसको है अवगति!
कविवर सुनिए, परम्परा की यह छाया,
सहस्रछिद्र चलनी की छाया है,

नव युग के किरण जाल से हो नहीं सकेगी अब रक्षा।
साहित्य के निर्माण मन्दिर में आरोपित न समझें स्कूल की कक्षा
कि जो कहेंगे आप, सब मान लिया जाएगा
यदि युग से पीछे रहेंगे, विश्व में मृत आपको जान लिया जाएगा
नवतुरियों को हाँक नहीं सकेगी क्षण भर भी
स्वर्गस्थ पितामह की टूटी लाठी

किसी को लगेगी नहीं चोट, कितने ही भाँजें अकेले में लाठी!

काले बादल को सुमुखि का केशपाश समझकर, उलझे रहेंगे
या, खेत की फटी दरार को जल-बल से बन्द करेंगे?
मिट्टी ढहे हुए घर को तोड़कर बनाएँगे नए, स्वस्थ दुमंजिला
या, गीदड़ बनकर अपने ही हाथों अपनी चिता खोदेंगे?
हे अतीतद्रष्टा, युगभ्रष्टा गीतकार!
पुराने विधान, पुराने यति, गति, लय, छन्द, ताल, मात्रा
नहीं चलेगा अब, नहीं चलेगा अब, नहीं चलेगा
युगधारा के संग, साहित्य करता है नवयात्रा
कविता अब नहीं है नायिका भेद, नख-शिख शृंगार,
कविता नहीं है रति विपरीत की उल्टी ग्रीवाहार,
कविता है जन-भैरवी, सर्वहारा की क्रुद्ध हुंकार
कविता है जीवन का अग्निप्राण जयघोष,
कवि, न करें रोष
यदि आप पुरानी चौखट, पुराने खूँटे नहीं छोड़ सकते हैं
तो हमें मत दें दोष,
यदि आप खड़े हुए जर्जर छान-बान नहीं तोड़ सकते हैं
कविवर, आप परम सुगन्धित दिवास्वप्न देखते रहें
हम लोग तो दुःकाल की दुर्गन्धि ज्वाल में हमेशा जलते हैं!
दस ताड़ ऊँची मचान गाड़कर, उस पर बैठकर गाते रहें
कि हम लोग तो धरती पर जल प्रलय रुद्ध करने का प्रयत्न कर रहे हैं!
और, यह किसने कहा कि हम लोग एकस्वर अकेले हैं
यह किसने कहा कि हमारे साथ नहीं है जनसमाज?
गाना, गाकर लोगों को रिझाना नहीं है कविता
लय छन्द की ईंट से बनी, कुआँ है, तालाब है,
कथमपि नहीं है सरिता,

किन्तु मेढक तो सरिता में नहीं जाता
वामन तो नीलगगन को छू नहीं पाता

यह बात आपको कौन समझाए
आँखें रखकर भी जो अन्धा है, उसे रास्ता कौन सुझाए
काव्य रुई है, धुनते रहें

औरों को नहीं है फुरसत इतनी कि धुन सकेगा
जो जो मन में आए गा लीजिए
औरों को नहीं है अवकाश इतना कि सुन सकेगा!

[मिथिला दर्शन, जुलाई-अगस्त, 1959]

देश है आप ही का

भाई बन्धु, सुनें आप लोग (यदि सम्भव हो), करें विश्वास
यह देश है आप ही का
बुरा या भला—यह देश है आप ही का

कोसी-कमला-बलान-बागमती-गंडक-गंगा की बाढ़
अति अल्हड़-बावरी किसी युवती के आँचल का किनार
उन्नत और उन्मत्त राधिका, शिथिल अंग सोए कान्हा
आम के बाग-बगीचे में रात का अन्धकार
गाइए तिरहुत-बटगमनी और मल्हार
नहीं सिल सकेगा तकदीर का भोथरा सूआ
फटा किनारा, जला आँचल, मैली-कुचैली साड़ी
भगवती-स्थान
बान्ह लें भले ही दस गज ऊँची मचान
सारे नौकर-चाकर जन-मजदूर पलायन कर रहा रंगपुर-मोरंग-कलकत्ता
गाछ-गाछ में लगा लें खोटे का छत्ता
ओह, बिल्ली के भाग्य से कभी नहीं टूटा छींका
यह देश है आप ही का

सोए हैं सूर्य, कौन जाकर जगाएगा रतजग्गे से
छेड़ पाएगा कौन शयन-पर्यंक को दो-बित्ते लग्गे से

[अभिव्यंजना-1, 1960]

छन्द टूटे गीत

दुख नहीं बन सकता है गीत
रात भर परेशान रहा
अभिव्यक्ति के लिए दो शब्द ढूँढ़ा
किन्तु, नहीं मिला कोई पर्याय
ज्ञान था अन्धा, परम निरुपाय
दुख नहीं बन सकता है गीत

अकेला ही हूँ, शून्य है आकाश
एकान्त क्या बन सकेगा विलास?

धूमकेतु मैं अब कहाँ जाऊँ
शून्य में मैं शून्य बन विलीन हो जाऊँ?
दुख नहीं बन सकता है गीत

भूल गया अक्षर, शब्द, भाषा
बुझ गई सब उत्कंठा-पिपासा
बाह्य-अन्तर हर जगह घना अन्धकार
बन्द मेरे लिए है सबका द्वार
दुख नहीं बन सकता है गीत

[वैदेही, सितम्बर, 1961]

किसी विस्मृता के प्रति

ऐसी शान्ति, ऐसी सान्त्वनाओं का मुझे अनुभव नहीं था
दुख था जीवन में और कोई कुछ वैभव नहीं था

आपका आगमन हुआ प्राण हुए उल्लास के मधुमय गान
रहा करता स्नेह के गंगाजल में कल्लोलित क्रीड़ा-स्नान
किन्तु देखकर आपकी दृष्टि जेठ के सूर्य का कटु उत्ताप
पड़ गया मेरे जीवन में दुर्दिन का विकटतम अभिशाप

वन-प्रान्तर सुगन्ध का समारोह था वह श्मशान बन नया
अमृत के पिंड में कौन कहे कैसे, है हलाहल सन गया
हिमशिखा बनी ज्वालामुख निर्झर बन गया अग्निधार
नन्दन-कानन का पुष्प बन गया नरक का सिंहद्वार

नहीं पता था प्रेम का आदि-अन्त हैं दोनों दुख-ज्वाला
नहीं पता था दो प्रसून बन सकता है नहीं माला
पूरा उपवन भस्म हुआ जल गई सिंगरहार की गछुली
विश्व के मरुथल पर मूर्च्छित है चंचल आत्मा की मछली

ऐसी शान्ति, ऐसी सान्त्वनाओं का मुझे अनुभव नहीं था
आप थीं तो मुझे क्या विश्व का सारा वैभव नहीं था?

[मिथिला मिहिर, 17 दिसम्बर, 1961]

दृष्टि-उत्थापन

ढूँढ़ रहा हूँ
किसी डाली में होगा अवश्य ही कहीं एक फूल

ढूँढ़ रहा हूँ
बंजर में छूट गई थी, मेरी ही काली गाय

ढूँढ़ रहा हूँ
जाऊँगा गाँव, कब है पंचक और दिक्शूल

ढूँढ़ रहा हूँ
दूध को, या विष को, नहीं है अन्य उपाय

[मिथिला मिहिर, 31 दिसम्बर, 1961]

मत्स्य मेखला

घाट पर बैठा निहार लेता हूँ रूप
हो गया है वर्त्तित ज्योति का स्वरूप
शान्त जल की नील शय्या पर चंचल
चित्रफलक पर अंकित-सी, अलस, थिर, थकी
पड़ी हैं असंख्य अप्सराएँ :
क्षुधा, भोग, आकांक्षा, और रूप की अविकृत प्यास
बैठा है घाट पर बगुला, बना निराश
नहीं टूटती है मत्स्य-मेखला।

[मिथिला मिहिर, 31 दिसम्बर, 1961]

चारों ओर अँधेरा

चारों ओर अँधेरा
नदी तट पर, मुर्दघट्टी, खेत-खलिहान, जंगल-झाड़ में
रो रहे हैं एक साथ
अन्धे मनुष्य और कुत्ते, बाघ, सियार!
मैं ही अकेला ढूँढ़ रहा हूँ
अनन्त में शब्द। शब्द में अर्थ। अर्थ में जीवन
जीवन में अकेला मैं ही
धूल-गर्द-कंकड़-पत्थर फाँक रहा हूँ।
क्या बौड़म है पूरा समाज?
गाँव छोड़कर, खेत बेचकर, रखकर बन्धक गहने-जेवर
खान, फैक्टरी, कल-कारखाने की तरफ भाग रहा है।
गाँव घर का, घर-डीह का नहीं रहा काम?
सत्य बोलिए आप हैं कहाँ?
पोथी-पतरा, ज्ञान-ध्यान, जप, तंत्र-मंत्र सब हारे–
दो आखर की पुष्पांजलि, यह प्रेम
कर सकेगा स्पर्श क्या आपका हृदय?
चारों ओर अँधेरा

गाँव-नगर में, पथ-प्रान्तर में, वन में भटकने से लाभ?
जीवन समस्त, पृथ्वी समस्त है अन्ध-कूप
कूप में चमक रहा है विषधर मनियार!

[मिथिला मिहिर, 10 जून, 1962]

परकीया नायिका के प्रति

उनका अकारण क्रोध आपके हृदय में समा गया है
जैसे पतले काले धागे। रूमाल पर
फूल मत काढ़ें—बन जाएगा औचक ही गेहुँअन साँप!
फन काढ़ लेगी अतीत की उनींदी स्मृतियाँ...
उनका अकारण क्रोध और इस वक्त मेरा सकारण स्नेह
अब भी बोलिए, क्या लेंगी आप—
रूमाल पर चम्पा फूल, अथवा फन काढ़ता हुआ साँप?
अब भी बोलिए, क्यों नहीं आईं उस शाम
नदी किनारे नाव लेकर,
करता ही रह गया मैं रात भर प्रतीक्षा!
उस रात नहीं आईं आप नदी किनारे
रात में था आपका विवाह!
नदी में पानी था तब भी अथाह...
और, अभी भी जीवित है मेरा सकारण स्नेह
और, अभी भी उनका अकारण क्रोध झड़ता है!
आप बारिश की अथाह नदी हैं
और, मैं किनारे पर खड़ा देख रहा हूँ
अपनी डूबी हुई नाव!

[मिथिला मिहिर, 10 जून, 1962]

* *इस कविता की छाया 'परकीया' शीर्षक कविता में है।* **—सं.**

समय : एक अन्धा साँप

समय : एक अन्धा साँप, नहीं जानता है कि किसे डसता हूँ।
समय : एक अँधेरा रास्ता—एक, आप, वह
नहीं जानता है कोई कि क्यों हम लोग जा रहे हैं कहाँ।

समय एक अन्धा साँप, समय एक अँधेरा रास्ता। और व्यक्ति
अजगर के पेट में छटपटाता पक्षी।

और, व्यक्ति चौराहे पर मरा कुत्ता—केवल, मृत आँखों में
अभिव्यक्ति।

केवल, मृत आँखों में फैला पूरा इतिहास, सारी परम्पराएँ
विक्षिप्त वराह के दीर्घ दन्त पर रखी समूची वसुन्धरा
और, चारों ओर समुद्र। चारों ओर समुद्र।

अजगर के पेट में छटपटाता पक्षी उड़कर कहाँ जाएगा? अन्धा साँप
क्या पा सकेगा पुनः अपना पतला विवर?
अँधेरा रास्ता क्या हम लोगों को ले जाएगा ज्योतिनगर?

[मिथिला मिहिर, 3 फरवरी, 1963]

उपमा

प्रखर धूप में सूखता मल्लाह का जाल
मोटी किताब के पन्नों में दबा एक पीला कीड़ा
मेले में खोए बालक की आँखों में आतंक
पेपरवेट के भीतर बने लाल-हरे फूल
तालाब में अकेली नहाने हेतु अबोध बालिका
ये सारे एक ही स्वप्न में देखे मैंने!

[अभिव्यंजना, फरवरी-मार्च, 1963]

भैरवी

जैसे रात के बाद भागती आती है सुबह
जैसे अँधेरे के बाद भागता आता है रोशनी का पिंड
—वह गीत उभरा
जैसे वायु में उड़ते-तैरते काले-काले बादल।

रात के शरीर से जन्मा वह नग्न और निरर्थक गीत
जैसे कोई नग्न वृद्धा जर्जरा
जैसे स्वप्न में कोई निरर्थक अपराध।

मगर, वह गीत उभरा
और बाढ़ की तरह, आँधी की तरह समस्त सृष्टि में फैल गया
जैसे सुबह
जैसे जल से भरा काला बादल।

और उसी गीत ने पहली बार किया मेरे स्वप्न को सार्थक
दिया नग्न वृद्धा को अप्रतिम यौवन
रात के शरीर से जन्मा वह नग्न और निरर्थक गीत
सुबह की भैरवी में परिणत हुआ
मेरी कविता का सिर अवनत हुआ।

[अभिव्यंजना, फरवरी-मार्च, 1963]

या निशा सर्वभूतानाम्...

पहले तिरहुत

नींद के बरामदे पर
अधछवाए खपड़ैल, लौकी की बेल—
एक भी फल नहीं, पत्ते ही पत्ते
नींद के बरामदे पर
घुटने के बल चलते हैं बच्चे सुकुमार

कितना बड़ा है स्वप्न का आँगन और द्वार
जिसे अथाह अन्धकार में
पार कर आएँगे
अनावृत फैली आँखों की पुतलियों के कोहबर में
(क्या) बीच गाँव के कुएँ पर
आएँगे?
देह न छुए साँझ
रोशनी की गति पकड़ कर चल दे
देह न छुए साँझ किसी क्षण
यदि गाँव का रास्ता भूलने की अभिलाषा न हो
साड़ी न छुए, बाँझ
समय की!

फिर बटगमनी

देह न छुए बाँझ, सुबह की बटगमनी
यदि परिछन के, गीत-नाद के
शंखध्वनि, कलरव-किलकारी, झूठ के विवाद के
रास्ते भूलने की अभिलाषा न हो
इधर-उधर मत देखें
यह है मध्य जंगल
समय का!
देह न छुए साँझ।
खेल रहे हैं बीच घूरे में
गाँव भर के क्रोधी
मन सबका व्याकुल, चुप्पी धर ली है
घाट-बाट में खड़ी
वह नंगी पगली
सिर पर रखी गाँव भर की जूतियाँ
चुप्पी धर ली है
नंगी पगली घाट-बाट में खड़ी होकर

इसके बाद डहकन

खेल रहा है बीच घूरे में
उसके गर्भ के

सात-सात शिशु!
गाँव भर की क्रोधी देह से जन्मे।
देह से जन्मी
घाट-बाट में खड़ी हुई वह नंगी पगली
गाँव भर की वह जूती।

अन्त में, समदाओन*

आप चले जाएँगे तो माँ मेरी नहीं रोएँगी
मेरी भाभी दो दिन आपकी कथा कहेंगी
तीसरे दिन मेरी सहेली
खिड़की के पास खड़ी होकर उसी तरह सजेंगी
आप चले जाएँगे तो कोई नहीं रोएगा
मैं भी नहीं रोऊँगी
आप चले गए हैं, यह बात नहीं मानूँगी
नहीं मानूँगी!

[मिथिला मिहिर, 13 फरवरी, 1964]

* *विवाह, उपनयन संस्कार के अवसर पर गाए जाने वाले मार्मिक विदा गीत।* **–सं.**

वयःसन्धि–द्वितीय पर्व

खेतों-खलिहानों में भटकूँगा मैं
किसके साथ, साँझ-सबेरे
माया मुद्रा, व्याधि व्यथा के
चारों ओर मजबूत खूँटे
क्रोध नहीं रहा मन में बैठा
उन्मादित खुला साँड–
अब क्या तोड़े रस्सी, क्यों
मारे बथान में दुलत्ती।

[मिथिला मिहिर, 8 नवम्बर, 1963]

द्रौपदी से विरक्ति

अन्धे घर के अन्धकार में
अब साँप नहीं मारूँगा
तोड़ दूँगा बल्कि तेल-पिलाई लाठी।
थकी देह के अन्ध-कूप में
अब झाँप नहीं मारूँगा
भले ही ग्राह-ग्रसित हो जाए हाथी।
अन्धे घर के अन्धकार में
आप साँप से कटवाइए
अपनी ही देह के पंकिल जंगल-पहाड़ में
अकेले बीन बजाइए

[मिथिला मिहिर, 29 नवम्बर, 1964]

अर्थतंत्र का चक्रव्यूह

सारे पुरुष शिखंडी
सारी स्त्रियाँ रास की राधा
सबके मन में धनुष तान के बैठा
रक्त पिपासु व्याधा
कहाँ जाएँ? क्या करें??
रावण बनकर सीता को हरें?
सारे पुरुष शिखंडी

सारी स्त्रियाँ रास की विकल राधा
कहाँ जाएँ? क्या करें?
चक्रव्यूह में किसी पर आस्था न रखो
ओ जी अभिमन्यु-मन,
छोड़कर यह देश चलो वन

सारे पुरुष शिखंडी
सारी स्त्रियाँ राधा

सबके मन में धनुष तानकर बैठा
रक्त-पिपासु व्याधा।

[मिथिला मिहिर, 29 नवम्बर, 1964]

विद्यापति का प्रभाव और मिथिला की नारी

गाँव छोड़कर चले गए बीलट झा वृन्दावन
गाकर नचारी
विपरीत रति विकलांग वर्णन सुनकर वृद्ध
पाठक जी ने की विवाह की तैयारी
भगवती की स्तुति पढ़कर हीरानन्द ठाकुर
शक्ति-ताप से बने कुविचारी
मगर,
समूचे विद्यापति हजार बार आँगन-बरामदे में
पर्व, त्योहार में
विवाह के उजाले में, कोहबर के अन्धकार में
गा-गाकर
जैसी थीं वैसी ही हैं
मिथिला की नारी!

[मिथिला मिहिर, 29 नवम्बर, 1964]

वासन्ती परकीया विलास

इस बार का वसन्त था अग्नि-बाण
इस बार पुष्प में विष,
गीत-कुंज में मरा पड़ा था साँप।
इस बार न कविता-नीवी खुली
पुष्प में विष;
वायु में नरक-गन्ध

इस बार न सुना किसी डाली पर
कोकिल तान!
गीत-कुंज में मरा पड़ा था साँप
वायु में नरक-गन्ध?
इस बार का वसन्त था अग्नि-वाण।

राजा ने कहा—यह आखेट की ऋतु है
मैं वन-यात्रा करूँगा;
प्रणय-बद्ध हरिण की जोड़ी को मारूँगा
चला जाऊँगा हिम-पर्वत-पार
राजा ने कहा—यह आखेट की ऋतु है
रास्ता दो
हे कामिनी, खोलो सिंहद्वार!
रथ पर चढ़कर राजा चले गए।
अपनी दासी को रानी ने कहा—
राजा जी सचमुच हैं बौड़म
जंगल भागे हैं उद्यान छोड़कर
पशु-पक्षियों का साथ धरे हैं
इस महल का अभिमान छोड़कर।
दासी हँसी
गंगा-जमुनी पलंग पर रानी गिरीं
गीत-कुंज में मरा पड़ा था साँप
इस बार न कविता-नीवी खुली
वायु में नरक-गन्ध
वासन्ती परकीया हैं रूठी हुई!
रथ के पहिए में बँधा है
काला सूरज-चाँद
गंगा-जमुनी पलंग पर फैला है
पीला, सड़ा हुआ पान।

इस जंगल में कहीं रास्ता नहीं है
चारों तरफ अँधेरा,
चिड़ियाँ नहीं गाती हैं

इस राह से कोई हरिण नहीं आता है
मैं खुद ही हूँ शर-विद्ध!
मेरी ही मृत्यु की करुण प्रतीक्षा
आज करते हैं श्मशान के सारे गिद्ध,
मैं वसन्त ऋतुराज
दम्भ, पीड़ा, आत्मग्लानि, घृणा में
आठों पहर जलता हूँ
अपने अग्नि-वाण से खुद ही हूँ शर-विद्ध।
अपनी ही मानस कन्या सीता की अग्नि परीक्षा
आठो पहर करता हूँ
मेरी ही मृत्यु की करुण प्रतीक्षा
श्मशान के सारे गिद्ध करते हैं
मेरी ही रानी की पलंग पर
समूचा गाँव मरता है,
किसने कहा कि मैं हूँ वसन्त ऋतुराज!
मेरा मार्ग है अवरुद्ध
गन्धर्व, यक्ष, राक्षस, मनुष्य, देवता
सारे मुझ पर ही क्रुद्ध,
मेरी ही रानी की पलंग पर
समूचा गाँव मरता है!

गोलाम्बर पृथ्वी के सारे पात्र रिक्त थे
सोमरस (विष) तक निश्शेष
विलास-उत्सव नहीं होगा,
चाँद की नौका पर अब कोई नहीं करेगा विहार
सारे पात्र रिक्त थे,
गंगाजल से घर-आँगन लीपे
मन में कोई भी क्लेश नहीं
सोमरस (विष) तक निश्शेष!
मृत्युभय शान्ति थी दसों दिशाओं में
अब कोई नहीं करेगा विहार
वासन्ती परकीया विलास की इस मरण-निशा में,
गीत-कुंज में मरा पड़ा है साँप

इस बार न कविता-नीवी खुलेगी,
इस बार लोग नहीं गाएँगे गान
मेरी क्लान्ति नहीं समझेंगे दोस्त
वसन्त है अग्नि-वाण,
चाँद की नौका जली जा रही
मेरे मांस सारे गिद्ध खाते हैं!
राजा बोले—राजा गए विदेश
रथ घुमा लीजिए
मैं अपने महल में जाऊँगा,
रानी बोलीं—राजा गए विदेश
रथ घुमा लीजिए
मैं भी वँन-पर्वत में भटकूँगी
दासी बोली—राजा-रानी नहीं हैं
रथ घुमा लीजिए
चलिए महल में नाचूँगी-गाऊँगी!

[मिथिला मिहिर, 4 अप्रैल, 1965]

एक पुष्पदन्त साँप था...

स्वप्न कविता

एक पुष्पदन्त साँप था। अन्धा
पागल, गाछ पर रहता था, अन्धा
पागल। चिड़ियों के गीत सुनकर, दादुर का
बोल सुनकर, गाछ तले गिल्ली-डंडा,
आँख-मिचौली बच्चों की किलकारी सुनकर,
कबड्डी की बोल सुनकर, कहता था
धन्य-धन्य, प्राण धन्य
जीवन धन्य, कहता था वाह-वाह
अन्धा-पागल, पुष्पदन्त साँप था,
गाछ पर रहता था। चिड़ियों का गीत-नाद
सहता था।
किन्तु, रात हुई, सुबह हुई, सुबह हुई

रात हुई। एक ही क्षण में साँप
बाबू पुरुष जाति का हुआ। रात हुई
धोती पहनकर बाल सँवारकर
गाँव की ओर चल पड़ा। चलते वक्त
चिड़ियों से कहा, आता हूँ बाजार से
तुम पानी भर लाओ कुएँ से
रसोई पकाओ, भात बनाओ, गाछ के सारे
फूल-पत्ते तोड़कर किनारे करो। मैं
लौटकर आऊँ तो गाछ ठूँठ रहना चाहिए। पत्ते नहीं,
फूल नहीं, डाली नहीं, बाँहें नहीं
हाथ नहीं, नाक नहीं, आँसू नहीं
मुँह रहे, मगर रहे किसी को कोई
होंठ नहीं।
चलते-चलते इतना कहकर, साँप तो
विलुप्त हो गया। मगर जाते-जाते
गाछ के सब डाल-पत्तों को हिला गया।
चला गया। कहाँ गया, कैसे गया,
किधर गया, पश्चिम गया, उत्तर
गया, किसी को कुछ ज्ञात नहीं। रात
है अँधेरी, होगा अब प्राप्त
नहीं। रहेगा केवल अँधेरा। बन्द
सारे दरवाजे। नींद में ही रोएँगे
सारे लोग। नींद में ही बोलेंगे सब
श्लोक।
अन्त में, अँधेरे में जगा एक चूल्हा
ज्वाला से जगमग। दप-दप
करता। जगा एक चूल्हा
फूँक रही थी धीरे-धीरे उसे एक लूल्ही स्त्री
रोती थी, फूँक-फूँक कर प्राण जाएगा
बात यह जानती थी। हाथ थे
कटे। देह थी राख-सी, होंठ पर
कौवे की चोंच थी चिपकाई।
गाती थी सिनेमा के गीत। निकट ही
ननद थी खड़ी, दे रही थी

ताना, भौजी स्त्री नहीं, भौजी
हैं परिपक्व स्त्री।

साँप ने सुना यही गाना। कमला नदी की
धरा में वहीं से छोड़ा फुफकार
काँपने लगी कमला की धार। चारों तरफ
अन्धकार

ठूँठे पेड़ में लगी हैं मधुमक्खियाँ
लगे हैं मधुमक्खियों के छत्ते। उधर
नदी में तैर-तैर कर ऊब-डूब
कर पानी पीकर, भोज-भजन कर,
सोए-जागे, जागे-सोए
साँप गए कलकत्ता। ढोढ़ाइनाथ
रखा उन्होंने अपना नाम। काम
रसोइए का, नाम रसोइए का, गाँव
रसोइए का, दाम रसोइए का, जीएँ रसोइए
राम। रखा अपना नाम। पेड़
पर चढ़ गए चोर, कम्बल ओढ़े
धुआँ किए, चुपचाप।
चढ़ गए चोर, बड़ी गठरी में
बाँध लिया मधु-छत्ता।
चोर सब भाग गए परबत्ता।
बड़ी देर तक रोती रही लूल्ही स्त्री, फूँकती रही
चूल्हा। ज्वाला निकले कोई
धुआँ फैले, मधुमक्खी गाँव-गाँव
करे मधुदान। लूल्ही स्त्री बैठी हुई
नाक कटा ले, कान कटा ले, गाए
तिरहुत-गान।

कब आएँगे मेरे प्रेत-प्राण?
साँप था पुष्पदन्त। कलकत्ता-नगर

गया, विषदन्त हुआ। अन्धा
पागल था, तभी बेहतर था,
गाड़ी की लीक की तरह था, अब हुआ
रेल का इंजन।
गाँव नहीं लौटा, गाँव नहीं
लौटा। ढोढ़ाइनाथ बना साँप
विषदन्त हो गया। मेरी कथा, कथा-व्यथा
तो अनन्त हुई।

[मिथिला मिहिर, 27 जून, 1965]

दरभंगा गेस्ट हाउस में साँझ

मैं अकेला नहीं था, मेरे साथ थी एक किताब,
कन्यादान* अथवा द्विरागमन*;
समय काटने के लिए नहीं कोई और साधन
मन में वैकल्य
प्राण में जग उठी थी चाँद-सी प्रतीक्षा
कि, चाँद उगेगा, श्वेत सुन्दर अपावन।
साँझ मगर, अपरिचित लगी
'चुप्पी' धरी थी,
कभी निर्जन तालाब के किनारे व्याकुल,
कभी चाय पीती हुई
कभी लोगों से पूछती हुई—क्यों भई, सचमुच
यह तालाब है अथाह?
आधा गेस्ट हाउस पूरब के शीतल अँधेरे में डूब गया;
रह गया अर्द्ध भाग पश्चिम का
अन्तिम सूर्य किरण को पकड़ते छूते
बड़ी देर तक।
श्यामा मन्दिर में बड़ी देर तक बजा घड़ी-घण्ट,
दो बंगाली स्त्रियों ने किया प्रणाम
मैं सोच रहा हूँ कितनी ही बातें,

पकी, फूटी, अंट-शंट।
मैं अकेला नहीं हूँ, मेरे साथ कितने ही लोग हैं–
सबके हृदय में मेरे ही कारण कितने प्रेम हैं,
कितने शोक हैं...
मैं अकेला नहीं हूँ।
मेरे ही कारण कोप-भवन बनकर, कैकेयी बनकर,
फैली यह साँझ सुहानी;
मेरे ही कारण
यह वसन्त बन गया है सावन!
अभी-अभी तारावलि छितराएगी,
जगेगा सोया चाँद।

मन में वैकल्य, प्राण में जग उठी थी चाँद-सी प्रतीक्षा।
लाल ईंटों का यह पुराना और विशाल भवन
मेरी आँखों में
और, फागुन की स्निग्ध चाँदनी में
डूब
गई;
एक ही क्षण में, अकस्मात्!
हाथ में दो कापियाँ, चार मोटी-पतली किताबें लिए,
('कन्यादान' नहीं 'द्विरागमन' नहीं...)

वे आ गईं, थकी-हारी परेशान!!
बोलीं–कॉलेज की फीस माफ नहीं हुई,
नहीं खरीद पाए बी.ए. की सारी पुस्तकें!
किसी का दोष नहीं, भाग्य मेरा ही है
खराब! बिना पढ़े कहिए तो कैसे मैं दूँगी परीक्षा?
इसी तरह इस बार भी समाप्त हुई,
चाँद की, नव वसन्त-स्थान की प्रतीक्षा!

[मिथिला मिहिर, 10 अक्टूबर, 1965]

* *मैथिली के प्रसिद्ध लेखक हरिमोहन झा के प्रसिद्ध उपन्यास।* **–सं.**

सिमरिया घाट की ट्रेन में स्वप्नावस्थित

प्लेटफार्म पर कोहरे और शीतलहर में बैठी अकेली एक
तीर्थ-यात्रिणी गा रही थी
गंगा-वास से गाँव लौट जाने के दुख से प्रेरित
कोई बटगमनी, कोई गुहार...

ऊपर की बर्थ पर खर्राटे लेता दरभंगा-टॉवर का एक वृद्ध
दुकानदार; कल से फिर वही कपड़े की थान
इंच भर का घूँघट रखी कोई नव दुल्हन
ट्रेन की खिड़की के उस पार, जाड़े के अन्धकार में
खोज रही है कोई फूल का गाछ।
बेवजह मुझे चीखने की इच्छा होती है—
अजी राजकमल, अजी राजकमल...बार-बार यह अपना ही नाम!
नाम सुनकर, एक भी परिचित लोग
मेरे पास आए, आ जाए।
कोई एक विहँसता फूल, किसी का एकान्त स्मरण-चिह्न
मेरी उँगली में, चुपके से दबा जाए।

अब थोड़ी देर बाद चल पड़ेगी ट्रेन
साँप की तरह रेंगेगी;
काले धुएँ का एक बवंडर, मेघ की तरह फैलेगा
नहीं सुन पाएगा कोई तीर्थ-यात्रिणी की गुहार...
नव दुल्हन को नहीं मिलेगा फूल का गाछ
मेरी आँखों में कोयले के कण आँसू बन जाएँगे
मुझे पहचानने हेतु, अब
ट्रेन की इस अँधेरी कोठरी में
कोई नहीं आएगा, अब कोई नहीं!

[मिथिला मिहिर, 10 अक्टूबर, 1965]

कमला नदी पर एक रेलवे पुल : 1950

दिवानाथ की तर्जनी में विवाह की बड़ी अँगूठी, पुखराज की
चमक रही है

पुल से पैर लटकाकर, बजा रहा है बाँसुरी,
आँखें मूँद रखी हैं नागदत्त ने...और,
वायु के साथ झड़ता है विहाग का एक
कोमल स्वर!
रमाकान्त* सुनाते हैं, किसी अंग्रेजी उपन्यास की कथा,
जिसमें एक पत्नी, पागल
अपने स्वामी की हत्या करती है।
मंत्रनाथ* चुप हैं, उग्रानन्द* हैं उदास...
मैं स्वयं इस परिवेश की आत्म-व्यथा को
एक सूत्र में जोड़ रहा हूँ।

कमला नदी की अधसूखी धारा में उग आए हैं, असंख्य
कोका-कुमुदिनी के फूल।
और, कॉलेज के अवकाश में गाँव लौटे हम लोग,
पानी में चकमक करती तारावलि के साथ
अपने-अपने स्वप्न, और अपनी कविता में
जी रहे हैं—एक स्वर!

[मिथिला मिहिर, 10 अक्टूबर, 1965]

* सभी राजकमल चौधरी के मित्र —सं.

डोली*

डोली से सिर निकालकर झाँक रहा है
चाँद,
आँसू में डूबा है अस्तित्व
प्राण से ढुलक रहा है गान।
डोली से सिर निकालकर कोई सुहागन
नव दुल्हन
पीछे छूट गए कलम-बाग, खेत-खलिहान,
आँगन-द्वार, दालान-बखारी
ढूँढ़ रही है

(यह डोली-द्विरागमन है दहकता अलाव!)
मक्के की बाली की तरह पट्-पट्-पट्-पट्
पक रही है
कोई सुहागन नव दुल्हन...
पक रही हैं सोन चिरइयों की पाँखें
ढूँढ़ रही हैं रेहू मछली की आँखें!
और, दिन भर में
योजन भर चलता है चारों कहार
पार होता है–
सात नदी, चौदह पहाड़!
...रास्ते में मिले सारे मन्दिरों, सारे पत्थरों,
सारे भगवती-थानों को
देता है प्रणाम
कोई सुहागन नव दुल्हन भूल जाती है
अपना नाम और ग्राम-धाम!
आँचल तले ढक लेती है
अपना पूरा व्यक्तित्व
(आँसू में डूबा है अस्तित्व!)
डोली में बैठी-बैठी, सोच-विचार करती
अपने गाँव से
किसी और गाँव की दूरी
आँखों-आँखों में नाप लेती है!
जो बीत गया, वह विलुप्त हुआ...
जो आएगा वह
सत्य है!
पाया नहीं जो, उस पर करें क्या चिन्ता-विवाद
जो पाऊँगी इस डोली से
झुककर उतरकर
है वही भर बेहतर!

[मिथिला मिहिर, 10 अक्टूबर, 1965]

* *पाँच मैथिल दृश्य को कवि ने पाँच कविताओं में प्रस्तुत किया है। ये कविताएँ हैं–'डोली', 'सिमरियाघाट', 'सभा गाछी', 'दम्पति-प्रसंग', 'अल्पना'।* –**सं.**

सिमरिया घाट

नौटंकी शैली में

खूँटे से ज्यों छुटीं सहेली, गईं सिमरिया घाट
ढले रंग में, गत प्रसंग में—
जट्टाधारी जोगी मिल गए
बीच गंग में
जले बाँस-सा, त्रिया-धर्म-सा
बहुरूपिया सम्राट!
खूँटे से ज्यों छुटीं सहेली, गईं सिमरिया घाट
गिरे घड़े में फूटी सखी फिर
रेल-पेल में, खेल-खेल में
कर लीं साटम-साट!
बीच गंग में
नाक डुबाई, कान डुबाया
गंगा तट के धार्मिक अन्धकार में
हुई कथा विभ्राट!
मगर, भक्त के रक्षक हैं बमभोला भगवान
विफल हुआ हथियार ग्राह का
हथिनी करती दान!

[मिथिला मिहिर, 5 दिसम्बर, 1965]

सभा गाछी

सभा गाछी में अब मनुष्य नहीं
बैठेगी मक्खी
भन्-भन् करती, आहिस्ते गाती मक्-मक
खी-खी
गाछी!
पंजी, मूल, वंश के हृत्पिंड पर बैठकर
बसाई गई
सभा गाछी में
अब अन्तर नहीं रह जाएगा मनुष्य, और
मक्खी में!

[मिथिला मिहिर, 5 दिसम्बर, 1965]

दम्पति-प्रसंग

पति खोद रहे हैं, किसी तरह...
अपनी नाक से
मिट्टी परम पथरीली
आहिस्ता-आहिस्ता खोद रहा है!
पति जोड़ रहा है, मगर घटाकार
अपनी आँखों से
वंशावली के काले चश्मे हटा-हटाकर...
पहले करता है भागा, उसके बाद गुणा!
क्या किया जाए,
पूरे गाँव का आधुनिक जीवन है ऐसा ही
मरे साँप-सा!
पति जोड़ रहा है, मगर, मात्र पत्नी
करती है भागा...
पति के गुणनफल को कहती है,
—हा हन्त, मेरा दुर्भाग्य!
इसी पाप से सतत रोती है;
अपने आँसुओं से
गीला हुआ आटा सतत गूँथती है
पत्नी!

[मिथिला मिहिर, 5 दिसम्बर, 1965]

अल्पना

अल्पना में मत लिखिए फूल-पत्ते-लता-चक्र
हे स्वप्न-सम्भवा कामिनी,
अब मत घोलिए सिन्दूर और उजला पिठार*!
जब पूर्णिमा की साँझ में ही
चन्द्रमा हो गया है पीला और वक्र
अब खोलकर मत रखिए
अपने मन का द्वार!
हे स्वप्न-सम्भवा कामिनी,
अब इस घर-आँगन में अनागत की प्रतीक्षा
मत कीजिए, मत कीजिए...

अल्पना के फूल-पत्ते-लता बन जाएँगे
गेहुँअन साँप,
कोई भी देवता नहीं कर सकेंगे आपकी प्राण-रक्षा
पर्व की रात बीत जाएगी पूजा-विहीन
परिणय-विहीन!

[मिथिला मिहिर, 5 दिसम्बर, 1965]

* *अरबा चावल को भिगोकर सिलवट पर पीसकर बनाई हुई लेई।* —सं.

महावन

1

जीवन के इस समय-दाहक महावन में, कितने युगों से
ढूँढ़ रहा हूँ—
किसी अरूप देवता पर चढ़ाई गई किरणमाला
हम लोग अनिकेतन, अपराजित;
कोई खोया हुआ रास्ता
किसी खोए हुए स्वप्न के लाल-उजले तारतम्य,
कोई खोया हुआ मुख किसी का,
हम लोग अनिकेत, अपराजित कितने युगों से ढूँढ़ रहे हैं
जीवन के इस प्राण-पावक महावन में
किरणमाला!

अन्धकार में मिलता है अतीत-प्रेत का वृक्ष-शव अनेक।
पैर तले लुढ़कती हैं स्वर्ग-पतित
अप्सरियाँ!
आँखों में ठंड से काँपती हैं ज्वरग्रस्त चिड़ियाँ!
उचारता है कोई काला-पीला गिद्ध बारम्बार
मेरा ही नाम—
चलो जी कवि, इस बार तुम्हीं चलो भुतहा मसान
तवे में भूनो तुम्हीं अपने प्राण!
पैर तले लुढ़कती हैं स्वर्ग-भ्रष्ट अप्सरियाँ, और
खोए हुए स्वप्न के लाल-उजले तारतम्य

हम लोगों को—
अब भी विकल-व्यथित कर रहा है, अकारण!
अब भी मथ रहे हैं नीर-सागर,
देव-दानव अविवेकी;
अब नचिकेता सतत पूछता है धर्मराज से
जीवन और मृत्यु का रहस्य;
अब भी कोई अश्वत्थामा हाथी निहत होता है
किसी युधिष्ठिर के
सत्य और नैतिकता के सुरक्षार्थ
—मगर
ये सारे पौराणिक दुष्कांड होते हैं, इस महावन में
हम लोगों के अन्तरंग में ही होता है
द्रौपदी चीर-हरण
और, राजा जनमेजय का विख्यात नाग-यज्ञ!

2

अन्धकार में मिलता है, अतीत-प्रेत का शव-वृक्ष अनेक;
किसी का कोई परिचित मुख
नहीं मिलता है, कि उसी से पूछा जाए—
उस मन्दिर का मार्ग;
पूछा जाए उस अरूप देवता के हिरण्य-गर्भ सिंहासन के बारे में;
जिस पर उत्सर्ग की किरणमाला
हम सब
ढूँढ़ रहे हैं मनु पुत्र के लिए!

महावन में गूँजता है केवल मृत वेश्याओं का क्रन्दन
मात्र एक काला-पीला गिद्ध
उचारता है मेरा ही नाम—
सूखे सेमल के कुष्ठोदर में बैठा हँसता है;
हम सब अनिकेत, अपराजित वर्षा से
बचने के लिए;
बचने के लिए वज्र-ठनका से
सेमल की इस डाल से उस डाल तले छिपते हुए,

मृत्यु से आँख-मिचौली खेलते रहते हैं रात भर।
किन्तु,
कभी नहीं समाप्त होती है रात!
कभी पंचम सुर में नहीं गाता है कोकिल
सुबह का, अथवा वसन्त का गान!

हम लोगों के पूर्वजों ने सुबह देखी थी!
गाया था प्रातकालीय राग, वसन्त के स्वागत में वसन्त-बहार
बन गए थे;
किन्तु, आज हम लोग इस महावन में हैं सारे
पूर्वज-विहीन!
उन लोगों का कोई भी संस्कार,
कोई भी परम्परा
कोई श्रद्धा नहीं रह गई है हम लोगों में!
हम लोग निराश्रित, निराधार
कर रहे हैं अमावस्या के इस श्मशान में
सारी व्यतीत वस्तुओं को
अस्वीकार!

3

अब अस्तित्व के अविचल यथार्थ दो ही है
प्रथम यह कि हम लोग तलाश रहे हैं
किरणमाला;
दूसरा यही कि अतीत-प्रेत की अनिवार्य संगति में, महावन में
जीवित हैं हम लोग!

[मिथिला मिहिर, 27 फरवरी, 1966]

प्रेत-पीड़ित प्राण जीए अब किसके लिए

रूपक शिल्प में

1

नींद खुली। सामने ही खड़े थे प्रेत-कुल सम्राट।
सिर पर हैं भैंसों के सिंग,

आँखें अरहुल फूल;
दाँतों से चबाते हुए कच्ची हड्डियाँ, बोले—
फूल बाबू है आप ही का नाम?...आज से मैं तो आप ही की
देह में रखूँगा अपना आसन,
मैं आप ही में रहूँगा!

2

नींद खुली। ऐसा लगा कि मेरी इस रोग-जर्जर देह में
आठ हाथी, तीस घोड़े, पाँच भूखे बाघ
सचमुच समा गए हैं;
ऐसा लगा कि कोई काला हरिण फिर भी छिपा ही है
मेरे प्राण के चन्द्रमा में!
मेरे काले हरिण को आज मेरी ही रोग जर्जर देह में
पाँच भूखे बाघ, घोड़े तीस, हाथी आठ
मिलकर करेंगे मृगया, मार लाएँगे...
प्रेतराज का सफल होगा भोज?

3

मेरे प्राण के चन्द्रमा में एक काला हरिण है। और,
मेरी हड्डियों, मेरे मांस के महल में
प्रेत-कुल सम्राट
हँस-हँस, हुलस-हुलस कर, कर रहे हैं निशा-संयोग!
मैं स्वयं कहाँ हूँ?
कहाँ हूँ, हरिण में, अथवा महल के द्वार पर हूँ
परम अकेला, हाथ बाँधे, आँख मूँदे, खड़ा?

4

...प्रेत-पीड़ित प्राण जीए अब किसके लिए?
जीए और किसके लिए?
हरिण काटा गया। भोज रसदार हुआ। निशा भोग के बाद
सोए शान्तिमय, भयहीन होकर सम्राट।
मेरी खुल गई नींद।

गरजा बाघ, घोड़ा हिनहिनाया, हाथियों के
चिंघाड़ से सारी दिशाएँ काँपीं...
प्रारम्भ हो गया युद्ध!
मेरी ही देह में तीन प्रकार के पशु (हरिण की मृत्यु पहले हुई;
पहले ही सो गए प्रेत!)
एक कटोरा बचा हरिण का मांस–उसके लिए ही
किया युद्ध!
ज्यादा खराब नहीं लगा मुझे कभी युद्ध-व्याधि,
मगर, दस योजन से देखने पर!
आज अभी तो मैं पागल हूँ...अपने हिरण का
मांस खाता हूँ, चुरा-छिपाकर।
मैं पागल हूँ...
मेरी देह में युद्ध होता है, मेरी देह में प्रेत सोया है
और, मैं गाता हूँ प्राण-पराती,
मैं लिखता हूँ गंगाजल से लीपी धरती पर प्रतिदिन
अस्सी हजार बार नाम–उन्हीं का नाम!

5

जहाँ हरिण था, मेरे प्राण के चन्द्रमा में,
उगा एक गाछ, नीम का गाछ।
क्रमशः गाछ में झूला लगाया गया...
क्रमशः छोटी-सी काली चिड़िया
(न कोकिल, और न कौआ)
आकर बैठ गई
किसी पतली डाल पर चुपचाप!

6

युद्ध हो गया शेष। बाघ, घोड़े, और हाथी एक-एक कर सारे मर गए;
सबको उदरस्थ किया अकेले, प्रेतकुल सम्राट ने।
नीम की डाल पर बैठी चिड़िया ने मुझको प्रश्न किया–
किसका लेते हैं नाम?
नाम सुनते ही लुप्त हो गए, मेरी देह से
अपने सिंहासन सहित सम्राट...

तब बोली चिड़िया, मैं ही चन्द्रमा में हरिण,
लोगों के प्राण में हूँ स्नेह मैं ही
मैं चिड़िया बनकर गान गाऊँगी, आप लिखेंगे नाम,
उनका ही नाम!

[मिथिला मिहिर, 5 जून, 1966]

किसी भूले हुए गाँव के नाम दो पाती

1

शाम के सिन्दूरी अन्धकार में डूबी गंगा नदी के घाट पर
खड़ा होता हूँ,
नहीं याद आती है वह छोटी-सी नदी...
नाव पर जलविहार खेलूँगा
मल्लाहों-मछुआरों के गीत गाऊँगा बेकाबू स्वर में
स्नेह से पाले हुए कुत्ते की मानिन्द
घाट-बाट भटकना याद नहीं आता है।
भगवती थान का वह गोल गुम्बद वाला मन्दिर,
और, मन्दिर की स्वामिनी...
वह शान्त-स्निग्ध मुखाकृति
वह प्रार्थना-मंत्र
वे सब भूल चुका हूँ, जिसके कारण
मेरे हृदय में कविता थी,
और, मेरी आँखों में हिरण्य-गर्भ की रोशनी!

2

शाम के सिन्दूरी अन्धकार में डूबी गंगा नदी के घाट पर
खड़ा होता हूँ,
तो लगता है कि शरीर से बाहर आकर मेरा वह पूर्वजीवन
मेरा वह पूर्वजीवन
अठबज्जी स्टीमर पर चढ़कर जा रहा है
उस पार—
मेरे शरीर से विदा लेकर!

उस पार, और गंगा के इस पार में अब चालीस वर्ष
और, दो जन्मान्तर का अन्तर है...

3

सूख गई होगी वह चित्रलिखित-सी छोटी धारा
वह शान्त-स्निग्ध मुखाकृति
आत्मग्लानि से हो गया होगा ज्वालामुखी...
उस गाँव के सारे लोग बरौनी कारखाना में, अथवा
कलकत्ता-जमशेदपुर...
बच गया होगा केवल स्त्री-समाज
मनीऑर्डर की प्रतीक्षा
और, बीते वयस की स्मृतियों में व्यस्त!

[मिथिला मिहिर, 5 जून, 1966]

इस जंगल से उस जंगल में बौड़म महादेव की तरह

1

हम लोग किसी न किसी अँधेरे कोने में घुसकर
ढूँढ़ रहे हैं अपना बीता हुआ वयस
ढूँढ़ रहे हैं नगर-जीवन के इस नरक वास में जरा-सा
सुख
जरा-सी शान्ति और कभी-कभी प्राण की सुरक्षा
कभी कोई रंग-रभस
हम लोग छटपटा रहे हैं जेठ की धूप में जलते हुए
पथ पर सिर फटता है टाँगें लड़खड़ा रही हैं
अपने चाय की प्याली में जरा-सी चीनी के लिए
आँखों की पुतली में कोई सजीव हृदय
अबोध शिशु की अकारण मुस्कान
अपरिचित सुन्दरी का दृष्टि-आग्रह
परिचित यार-दोस्तों के निर्लज्ज निर्दोष
हँसी ठहाके...
जरा-सी चीनी के लिए
हम लोग बाँधने की इच्छा करते हैं सचिवालय के

घड़ी-टॉवर से दरभंगा-सहरसा-पूर्णिया के अपने ग्राम तक को
अवांछित नागरिक शब्दावली से किसी प्रेयसी
प्राणवाही के नाम तक को
हम लोग
किसी न किसी अँधेरे कोने में घुसकर ढूँढ़
रहे हैं अपना बीता हुआ वयस, अपना बीता हुआ नाम
सम्भवतः गंगा नदी के इस घाट पर
लावारिस घास-फूस की तरह सिनेमाघर के चारों ओर
फैली इस भीड़ को सम्भवतः
चिड़ियाटाँड़ किंवा मुसल्लहपुर के
इस कीचड़ कादो भरे रास्ते पर
सम्भवतः खो गया है अपना नाम
घिघियाए स्वर में आकाशवाणी से चीखते हैं
देवतागण
सब कोई कर लीजिए परिवार-नियोजन
देह पर, मन पर, होंठ पर, घुटने पर, पेट पर, पंखों पर
हाथों पर, आँखों पर
मजबूती से बाँधिए विदेशी गेहूँ और देशी राशन कार्ड की
ससरफानी अन्नचक्र का कराल बन्धन
मगर गरदन में गाँठ बाँधकर बीम से मत लटकिए
पीठ पर जो लदा है बोझ
सन्तान की स्कूल-फीस और स्त्री का अखंड रोग
कन्या का चढ़ता वयस
उसे हे नगरवासी किसी दिन पटकिए मत
चीखते हैं सतत काल नेतागण-देवतागण
और सतत काल दुर्भिक्ष अन्नाभाव नरसंहार
महामारी दंश उपदंश चला आ रहा हमारे ही
घर-आँगन की तरफ
हमारे ही हृदय से सारे गीत सारी कविताएँ
विलुप्त हो जाती हैं
हमारा ही कलेजा खाता है
सबसे पहले महाकाल हमारे ही प्राण होते हैं
देश-पात्र के लिए सबसे बड़े जंजाल
कहाँ जाएँ अब हम लोग

किसकी बाँहों में कील कवच की तरह बाँध रखूँ
अपने अस्तित्व को
किस दुर्भाग्य पर अन्धे पागल की तरह हँस-गा लूँ
किस दुर्दशा पर वृद्ध विधवा की तरह करूँ शोक
इस अन्धकूप में हमारे साथ बैठा है
दो-चार नहीं दो हजार चार सौ विषधर साँप
चारों तरफ लहलह-सहसह करता
और एक पीला-सा भयभीत मेढक हमारे
निस्तब्ध प्राण विवर में
समाया हुआ है...

2

बीस अथवा अठारह वर्ष पूर्व गाँव से भाग आए थे
हम लोग परेशान मात्र अपने-अपने लिए
किसी एक कल्पवृक्ष किसी एक कामधेनु का करते हुए सन्धान
...दोनों प्राप्त हो ही गए
इस नगर में प्रतिमास एक बार कल्पवृक्ष झहरता है
कुछ रुपए हर तीसरे वर्ष एक बार कामधेनु
करती हैं अपने मातृधर्म की इतिवृत्ति का अभिज्ञान
कामधेनु से कल्पवृक्ष और कल्पवृक्ष से कामधेनु की
इस अन्तहीन महायात्रा में स्मरण नहीं आता है
वन श्रीकुंज मेघ मल्हार बारहमासा
राधारानी नदी तट आम्र तरु पंक्ति पूजा-गीत तुलसी गाछ
चम्पा फूल गाँव की भगवती
कुछ नहीं स्मरण आता है अब कुछ नहीं और कुछ नहीं
केवल अपने टूटे कन्धे पर लादे वर्तमान
प्रजापति यज्ञ में भस्म हुई अग्नि जर्जर प्राण की सती
हम लोग
बौड़म महादेव की तरह इस सड़क से उस सड़क पर
इस जंगल से उस जंगल में
भटक रहे हैं वीत दुख वीत क्रोध वीत शोक
अपने मरण में अमंगल में

[मिथिला मिहिर, 21 अगस्त, 1966]

आगत वसन्त के प्रति दो प्रेम कविताएँ

1

काफी रात ढलने पर मगर चाँद निकलने से बहुत पहले
एक रसिक स्त्री मुझसे अपरिचित
मेरे हृदय के काले अँधेरे में प्यासे पाखी की तरह व्याकुल
ढूँढ़ रही है पानी
मुझसे अपरिचित एक रसिक स्त्री काले अँधेरे में
ढूँढ़ रही है।
पानी कहीं नहीं है, इस वसन्त से पहले की मरुभूमि में नहीं पानी
मात्र एक ठूँठे भयावह वृक्ष।
वृक्ष में किसी दिन डाल-पत्ते-फल-फूल-मंजर के उत्सव थे
वृक्ष में किसी दिन
निश्चय ही था वसन्त का स्नेह और उत्तेजना...।
इस मरुभूमि का तीसरा सच यह भी है
कि यहाँ अतीत सतत काल किसी ऐसे ही
भविष्य में स्थापित होता है, जैसे
काल न हो वर्तमान।
इस वसन्त से पहले की मरुभूमि में आग है और कुछ रहने का
नहीं है प्रयोजन
प्रयोजन नहीं है वर्तमान निश्चय में अतीत
भविष्य अनिश्चय में फल प्राप्ति
निर्मूलक अर्थात् मूलहीन सम्भव नहीं, सम्भव नहीं, सम्भव नहीं,
सम्भव नहीं आगत वसन्त की
प्रतीक्षा
वह रसिक स्त्री अथवा वह प्यास पाखी व्याकुल था
इस काले अँधेरे में।

2

अब तो इस बात की कोई सम्भावना नहीं कि पुनः वह सर्पलता
मेरी दाईं बाँह में लिपट जाने की चेष्टा करेगी...।
जब मुझे कोई काम नहीं रहेगा
मैं दक्षिण तरफ वाली कोठरी में निद्रालीन रह जाऊँगा

अब तो इस बात की कोई सम्भावना नहीं कि पुनः वह सर्पलता
पछिया आँधी से उत्तेजित हो सकेगी...।
जब मुझे कोई पुराना गीत याद आ जाएगा
मैं शतरंज की बिसात बिछाकर सान्ध्यकालीन मित्र की प्रतीक्षा
करूँगा
भूल जाऊँगा चाय के गिलास में चीनी डालना
अँधेरा होने से पूर्व आँगन से विदा होकर कितनी रात तक
कोसी-बाँध पर अकेला टहलता रहूँगा चिन्तित
कि इस बार...कि इस बार
कि इस बार अतिचार के कारण अथवा व्यवहार के कारण
इस बात की कोई सम्भावना नहीं रही कि पुनः वह सर्पलता...
तो क्या करूँ मैं
तो सुबह की लालटेन सदृश जलूँगा मैं...।

[मिथिला मिहिर, 19 फरवरी, 1967]

गाँव का नाम है पुरबा हवा पछबा हवा

1

कितनी ही दूर चला जाता हूँ स्त्री और पेट भर नींद के
उद्योग में मैं कितनी ही दूर चला जाता हूँ
सब दिनों के लिए भीड़ में मैं खो जाऊँ मेले में
बह जाऊँ
तलवार से दोनों पंख काट यदि दे कोई रावण राजा
राशन कार्ड के बंडल में
डूब जाए रोशनाई की तरह 'ब्लाटिन' पर
फैल जाए समूचा व्यक्तित्व
मगर घरमुहाँ बैल सतत सब स्थान काल पात्र में
घरमुहाँ ही रहता है
सिमरिया घाट से गाँव के प्राइमरी शिक्षक के साथ
हाजीपुर अथवा कलकत्ता भाग जाती है कोई सधवा
विधवा फूलकुमारी धी कुमारी स्त्री...

कोई घवहा कुत्ता रात भर दिन भर सतत काल
ऊँघता रहता है
इस गली में उस मचान तले...।

2

इस गली में उस मचान तले और उस ठौर भुतही गाछी के
अँधेरे में गाँव के बीस नवयुवक
खड़े होकर निर्णय नहीं कर पाते हैं कि अन्नप्रसवा खेत
की तरफ जाएँ किंवा मोरंगिया गाँजा के पात्र तक
किंवा बरौनी कारखाना
किंवा संखिया-भाँग-धथूरा-अफीम खाकर एक ही कुएँ में
गिर जाएँ बीसों नवयुवक
प्रेत बन नाचते रह जाएँ युग-युगान्तर तक
भुतही गाछी के अन्धकार में...।

3

कितनी ही दूर चला जाता हूँ अन्न स्त्री और इच्छा भर नींद के
उद्योग में मैं कितनी ही दूर चला जाता हूँ
मगर,
घरमुहाँ बैल सतत घरमुहाँ बैल ही रह जाता है
पूरी पृथ्वी सारा युग चक्र
समस्त ऋतुधर्म की परिक्रमा कर कभी न कभी लौटकर
आना ही पड़ेगा
बेली फूल सिन्दूर रेखा उग्रतारा के समीप
जलना ही पड़ेगा रात भर जैसे जलता है अकेला मुख-म्लान
भगवती घर का दीप।

4

मेरे गाँव का नाम है पुरबा हवा पछबा हवा जब
दोनों ही हवा एक साथ बहती है
जब केवल पछबा चलती है सोलहों कला
सत्रहों उद्योग के साथ गाँव के मध्य रामशाला पर गाँव की

108 कुँआरियाँ
आती हैं गाती हैं हे पछबा महारानी
अब नहीं, अब नहीं;
तब पुरबा हवा बहने लगती है,
पुरुष वर्ग खेत-खलिहान स्कूल-दुकान, अस्पताल में
स्त्रीगण आँगन में इतनी ही बातें किस्से-कहानियाँ इतनी ही
सगुन-असगुन कि
चमेली दाई क्यों चली गईं दरभंगा
क्यों प्रेमनगर वाली बहू पसेरी भर धान के लिए जेठ से
करती हैं आलाप किस कारण
हर पाँचवें महीने अस्पताल की वह सरकारी धाई
कौशल्या के
आँगन में गाती है मल्हार।

5

बीसों नवयुवक और 108 कुँआरियों को अपनी आँखें
अपनी देह अपने मन में छिपाए
मैं कितने दिनों तक गाँव से जंगल जंगल से गाँव
भटकता रहूँगा
कितने दिनों तक खाता रहूँगा पुरबा हवा
पछबा हवा...
कितने दिनों तक गाँवों में कहलाऊँगा नगरवासी
और नगर में केवल प्रवासी...।

6

यदि सत्य बोलना अपराध नहीं घोषित हुआ हो अब तक
गाँव और नगर में
सुसंस्कृत मनुष्य और पागल जानवर में
कोई अन्तर नहीं, कोई अन्तर नहीं बेली चमेली
और, अंग्रेजी गुलाब के सूखे होंठों में
एक ही पराग
गाती है पूरी प्रकृति पूरा देश-कोस एक ही सुर में
एक ही गीत, एक ही राग।

[मिथिला मिहिर, अप्रैल, 1967]

कवि परिचय

मुझे दुख है–
मैं कविता लिखता हूँ, सतत अपने हेतु
मात्र अपने ही हेतु
मैं कविता लिखता हूँ!

आपके लिए लिखने का
मिलन-कथा किसी तरह सीखने का
अवसर नहीं हुआ, कि आपसे लेकर खुद अपने तक
दिन की अपेक्षाओं से लेकर
रात के मर्म-भेद आध-नींद सपने तक
बना लूँ एक सातरंग सेतु
अपने हेतु
अपने ही हेतु;
इसका किसी दिन, किसी भी बहाने, किसी भी तरह, रंच मात्र
अवसर नहीं हुआ
मुझे दुख है–
कविता मेरी कच्ची ही रह गई
कविता मेरी कच्ची ही रह गई
इस ईंधन से उठी कहाँ ज्वाला
व्यथा कहूँ किसको
कथा कहूँ किसको?

[दर्पण (हिन्दी पत्रिका), राजकमल विशेषांक, सितम्बर, 1967]

* *राजकमल चौधरी के मृत्यू-उपरान्त मैथिली की यह कविता और हिन्दी की कविता 'तहखाना' और 'ऋतुचित्र' राजकमल के अध्ययन कक्ष में बिखरे कागजों में मिली थीं। बाद में लाल रंग के एक बहीखाता में भी यह कविता मिली।* **–सं.**

दाम्पत्य

हम दो व्यक्ति अर्थात्
मैं और आप
जुड़वे बच्चे हैं, कहीं विपरीत

और कहीं
अन्ध विवरगामी द्विमुख साँप की तरह
समर्पित, सभय और
सप्रीत
कहीं विपरीत।
मैं चिनुवारे से उठता शाम का काला धुआँ
देख रहा हूँ कि
इस धुएँ के ऊपर, उस पार
अँधेरे के नीले सागर में
उगा है चाँद
आप कहती हैं—होता है अनुमान
पानी नहीं बरसेगा
सूखे गेहूँ की गर्भान्ध बालियाँ
हरी-पीली नहीं होंगी
नहीं बरसेगा
पानी नहीं बरसेगा
मैं आपके कहने-सुनने पर
नहीं देता हूँ ध्यान
होता है अनुमान
चिनवारे से उठता यह काला धुआँ
आँखों की परकोट पर फैला यह अवथाहा अँधेरा
हम लोगों के इस द्विमुख साँप को
अन्ध विवर तक
कभी पहुँचे नहीं
पहुँचने नहीं देगा
साँप को विवर तक
कविता को स्वर तक
रसोईघर के ओसारे पर इसी तरह
बने रहेंगे काजल के
अटके-मटके
नैना-जोगिन
इसी तरह धुआँ अँधेरे के महाजाल में
कबइ मछली की तरह
छटपटाती रह जाएगी आपकी

कविता
अर्थात्
हम दो व्यक्ति, मैं और आप
स्वरमय
अक्षरमय
नहीं हो सकेंगे
जुड़वे बच्चे हैं मैं और आप
किन्तु एक अन्धविवरगामी द्विमुख साँप
हम लोगों के हृदय में
हृदय के संशय में
व्याप्त है
विपरीत होने के बावजूद मेरा और आपका भी
परम आप्त है।

[मिथिला दूत, राजकमल विशेषांक, फरवरी-अप्रैल, 1968]

पितृ ऋण

मेरे पिता थे एक सार्थक शब्द
मैं शब्द की सार्थकता को
अविश्वसनीय कहता हूँ
मेरे पिता रहते थे मूल्य में,
अभिव्यक्ति में, नीति में
अर्थवत्ता में
मैं व्यक्तित्व की निरर्थकता मात्र में
जीवित रहता हूँ
पितृऋण से मुक्त होने का
और कोई उपाय
मेरे पास नहीं है
कभी नहीं होगा
कभी नहीं होगा।

[मिथिला दूत, राजकमल विशेषांक, फरवरी-अप्रैल, 1968]

बाकी सब कुछ

बाकी सब कुछ भूल गया हूँ
इस निद्रा में
बाकी सब कुछ ने धर रखा है एक अदृश्य
रूप
–एक शब्दहीन कविता
जैसे, स्नेह...
इस निद्रा में बाकी सब कुछ
एक अदृश्य रूप
स्नेह
माया
बिछावन पर व्याकुल रात भर की अव्यक्त
अनभिव्यक्त देह
बाकी सब कुछ जैसे, स्नेह
मुझसे यदि वे सारे लोग-बाग
जो नहीं थे–
जब कमला-नदी के उस घाट पर बँधी हुई नाव ही
डूब रही थी
आँखें मूँदे देखते रहे यह पूरा दृश्य
साग्रह
सखेद
वे सारे लोग-बाग
मुझसे पूछेंगे अब मेरी इस निद्रा का
कारण
एकादशी के प्रात में मछली का पारण
–मैं उत्तर नहीं दूँगा
देने-लेने की यह सांसारिक व्यवस्था
अब इस वयस में
स्वाभाविक नहीं होगी
निद्रा के अलावा बाकी सब कुछ अनर्गल
जैसे सिरहाने में सोया
काला करैत (साँप)
स्वाभाविक नहीं होगा...

न स्नेह, न माला, न अव्यक्त देह पर
फैला दूसरी देह का पसीना
दूसरी देह की संज्ञा
जैसे सिरहाने में काला करैत

[आखर, राजकमल स्मृति अंक, मई-अगस्त, 1968]

किसी कुएँ के पास प्रस्फुटित बेली फूल का पौधा

कवि जीवकान्त के लिए

जैसे कोई प्रचंड प्राक् ऐतिहासिक आग लहक रहा हो
इस टूटे-उजड़े कुएँ में।
पीले-पांडुर हो गए हैं तुलसी के पत्ते;
अपरिचित गाँव के इस भयावह अन्तरंग-व्यापी अन्धकार में
क्यों बहती है पुरवैया इस तरह रक्त-श्लथ, चंचल?
सुनिए, हेम-सीमन्तिनी,
यही है देह की अन्तिम सीमा, इतनी ही...
यही अन्धकार, यही टूटा-उजड़ा कुआँ, यही अधखुली
आँखों के किवाड़...
क्यों खड़ी हैं, बारिश में भींगती हुई,
घुटने भर पानी में, कोहरे के धुएँ में गरदन भर, हे फूल, आप
क्यों डूबे हैं?
इस गँवारू कुएँ की प्रचंड आग से
आत्मरक्षा करने हेतु मिला नहीं, मिला नहीं और कोई,
अन्य कोई सम्बल?

2

लौट जाइए अपनी बन्द पलक में...लौट जाइए हे सीमन्तिनी,
सीमा मत तोड़िए
आप सीता नहीं हैं, इस बौड़म सामाजिक ज्वाला से कोई सम्बन्ध
मत जोड़िए...मगर,

आप स्वर्ण-सीता हैं, आप ही की मूर्ति,
आप ही की सिन्दूरी प्रतिमा कविता सिंहासन पर रख कर मैं पूजा करता हूँ।
लौट जाइए बन्द पत्रांक में, बन्द कलिका बन जाइए, हे फूल,
थोड़ी ही देर बाद
हो जाएगी सुबह;
—यह आग, यह अन्धकार खुद ही होगा शान्त,
होगा शान्त;
अभी रात बहुत बाकी है।
अभी कवि मेरा है निशा-यज्ञ में निमग्न, अभी कवि मेरा
एकस्वर एकाकी है,
रात बहुत, अभी रात बहुत बाकी है।

3

हेम-सीमन्तिनी
प्रभात बेला में श्वेत मोती की शीत-माला पहने, श्वेत वस्त्रा, और
सद्यःस्नात, थोड़ा गर्व से, थोड़ा धर्म से लजाएँगी
जब आप मुस्कुराएँगी;
तभी रवि किरण की तरह, किसी नई कविता में—
मैं ही, मात्र मैं ही आपके निकट आऊँगा,
मैं सन्निकट आऊँगा।

[आखर, राजकमल स्मृति अंक, मई-अगस्त, 1968]

ऋतुवसन्त

पूरा दोपहर अपने इस अँधेरे कमरे से बाहर रहने की,
नहीं होती है इच्छा
प्रत्येक रोम-कूप में, पिघल रहा है नमक
आँगन में तुलसी चौरा के पास, उगा था एक कनक-चम्पा
वह भी इस बार के सूखे में सूख गया,
जो कुछ बच गई थी जीवन में कविता
उसे हरी घास समझकर, ऋतु वसन्त का यह शून्य हृदय-भैंस

चर गया...चबा गया
कनक-चम्पा इस सूखे में सूख गया

[आखर, राजकमल स्मृति अंक, मई-अगस्त, 1968]

कोसी तट की शाम

आठ, दस, पन्द्रह, कितने ही पक्षी, अनजान
वैसे ही मेरे ललाट, मेरी आँखों, मेरे थके हृदय को छूते हुए
कोई उपराग मुझे देते हुए
जैसे मेरे प्रेम, मेरी घृणा, मेरे पके भय को छूते हैं
आठ, दस, पन्द्रह, कितने ही पक्षी, अनजान
उड़ते जाते हैं
थोड़ी ही देर बाद इस नदी, इस वन प्रान्तर के चारों ओर
फैलेगा काला अँधेरा
कितने ही पक्षी, कितने ही शब्द, कितनी ही इच्छाएँ, अनजान
डूबे जा रहे हैं मेरी ही आँखों में
उड़ जाऊँ, इन्हीं पक्षियों के संग अनंत आकाश में
उड़ जाऊँ, इतनी शक्ति नहीं है, हे कवि,
अब मेरे पंख में
डूबे जा रहे हैं मेरी ही आँखों में ये सारे पक्षी, यह समूचा मुक्त,
नील, ताराविहीन आकाश...
यह निर्जन एकान्त सहन करने का है
केवल मुझे ही अभ्यास...

[आखर, राजकमल स्मृति अंक, मई-अगस्त, 1968]

मंगल-प्रभात : एक नागरिक चरित्र

जब तक बिछावन के बगल में छोटी मेज पर रखी नहीं जाएगी
चाय की प्याली
नींद नहीं खुलेगी, तब तक नहीं खुलेगी बन्द पलक, मैं

देखूँगा नहीं सूर्य का प्रकाश
चाय की प्याली खिड़की से मेज पर आती पीली धूप में
चमक रही है
काफी देर से मेरी नाक में पेट्रोल की गन्ध
काफी देर से गा रहा है
ट्रान्जिस्टर मंगल-प्रभात
काफी देर से चिड़ियाँ चहक रही हैं
चमक रही है पीली-लाल धूप में चाय की प्याली
मैं देखूँगा नहीं सूर्य का प्रकाश

[आखर, राजकमल स्मृति अंक, मई-अगस्त, 1968]

चाँदनी रात में अकेला यात्री

चाँदनी रात में अकेला यात्री होता है चाँद...अकेला यात्री
फूल-पत्तियों-सी आकाश में फैली तारावलि
धरती पर आलस्य-निद्रा में सोई, शान्त नदी
किसी के आँगन में झड़ता हरसिंगार

किसी खिड़की पर खड़ी किसी की प्रतीक्षा करती कोई नववधू
ये सारे चाँद के साथी नहीं हैं, सहयात्री नहीं हैं
अकेला है चाँद...

चाँदनी रात में अकेला है, अकेला यात्री है चाँद
मेरी ही तरह अकेला
मेरी ही तरह खोज रहा है कोई समुद्र, कोई मृत्यु
अन्धकार से भरा कोई सर्प-विवर
मेरी ही तरह अकेला है चाँद
मेरी ही तरह प्यासा है, थका है, जर्जर है चाँद
मेरी ही तरह अकेला है...

[आखर, राजकमल स्मृति अंक, मई-अगस्त, 1968]

अभिसार

जब क्रोधित हुई प्रकृति, आँधी से हतप्रभ, श्रीहीन, जर्जर
जर्जर हो गया मालसरि का वह वृक्ष, जिस पर
बैठी थीं अमावस्या के निरीह अन्धकार में ढेरों चिड़ियाँ
कितनी चिड़ियाँ...
किन्तु, इस दुर्दान्त आँधी में सारी चिड़ियाँ उड़ गईं
विलुप्त हो गईं अन्धकार में ढेरों चिड़ियाँ
पर, फिर भी,
एक सोन चिड़ैया, एक अकेली सोन चिड़ैया मालसरि की उस
डाल पर
बैठी रह गई
आए आँधी, बारिश आ जाए
बैठी ही रह जाएगी वह सोन चिड़ैया, अकेली, पानी में भींगती हुई
प्रतीक्षा करती हुई
जर्जर हुए मालसरि के वृक्ष पर एक सोन चिड़ैया
अकेली एक सोन चिड़ैया पानी में भींगती हुई
प्रतीक्षा करती हुई

[आखर, राजकमल स्मृति अंक, मई-अगस्त, 1968]

जेठ मास का गीत

हेठ बरखा, जेठ हे सीख, हेठ बरखा जेठ,*—कितनी ही दूर से स्मृति में
आ रहे हैं,
इस पुराने बारहमासा गीत के और भी पुराने शब्द...लोक शब्द
पर मैं किस जगह हूँ?
जेठ की इस अग्नि धूसर दोपहरी में
इस वृद्ध, जर्जर, पाकड़ वृक्ष की छाया में मैं क्यों अटका हूँ!
जेठ हे सखि, हेठ बरखा...मगर
अब कभी नहीं उतरेगी, अब कभी नहीं
आएगी बारिश

धरती का फटा हृदय
फटा ही रह जाएगा, और उस गाँव में अब कोई मेरा नाम
नहीं लेगा, कोई नहीं पूछेगी, आँगन के कोने पर
खड़ी होकर,
कब तक आएँगे फूल बाबू,
किस दिन पुनः प्रारम्भ होगा डाक बंगला पर शतरंज का खेल
कब तक...
मगर, अब कोई नहीं पूछेगी इस अग्निजर्जर
दोपहरी में मेरा हाल-चाल,
धरती का फटा हृदय अब कभी न होगा शीतल
मुझसे कितना ज्येष्ठ, कितने अनुभवी, कितना चतुर चालाक है
यह जेठ मास
और, मैं कितना छोटा कितना छुद्र कितना अन्धा बौड़म
कि आषाढ़-सावन की प्रतीक्षा
मुझे नहीं है
—मुझे नहीं है इतना भी आन्तरिक आग्रह कि उतर आए बारिश
कि आप कुएँ की तुलसी-पौध के समीप आकर खड़ी हों
मेरे लिए, कि बीत जाए
यह चतुर-चालाक जेठ, और वर्षा ऋतु के प्रारम्भ होने के
उपरान्त
मैं गाँव लौट आऊँ,
— ऐसा कोई आग्रह नहीं है अब
सारे आग्रह, सारे सपने, सारी कथा-व्यथा शेष हो गईं
मैं हूँ और यह पाकड़ का पेड़ है
और कुछ नहीं है, कहीं नहीं, कभी भी नहीं, किसी तरह नहीं,
कोई नहीं
कोई नहीं अभी मेरे लिए
मैं हूँ और यह पाकड़ का पेड़ है मृत, मलिन, उन्मन
मेरे ही जैसा

[आखर, राजकमल स्मृति अंक, मई-अगस्त, 1968]

* *मैथिली के प्रसिद्ध गीत 'बारहमासा' में ज्येष्ठ महीने के विवरण में कहा गया है कि ज्येष्ठ महीना आया, अब बारिश भी उतर आई।* **—सं.**

प्रकृति के विषय में

कवि कोकिल कहते थे, मदालसा यह प्रकृति है कृष्णकामिनी
राधा, अदृश्य अकल्पनीय अलौकिक अथवा किसी प्रकार अज्ञेय
नहीं है मेरी काव्य-कन्या
प्रकृति
—तीनों काल, दसों दिशाओं, अठारहों सत्य से संयुक्त
चन्द्रमा, वसन्त, राई-सरसों के स्वर्ण-पीताम्बर पहनी पृथ्वी वधू
मेघ, वर्षा, चाँदनी, अकस्मात् खिड़की खोलकर देखी गई
नदी के पार उगा है सूर्य
चन्द्रमल्लिका,
और मेरे चारों तरफ फैला है यह नील-लोहित आकाश
मेरी यह काव्य-कन्या, मेरी यह पृथ्वी वधू, मेरी यह लौकिक और दृश्य
प्रकृति
मेरे जीवन में और मेरी कविता में
जीवित हैं, जगी हैं
इस नागरिक यान्त्रिक निरीह पशुवत् जीवन को
कविता बनाने में
मेरी ही तरह, मेरे ही कवि की तरह लगी हैं, जगी हैं
प्रकृति

[आखर, राजकमल स्मृति अंक, मई-अगस्त, 1968]

पति-पत्नी कथा

स्त्री अपनी सखा-सन्तान, रसोई-बर्तन,
सुख-अभिलाषा, पीठ के
हरे-पीले दर्द, और उधार-ब्याज की
कथा
कहती है,
कहती रह जाती है सुबह से शाम तक
बगीचे की ओट से
बीच आँगन तक

कहती रह जाती है शाम तक
पुरुष उस स्त्री, और उस स्त्री की सखा-सन्तान
रसोई-बर्तन, सुख अभिलाषा, पीठ की
कथा
सुनता है
सुनता रह जाता है शाम से सुबह तक
होंठों की मन्द-मन्द मुस्कान से
आँखों के आँसू तक
सुनता रह जाता है सुबह तक

[सोना-माटी, वर्ष-1, अंक-1, फरवरी, 1969]

निशा गीत

खिड़की से नीचे उतरकर
चाँदनी
फैल गई है हरसिंगार की
घनी छाया में
किवाड़ की ओट में छिप गई है
मेरी ही किसी कविता की
कोई नवीन-पंक्ति...
जैसे हँसती हो खिल-खिल मेरी ही दुलारी
कन्या ने इस जाड़े में बाँध रखी हो गाँती*
अब यदि नींद न आए जीवन भर
जगा रह जाऊँगा
जीवन भर इस घनी छाया की
प्रत्याशा में
लगा रह जाऊँगा

[रामकृष्ण झा 'किसुन' द्वारा सम्पादित पुस्तक 'मैथिलीक नव कविता', 1971]

* *जाड़े के मौसम में बच्चों के सिर से चादर ओढ़ाकर, चादर के दोनों छोरों को पीछे ले जाकर बाँध देते हैं–इसे गाँती बाँधना कहते हैं।* **–सं.**

प्रवास

अपने ही कलम बाग के
फूल-पत्ते नहीं पहचान रहा हूँ
मालूम नहीं है
वृक्षों के, लोगों के नाम मालूम नहीं हैं
इत्ते दिन इस गाँव में
आए हो गए
मन जैसे काला-सा आईना हो गया
उन्हें पहचानने की चेष्टा करूँ,
अभी भी यह सूझा नहीं
अब भी होता है—
इस प्रकृति से, इस स्त्री से, इस नदी से
अपरिचित ही रह जाऊँ; इस ग्राम से, धाम से
प्रवासी होने का सारा दुख, सारी वेदना—
मैं अकेले ही सह जाऊँ, अपरिचित ही रह जाऊँ
इत्ते दिन इस गाँव में
आए हो गए,
किन्तु, जाना-पहचाना नहीं है विकाल के
इस अन्धकार में;
अपना ही घर-आँगन।
अपने ही घर आँगन में चीखता हूँ
मैं मात्र अपना ही नाम
प्रवासी, नगरवासी हूँ मैं—यह उपराग
देता है अपना ही गाँव
मात्र अपना ही गाँव

[रामकृष्ण झा 'किसुन' द्वारा सम्पादित पुस्तक 'मैथिलीक नव कविता', 1971]

प्राण-पक्षी

सेमल की सूखी डाल पर
बैठे पक्षी
मेरे प्राण कब उड़ जाएँगे

और कब तक
बाधित प्रेत-सा इस जंगल में
अन्धकार में भटकता विवश हो भटकता
कौन जाने...
कौन जाने और भी चार दिवस
मिले नेह के लिए
कौन जाने, पाऊँ नया शृंगार
इस पकी देह के लिए...
कोई भरोसा नहीं
कुछ का भी होश नहीं

[वैदेही, जून-1971/स्वतंत्र भारत (लखनऊ), 21 जून, 1993]

* *ई-वार्ड, राजेन्द्र सर्जिकल ब्लॉक, पटना-4 से सोमदेव के नाम लिखे व्यक्तिगत पत्र में 14 जून, 1966 को यह कविता लिखी गई।* **–सं.**

सन्ध्या राग

शाम हुई
कोसिका तट के इस निठट्ठ गाँव में
हो गई शाम
दिन भर की धूप में सूखी-टटाई रसोईघर की छप्पर
अगहन के हरे धुएँ से
भर गई
अलाव के चारों ओर रिमझिम अँधेरे में
प्रेत छाया की मानिन्द
बैठे हैं मेरे ग्रामवासी
फैली है सबके चेहरे पर
आसन्न अकाल की उदासी
सूखी-कच्ची पुआल की मैली ज्वाला पर
चमकती है सबकी आँखें
चिनगारी की तरह
धमकता है यह अगहन, यह धनकटनी
अब मरण बनकर

नहीं चमकता है
नई जिन्दगी की तरह
चिनगारी की तरह
शाम हुई, और अँधेरे में बुझ गई शाम
कोसिका तट के इस निठट्ठ गाँव में
बुझ गई शाम!

[सन्निपात-3, 1972]

अभिलाषा*

तेरे खून में हैं विद्यापति, तेरे प्राण में हैं मंडन
हे किशोर, मिथिला के बच्चो, करना न कभी इस सच का खंडन।
रहो देश में, या विदेश में, रखना किन्तु ये आदर्श-स्मरण
याज्ञवल्क्य-जनक की मिट्टी से न टूटे कभी प्रेम बन्धन
तेरे खून में हैं सरस्वती, तेरे प्राण में हैं जानकी
हे कन्ये, मिथिला की बच्चियो, ऐसी परम्परा कोई क्या पाएगा
रहो देश में, या विदेश में, रखना किन्तु ये आदर्श-स्मरण
मैत्रेयी-गार्गी-लखिमा की मिट्टी का तुम भूल न जाना श्रद्धा बन्धन
अपने गाँव, घर, देश की मिट्टी, अपने कंठ की भाषा
इन सबका हो उत्थान—यही मात्र है—सर्वोच्च अभिलाषा

[बटुक, शतांक, अप्रैल, 1983]

* 'अभिलाषा', 'क्या थे क्या नहीं थे विद्यापति', 'वही मिथिला', 'बहीखाता' *तथा* 'एक प्रेम कविता'—*ये पाँचों मैथिली कविताएँ अभी तक कहीं संकलित नहीं हुईं। अन्तिम दो कविताएँ तो अब तक अप्रकाशित थीं।* —**सं.**

क्या थे, क्या नहीं थे विद्यापति

लखिमा ठकुराइन थीं
राजरानी राधा
उनके रास-अभिलास में

राजा शिवसिंह रूपनरायन ने
नहीं डाली बाधा
मगर क्या थे विद्यापति
कवि, अथवा
मात्र एक रसिक प्रेमी
जिन्होंने गाया परकीया शृंगार?
जिन्होंने मिथिला को, और कविता को
दिया केवल
अभिसार का, रंग का, संग का
अदग्ध उपहार?

कौन थे विद्यापति-कवि
कौन थीं
उनकी प्रेमकामिनी राधा
क्यों नहीं डाली कोई बाधा
शिवसिंह रूपनरायन ने
जिनके विलास का किया गान
कवि विद्यापति ने?
क्या थे विद्यापति–
केवल कवि?
या मात्र रसिक प्रेमी,
प्रेमाकुल भ्रमर
मतिअन्ध
मतंग पराग-रस निद्रा में
नयन निमीलित...
मधु-गान

वैष्णव नहीं थे?
क्या कहा गया,
कि विद्यापति नहीं थे
देशभक्त सैनिक
शाक्त, उपासक?
क्या गंगा उन्हीं के कहने पर

बहाव छोड़कर
बाजितपुर नहीं आईं?
क्या उन्हीं के सेवक नहीं थे
स्वयं शंकर औघड़दानी?

नहीं थे विद्यापति कुछ और!
केवल कवि थे
कविकोकिल
कवि अपना गीत कभी नहीं गाता है
कवि औरों के दुख-सुख
औरों के अन्तःपुर
उपवन, जीवन-यौवन में
सतत काल रमता रहता है—
विद्यापति कवि थे
केवल कवि,
नहीं थे सन्त शिरोमणि
नहीं थे अन्धे-बौड़म?
क्षेपक इतना ही
कि कवि, रसिक प्रेमी रहता ही है
कविता लिखने की लालसा में
किसी रसप्रिया का स्वप्न वह
अपने प्राण में सहता ही है

क्षेपक इतना ही ...
कि कवि विद्यापति कवि थे
भूपति थे शिवसिंह
और, लखिमा नहीं थीं
कवि के हृदय में
रसिक प्रेमी के हृदय में

वही मिथिला?

आम्र वृक्षों के सुरभित कानन में
कोकिल की पंचम स्वर-लहरी में
छोटे-छोटे घर से भरे गाँवों में
कितनी
जीवन की तृप्ति
सन्तोष
पूर्णश्री
निश्छल मुस्कान
आनन्द का लहराता सागर
कभी पग-पायल की आवृत्ति
पानी भरती पनभरनी का यौवनमय आँचल
मैथिल ग्राम-वधू का पूर्ण चन्द्रमुख
गली में खेलते बालकों की किलकारी
आम्र-मंजरी का नूतन सौरभ
और कभी
ग्राम-गीत का स्वर–
    'सुतल छलहुँ हम घरबा रे
    गरबा मोतिहार!'
  और इन सबके साथ
सौम्य, शान्त, तृप्त
मैथिल, मैथिलों का देस मिथिला

किन्तु आज सब क्रियाहीन
सब शिथिल पड़े हैं
सब तहस-नहस
सब श्रीसुख समाप्त हो गया
न दरभंगा के राजमहल में सुख
न पुण्य-पाप, सुख-दुख में शान्ति!
क्षय हो गई कविता, क्षय हो गए गीत
रह गया केवल सुखद अतीत!
कोसी की धारा में रक्त

कोकिला की तान में रक्त
आम के वृक्षों में रक्त
चारों ओर मृत्यु का तांडव
बाढ़—रक्तपात—भूख
हाहाकार—स्वार्थपरता—अकाल
और होंठों पर एक वाक्य—
'खाएब की? पहिरब की?'
(खाऊँगा क्या? पहनूँगा क्या?)

और यही खाने को
मैथिल—
घोड़ा बनकर दौड़ा रोटी के लिए
भेड़ा बनकर कटा पैसे के लिए
गदहा बनकर लादा गया वस्त्रों के लिए
और तब भी
अभावग्रस्त मैथिल—
कुत्ता बनकर भौंक रहा है!

यज्ञस्तूप जलकर
मिल की चिमनी हो गया
वेद-ग्रन्थ हुए
डेबिट-क्रेडिट रजिस्टर
तपोवन हो गया कास का जंगल
मैथिल ब्राह्मण पूजा क्या करे
करने लगा सेठ-बनियों की खुशामद
राजर्षि जनक भीख माँगने चले
परशुराम को किरानीगीरी करनी पड़ी
विवर्ण मैथिलत्व की
मर्यादा समाप्त हो गई
सीता-सावित्री टेनिस खेलने लगीं
लखिमा ठकुराइन सिनेमा देखने चलीं
गार्गी रिक्शा चढ़कर कालिज को रवाना हुईं
और

विद्यापति ने आँगन में बैठकर शुरू किया
भात पकाना और बच्चा खेलाना!

किन्तु
कभी-कभी दिखता है मिथिला के प्राणों में स्पन्दन
नाड़ी में गति, आँखों में ज्योति
जीवन का गतिशील प्रवाह!
मैथिल महासभा में
बड़ी-बड़ी पगड़ी बाँधे
पान की गिल्लौरी दाबे
मुरेठा बाँधे
कुशाग्र पंडित, उद्‌भट विद्वान!
देते हैं धाराप्रवाह वक्तृता
मिथिला का गुणगान करते हुए
विद्यापति का नाम लेते
और वही
जाति-व्यवस्था का वर्णन करते
जो राजा हरिसिंह द्वारा हुई निर्मित!
और चिंचियाते हुए--
विवाह में धन नहीं लें
भूमिहार को अपनी बेटी नहीं दें
और हिन्दू-कोड का विरोध करें
और मैथिल मात्र को अपनाएँ
अपना जाति-गौरव ध्यान में रखें!
किन्तु, ये सब
मैथिल महासभा तक ही
और वक्तृता तक ही
उसके बाद तो पुनः
चलने लगता है
पहले जैसा ही जीवन
वही सौराठ सभा की घटकैती
जिसके अतीत के महान गीत
गूँजित हैं हिमालय के शिखर-शिखर पर

वही मिथिला
जहाँ पर कभी राजर्षि जनक की
समदर्शी साधना का दीपक जला
जहाँ पर कभी महारानी सीता के
पतिव्रत का कुसुम प्रस्फुटित हुआ
जहाँ पर कभी ब्राह्मण-राज परशुराम के
महास्त्र परशु की रक्तमय धार चमकी
जहाँ पर कभी महर्षि याज्ञवल्क्य का
गम्भीर वेदान्त-दर्शन प्रचारित हुआ
जहाँ कभी महापंडित मंडन की
विद्वता ने जग को विस्मित कर दिया
जहाँ कभी विदुषी भारती ने
शंकराचार्य को पराजित कर दिया—
वही मिथिला?...

सँभल जाएँ साहित्य के भीष्म पितामह

सँभल जाएँ साहित्य के भीष्म पितामह
सावधान हो जाएँ
साँस रोककर शर-शय्या पर सोए रहने के बहानों से
चल न सकेगा काम—

(सोए हुए हैं नंगे, शर्म तक नहीं आती?)
क्योंकि कृष्ण के रथ पर चढ़े
आ रहे हैं अर्जुन गांडीव चढ़ाए, कुपित, बढ़े
साहित्य के अर्जुन, नए लेखक
नवजीवन के, जनजीवन के अग्रदूत,
जोला, तॉलस्तॉय, बॉल्जाक और शरच्चन्द्र के भूत...
विद्यापति के गीत..
या फिर सरस शब्द उपमा से सजल सुहागन कविता
कामिनी की पदध्वनि, नूपुर ध्वनि से मुखरित स्वर-सरिता
या कि चिता के मेघ की ललित कल्पना

साहित्य के आँगन में भाव की भव्य अल्पना
हे मिथिले ललाम
हे माँ मिथिले, अन्तिम प्रणाम
कटु-क्रन्दन या फिर पलायन
या कि मधु-स्वर में मधुर-मधुर गायन
पवन-रथ पर बादल आया
कवि का रसिक मन घायल हो आया
सावन भादों की अँगराई
या सरस्वती के मुख पर लिपी-पुती कीचड़-काई...
इन सबके दिन लद गए
रक्तस्राव से भींग गई है साहित्य की साड़ी
नग्न सत्य की माँग कर रहा अधुनातन युग
काव्य सुधा या कोमल मधुर कथा नहीं...
अग्नि चाहिए इस नवयुग को
करे भस्म जो रूढ़ि पुरातन, नियम सनातन
और
साहित्य के आसन पर
सत्य के सिंहासन पर
जो बैठाए
अशोक वाटिका में रोती सीता को नहीं
वृद्ध पति के बीभत्स आलिंगन में बँधी 'पारो' को नहीं
'बुच्ची दाई' जैसी मूक, पददलिता नारी को नहीं
'शेफाली' मुक्तिवती, विद्रोहवती को...
सँभल जाएँ साहित्य के वृद्ध पितामह
छोड़ दें महाभारत के सेनापति की गद्दी का मोह
बज उठा है पाँचजन्य
आ गया है नव साहित्य का प्रतिनिधि अर्जुन
नवयुग का निर्माता
मिथिला का भाग्य विधाता...
हे भीष्म-पितामह
त्यागिए असत्य, अन्याय का पक्ष
नींद से जग चुकी है जनता लक्ष-लक्ष

'वैदेही' में प्रकाशित, मूल मैथिली से सम्पादक द्वारा अनूदित –सं.

एक प्रेम-कविता*

देर रात बीतने पर
फूल-पत्ते भींगने पर
मगर, चाँद निकलने से काफी पहले
कोई म्लान-मुख स्त्री, अनजान
मेरे हृदय में
किंवा अपनी आँखों में
किंवा अथाह समुद्र की तरह फैले
आकाश में–
तलाश रही है अपना अतीत
कोई म्लान-मुख स्त्री
अनजान
देर रात बीतने पर
फूल-पत्ते भींगने पर
मगर, कच्चे सपनों में
वसन्त-बहार नहीं

*'आगत वसन्त के प्रति दो प्रेम-कविताएँ' *में कुछ ऐसी ही पंक्तियाँ हैं। –सं.*

बही-खाता

इस खाते पर मैं घिसता हूँ
संसार के सारे हिसाब
इस खाते पर मैं सतत घिसता हूँ
अपने कर्म-अपकर्म की
काली किताब!

जो कुछ किया है पाप-धर्म
जो कुछ जाना है जीवन-रहस्य और प्राण-मर्म
जो कुछ जाना है प्राण-मर्म
जो कुछ किया है पाप-धर्म
सारा अंकित है इस लाल बही में–

इस लाल बही में सारी इच्छाएँ, समग्र वासनाएँ
जो जितना है जिससे लेन-देन
जो भी रखा है स्नेह-प्रेम
सारा दर्ज हुआ पड़ा है
सब कुछ दर्ज है इस लाल बही में!
किससे क्या-क्या लिया है
मैं सतत
स्नेह-दया, माया-ममता, घृणा-क्रोध
किसको क्या करना है ऋण का शोध
इतने दिनों में किस पर
कितने कर्ज हुए हैं—
सब दर्ज हुआ पड़ा है इस लाल बही में!

कविता लिखने की यह लाल बही
है मेरा जीवन-खाता
मेरे ही सारे अपराध, ज्ञान, अनुभव,
मोह-लोभ, सन्ताप-पराभव
इच्छा-अभिलाषा से लिपे-पुते
हैं इसके सारे पृष्ठ—
यह मेरी लाल बही है जीवन-खाता
जीवन-खाता!

मित्रलाभ

अभाव अनाहार में और कुछ न भी पाएँ
कोई न कोई मित्र अवश्य पा जाएँगे किसी चाय दुकान पर
साथ बैठकर वह पीएगा चाय सुनाएगा कोई कविता
कोई प्रेमकथा, कोई प्रकृति गीत
खाएगा साथ-साथ स्नेह में पीले मगही पान
छोड़ेगा अनुरोध की तरकश से शब्दवेधी बाण

अभाव अनाहार में और कुछ न भी पाएँ
मित्र अवश्य पा जाएँगे जो देगा उपदेश

देगा उपदेश कि फूलबाबू, मुँह पर लगा लीजिए बन्धन
कीजिए मत किसी से कोई अन-बन
फागुन में मल्हार मत गाइए

अभाव अनाहार में और कुछ न भी पाएँ
मित्र अवश्य पा जाएँगे किसी चाय दुकान पर
कलम लिए कान पर

चेतना मूल

इस वक्त, इस स्वप्न क्षण में
उल्टी ही घूम रही है प्रकृति
जीवन के उपरान्त अब रहा नहीं मरण
मरण के उपरान्त ही मुझे प्राप्त हुआ है स्वप्न क्षण
फिर दोष क्या अब मरण में
इस स्वप्न के क्षण में
उल्टी ही घूम रही है कविप्रिया प्राणाधिका प्रकृति
उल्टी ही घूम रही है कविता रसनिधि
यह जंगल, यह खेत, यह महानगर
मेरी सोई हुई-सी आँखों में नदी और साँवरी
अन्तस्तल में फैला यह काला सागर
चतुर्दिक व्याप्त यह कलुषचन्द्रिका
यह मरीचिका
पापवश मूर्च्छित रात
जिसका कभी न होगा प्रात

सब उल्टे ही घूम रहा है गाता हुआ मरण का गान
उल्टे ही घूम रहा है गगन, गगन में पीला चाँद
किसी काले पत्थर को चूम रहा है
गाता हुआ मरण का गान उल्टे झूम रहा है
और मैं अपनी चेतना में तल्लीन परम विस्मृत
इच्छा की टूटी-फूटी नाव पर बैठा थाह रहा हूँ

अपने ही अन्तःपुर का अथाह काला सागर
मैं अपनी चेतना में तल्लीन परम विस्मृत
मैं एकाकी, किसी गाछ पर कोई नहीं परिचित पाखी
मैं एकाकी, इस अन्धकार में कोई प्रकाश नहीं
मैं एकाकी
ऐसा एकाकी कि मिलता नहीं स्नेह का कोई ठोस तत्त्व
न ही कोई प्रकाश
बस अपने ही अन्तःपुर का अथाह काला सागर
क्षत-विक्षत मेरे हृदय में इच्छा-सी समुद्री नाव
उस पार क्या है कुछ मालूम नहीं
उस पार कौन कर रहा है मात्र मेरी ही प्रतीक्षा
मुझे सूझा नहीं कभी उसका नाम
जिसके अभाव में जिसकी अकारण अनुपस्थिति में यह महानगर है जंगल
यह नदी अब रह गई है मात्र रक्तस्लथ जल
पूरा-संसार बना हुआ है महाश्मशान
जिसके अकारण अभाव में
नहीं होती है प्रकृति में तनिक भी प्रतिक्रिया
जिसके मार्मिक प्रभाव में कवि प्रिया
भूल गई है अभिसार का कुंज भवन
मेरा बौड़म मन किसी भूखे कीट की मानिन्द सतत क्रोधित
क्षत-विक्षत करता है
अपना चेतना-मूल
नहीं रह जाता है प्राण उपवन में एक भी फूल
जिसे चढ़ाया जाए स्वप्न देवता को
एक बार फिर रूप-मन्दिर में चढ़ाया जाए पूजा का फूल
एक भी फूल नहीं है उपवन में इस स्वप्न-क्षण में
उल्टे ही घूम रहा है गगन में पीला चाँद
गाता हुआ मरण का गान
अन्धकार के काले सागर में अकस्मात डूब गया
पापवश मूर्च्छित रात का मलिन गात छूत गया

उल्टे ही घूम रहा है
इस जीवन के उपरान्त अब रहा नहीं मरण
मरण के उपरान्त ही प्राप्त हुआ है मुझे जीवन

प्राण मीत

लाल-पीली साड़ी पहन कर जब मेरी सातों बहनें गई थीं उनके समीप
शाम को आरती के समय
गाया था कौन-सा गीत, कितने गीत
सुन्दर
उनकी ही जैसी सुन्दर मेरे प्राण मीत
गाया था कौन-सा गीत, कितने गीत

ऐन उसी वक्त मेरी समझ में आया
कितना स्नेह है उनसे
मात्र उन्हीं से मुझको
तभी समझ में आया
कैसे अमृत से भरा है यह भादों का डबरा
महानवमी की रक्ताभ प्रभात में हम तीन व्यक्तिहीरा, दिनकर और मैं
काल रात्रि की चक्र-पूजा से वापस आ रहे थे अपने आँगन
चारों ओर फैले उस हरे अन्धकार में दमक रहा था उजला चाँद
चाँद नहीं था पर चाँदनी फैली थी
इतना निर्मल था मेरा मन

तभी मुझे दिखा कि वे खड़ी हैं
पूरब दिशा में क्षितिज की छोड़ पर जैसे चमकने लगा
लक्ष-सहस्र बालसूर्य मेरी देह की पोर-पोर में

तभी मेरी समझ में आया
कितना स्नेह है उनसे मुझको
सम्भवतः बारह वर्ष उपरान्त पहली बार मैं गया था उनके समीप
बाट-घाट पर ऊँघना आसिन की साँझ
कोने में दीप्त कोई एकाकी प्रदीप
उनके समक्ष उन्हीं से सुनने हेतु कोई उपालम्भ कोई उपराग
मैं चुपचाप खड़ा हूँ
ताक रहा हूँ उनकी अधमूँदी आँखों में एकान्त अनुराग
पर वे कुछ नहीं बोलती हैं
मन ही मन वे मेरे विरोध में क्या-क्या तोलती हैं

कोई उत्तर नहीं कोई सवाल नहीं
पूछा तक मुझसे कोई संसार का हाल-चाल नहीं
कितना भय हो उठा था, कितना भय हो उठा था

तभी मेरे सुनने में आया वे बोल रही हैं
अब यहीं रहिए
बहुत थके हैं, थके-माँदे हैं
इसी गाँव में रहिए
तभी मेरी समझ में आया
कितना स्नेह है उनसे मात्र उन्हीं से मुझको
अब प्रेम के लिए, कविता के लिए

प्रतीक्षा

गाँव से विदा होते समय आपने कहा था
देह पर रखिएगा ध्यान
नित्य नियमित नहीं कीजिएगा इस जाड़े में गंगा स्नान

* *राजकमल चौधरी के देहावसान के बाद आकाशवाणी, पटना द्वारा आयोजित एक कार्यक्रम में मैथिली में ध्वन्यांकित उनकी तीन मैथिली कविताएँ पुनःप्रसारित हुईं; साथ ही डॉ. गंगेश गुंजन ने शशिकान्ता चौधरी से बातचीत भी की। मूल मैथिली से इन कविताओं का अनुवाद देवशंकर नवीन ने किया। —सं.*

हिन्दी कविताएँ

जिन कविताओं की रचना-तिथि अथवा प्रकाशन-तिथि प्राप्त नहीं हो सकी, उन्हें सबसे पहले दिया जा रहा है। उसके बाद उपलब्ध जानकारी के अनुसार रचना-तिथि अथवा प्रकाशन-तिथि के क्रम से कविताएँ संकलित हैं। **–सं.**

राजकमल चौधरी द्वारा नीब वाली कलम से बनाया गया स्केच

एक मुक्तक

मुझे दुख है
मैं दुनिया के लिए ज्यादा से ज्यादा से ज्यादा
मगर तुम्हारे लिए बहुत कम
लिखता हूँ
मुझे दुख है
मुझे सुख है
मैं आदमी हूँ ज्यादा से ज्यादा शतरंज का प्यादा
और कवि बहुत कम बहुत कम
दिखता हूँ*

* *पुराने समय के सेठों, जमींदारों के मुनीम लोग जिस तरह की लाल बही में लेन-देन का हिसाब करते थे, वैसी ही कम चौड़ाई वाली लम्बी बही है; पीले कागज एवं लाल कपड़े की जिल्द वाली। उस बही में हिन्दी की कुछ कविताएँ हैं :* 'एक मुक्तक', 'सन्ध्याराग', 'मेरी कमीज के अन्दर', 'बेदाग दरपन', 'मरे हुए सिपाही की मरी हुई बीवी', 'तहखाना', 'तिहाई-1', 'तिहाई-2', 'ऋतु-चित्र : ग्रीष्म', 'ऋतु-चित्र : वर्षा', 'एक तुलनात्मक अध्ययन', 'तिहाई-3', 'आधी रात के उपरान्त एक रसिक स्त्री' *।* इसके अलावा इसमें मैथिली की तीन कविताएँ हैं—बही-खाता, कवि परिचय, एकटा प्रेम-कविता। **—सं.**

सन्ध्याराग

शाम हुई
दफ्तर से लौटती हर एक सरकारी बस
यों ही बस गुलफाम हुई
घास की झाड़ियाँ झिलमिलाईं पार्क के किनारे

चन्द लड़कियाँ अपनी धुली सलवारें
उतार कर बाथरूम आ गईं
साइकिलों पर भागते हुए शहरी कौवों की बुश्शर्टें
नीले पसीने में नहा गईं
ठाकुर की बीवी से माथुर की बीवी ने कहा :
छज्जे पर पड़ोसी बिल्लियों के गीत
गुनगुनाओ मत
माथुर की बीवी से ठाकुर की बीवी ने कहा :
बन्द कमरे की उमस में रतन-धन
इस तरह लुटाओ मत
आदमी टाई खोलता है पीने के लिए दवा
औरत नीचे झुकती है स्टोव में
भरने के लिए हवा...

मेरी कमीज के अन्दर

मेरी कमीज के अन्दर अपना बायाँ हाथ डालकर
वह बूढ़ी औरत
अपनी लिपस्टिक की खोई हुई लाल डिबिया
तलाश रही है एक अरसे से

एक अरसे से मेरी कमीज के अन्दर बैठा हुआ
एक बूढ़ा बन्दर
उस बूढ़ी औरत का चेहरा नोच रहा है
हाथ-पाँव के पाँचों पंजों से

बेदाग दरपन

पहने हुए सारे कपड़े उतार कर तुमं बन जाती हो
बेदाग दरपन
तुम बन जाती हो कमरे में फैला हुआ
नीलापन
मगर, इसके बाद ही बत्तियाँ बुझा देती हो चुपचाप
अँधेरे में ही गूँजता रहे आसक्त
देह का आलाप
अँधेरे में ही मेरा नंगापन बन जाता है
तुम्हारा भी दग्ध नंगापन
अँधेरे में ही टूटता है उजाले में जुड़ जाने के लिए
बेदाग दरपन
मेरा नीलापन है तुम्हारा भी नीलापन
किन्तु, लज्जा तुम्हारी केवल तुम्हारी है
शायद, यह दो हजार वर्षों की अभ्यस्त आतंकित
लाचारी है
अँधेरे में भी तुम्हें उजाले की बीमारी है

* 'अपनी ही बीवी के लिए' *तथा* 'अपनी पत्नी के लिए जैसे एक छन्द' *कविता में कुछ ऐसी पंक्तियाँ हैं। —सं.*

मरे हुए सिपाही की मरी हुई बीवी...

अपने ही घर के दरवाजे पर मरती हुई एक औरत
चुपचाप खड़ी रहती है
गुस्से में भरी हुई
रक्तश्लथ क्रास के पाँवों पर मैग्दलीन की तरह
जड़ी हुई
उसके सिले हुए होंठों पर, भूरी बरौनियों पर
आँखों की स्याह दरारों में
एक पीला कीड़ा रेंगता रहता है...

उसके इर्द-गिर्द
पंख फड़फड़ाते हैं आकाशवाणी-समाचारों के
घायल पंछी लगातार
उसके इर्द-गिर्द फिर भी केवल सन्नाटा
केवल सन्नाटे की अन्धी दीवार
अपने ही घर के दरवाजे पर वह मरी हुई औरत
सन्नाटे के कब्रगाह में
डूब गई है

लेकिन, अब भी उसके सीधे-सपाट चेहरे,
तनी हुई गरदन,
जख्मी आँखों, खुले हुए गोलाम्बर स्तनों पर
धूप उजागर होती है।
उसके चौड़े कन्धों पर ही अब भी
रुकी हुई है
यह धरती, यह पूरा का पूरा आसमान
उसकी ही नंगी जाँघों पर
हम आरोपित करते हैं ईसा मसीह का क्रास
उसके ही नंगे सीने पर
हम लिखते हैं अपना सारा संविधान
यह पूरी धरती,
पूरा का पूरा आसमान
उसकी ही बाँहों में बँधा हुआ है

तहखाना

यह बन्द तहखाना अपनी देह पर मुझे
सहना होगा
एक अश्लील झूठ बनकर, देर तक
यहीं रहना होगा

अपने गाँव की नदी का नाम भूल जाऊँगा

बीती हुई रात की गली में
लौट नहीं पाऊँगा
परायी कब्रगाह में थका हुआ सोया रह जाऊँगा
सुबह के अखबार मुझे नहीं सुनाएँगे
कोई नई बात
सिर्फ धुआँ सिर्फ धुआँ सिर्फ धुआँ फैला रह जाएगा
अब कोई नहीं आएगा
इस तहखाने में कोई नहीं आएगा
धुआँ रह जाएगा
अफवाहों और चूहों से भर आएगा, फिर भी
यह आदिम तहखाना
रोती हुई मेरे घुटनों पर सिर पटकेगी रात
इसके सिवा कोई नई बात
कभी नहीं होगी
नहीं अखबारों में
और नहीं तहखाने की पथरीली दीवारों में

अफवाहों की कविता और कविता की अफवाहें
कैसे बना पाएँगी
इस तहखाने से किसी भूले हुए गाँव की
भूली हुई राहें
कैसे बना पाएँगी मुझे कुछ पता नहीं
एक अश्लील झूठ बन कर भी
जीवित रहने की इच्छा तो इच्छा है,
सिर्फ कोई खता नहीं

तिहाई-1

1. कविता नहीं लिखने से सरल है
   कविता लिखना
2. प्रवृत्ति आदमी को अपनी इन्द्रधनुषी चमक से
   करती है स्वाभाविक जाज्वल्य

3. उजाले में अपने आप को नहीं देख पाने से
अधिक सहज है
अँधेरे में दिखना...

तिहाई-2

1. स्त्रियाँ अपने घुटनों की मैल और पीठ पर
पसीने की बात कहती हैं
और, कहती चली जाती हैं, सुबह तक
2. पुरुष दफ्तर को मन्दिर और मन्दिर को
सिनेमाघर और
सिनेमाघर को अस्पताल और अस्पताल को
अदालत समझकर शाम को
घर चले आते हैं
3. स्त्रियाँ अपने पुरुषों की नींद और
सायरनी खर्राटे सहती हैं
और, सहती चली आती हैं, सुबह तक

ऋतु-चित्र : ग्रीष्म

नीलम के उल्टे प्याले में पिघल रहा है
नील-रतन
झुकती हैं चारों दीवारें
आठों खम्भे हिलते हैं
तस्वीरों को धुँधला करता है मकड़ी-जाल
रैक पर लगी किताबें
नीचे गिर कर फर्श तोड़ने लगती हैं
चुपचाप दोपहर का सन्नाटा
खाली फूलदान में
टूट-बिखर जाता है

एक अदद छिपकिली देर तक पीछा करती है
छत से चिपके हुए कीड़ों का...

लेकिन, वह काली बिल्ली अपनी आँखें
बन्द किए
नीलम के उल्टे प्याले में झुकी हुई
वह रतन चाटती रहती है
सारी दोपहर...

ऋतु-चित्र : वर्षा

गोमती-स्टीमर की नंगी छत पर बैठे हुए थे
वे दोनों, आसपास
पत्नी सतरंगी छतरी की तरह तनी हुई
पति रेनकोट की तरह
अपनी साइज से बहुत ज्यादा बड़ा
वे दोनों आसपास बैठे थे
वर्षा होने से पहले...
वर्षा होने लगी तो पत्नी छतरी के नीचे
दुबककर जासूसी किताब पढ़ने लगी
और, पति रेनकोट ओढ़कर स्टॉल पर
चाय पीने चला गया...

एक तुलनात्मक अध्ययन

जीवित पुरुष अपनी लाश से ज्यादा
खूबसूरत होता है
अपनी लाश से ज्यादा बदसूरत होती है
जीवित स्त्री

क्योंकि,
स्त्री जीने के क्षणों में मर जाती है
और, पुरुष मरने के क्षणों में
जीने लगता है

तिहाई-3

1. दोपहर में साहब घर के अन्दर नहीं रहते
   दोपहर में घर साहब के
   अन्दर रहता है
2. क्योंकि मेमसाहब दोपहर में घर के अन्दर
   रहती हैं
   क्योंकि घर दोपहर में मेमसाहब के
   अन्दर नहीं रहता है
3. क्योंकि साहब और मेमसाहब के अन्दर
   दोपहर में
   एक ही बन्दर रहता है

आधी रात के उपरान्त एक रसिक स्त्री

आधी रात के उपरान्त
एक रसिक स्त्री
टूटे हुए स्तूपों में अपना भविष्य
ढूँढ़ती है;
जैसे समय एक दुखदायी रहस्य हो
अन्तरंग की तरह!

प्राप्त नहीं होता है रसिक स्त्री को
अपना भविष्य।

क्योंकि,
भविष्य एक मन्दिर है विग्रहविहीन;
वहाँ विगत को
स्थापित करने का आग्रह
सम्भव नहीं है;
यहाँ सम्भव नहीं है कविता,
इस स्थान-पात्र में!

अपनी पत्नी के लिए जैसे एक छन्द*

तुम्हारे उतारे गए कपड़ों से ढक जाता है पूरा दरपन
यह नीली रोशनी अब तक बहुत क्वारी है
तुम्हारा यह नंगापन है मेरा भी सारा नंगापन
लज्जा तुम्हारी किन्तु, केवल तुम्हारी है

* 'बेदाग दरपन', 'अपनी ही पत्नी के प्रति' *तथा* 'अपनी ही बीवी के लिए' *कविता में भी कुछ ऐसी ही पंक्तियाँ हैं।* –सं.

अब कभी कोई शब्द नहीं

अब कभी कोई शब्द नहीं प्रतिध्वनित। केवल एक-दूसरे पर प्रक्षेपित
प्रतिध्वनि नहीं–प्रक्षेप! और, आशंकाओं का
समाप्त हो जाना...और, आशंकाओं का धूल पर, हवा पर, पत्थर पर
समाप्त हो जाना...

नहीं, आज की शाम हम उदास रहें, हँसें नहीं।
खिड़की पर पाँव डाले हुए खड़े रहें, सुनते रहें बाहर की भीड़;
सुनते रहें बाहर की छायाएँ...यानी, वे पेड़
जो अँधेरे में उगते हैं, और गलियों को
बीमार तवायफ बना देते हैं। हम

नहीं मिले हैं आज आखिरी बार। पहली बार भी नहीं। लेकिन,
तुम कह ही दो–मुझे पसन्द नहीं हैं ये पेड़, ये छायाएँ

नहीं पसन्द है आशंकाओं का (अथवा, भय का) अब भी
बिछी हुई घास पर समाप्त हो जाना!
इतना तुम कह ही दो कि हम प्रक्षेपित हों,
एक-दूसरे की छायाओं को ढक लें
मौन। प्रतिध्वनित नहीं हों
बार-बार वे ही शब्द प्रतिध्वनित नहीं हों...
रेखागणित में बँधा हुआ, सीमायित रति-प्रसंग, और
टाइपराइटर पर ढुलकते हुए श्रीहीन अश्रुकण
धीमी आवाजें, धीमे-धीमे चलना-फिरना, और
वही नाटक बार-बार दुहराना!
स्टेज काफी लम्बा है, चहलकदमी करो
चहलकदमी करो...
शायद कोई शब्द इधर आ जाए!

[पूर्वी पुतियारी, कलकत्ता-33]

अब कोई समझौता नहीं!

अपनी सरजमीन, और अपनी स्वाधीनता के लिए,
नहीं लड़ती हैं सिर्फ, हमारी सैनिक टुकड़ियाँ;
अपनी सीमाओं में, अपने इलाकों में,
हम सभी लड़ते हैं—हम सभी नागरिक
संकट की इस घड़ी में
अपने घड़ों में, दफ्तरों-कारखानों में
बन गए हैं सैनिक!
नहीं लड़ती हैं सिर्फ, हमारी सैनिक टुकड़ियाँ,
हम सभी लड़ते हैं!
हमारी फौजें हमारी बाँहें हैं, हमारे
शत्रु-विध्वंसक बमवार जहाज हमारे पंख
हमारा नेतृत्व है हमारी आँखें
दिशाओं में, विदिशाओं में अब गूँजती है हमारी
रणभेरी, हमारा वज्रघोष शंख!
अपनी सरजमीं, और अपनी स्वाधीनता के लिए

अपने देश-सम्मान, अपनी संस्कृति सभ्यता के लिए
हम सभी लड़ते हैं,
अपनी सीमाओं में, अपने इलाकों में!
हमारी फौजें हमारी बाँहें हैं,
हमारे सीमा-रक्षक बमवार जहाज हमारे पंख!
हम सभी लड़ते हैं,
और, आखिरी बार तय करते हैं,
कि अब कागजी समझौते नहीं हमलावरों के साथ
अब कागजी समझौते नहीं,
टूट नहीं जाते हैं जब तक, एशियाई तानाशाहों के,

जंगी सरदारों के खून-भरे हाथ!
अपने समझौते नहीं हमलावरों के साथ!

अमृत-तीर्थों की अभिशप्त यात्रिणी

अमृत अब कहीं भी प्राप्य है, मुझे ज्ञात नहीं।
मृग मंत्रमुग्ध हूँ; ध्वनि-पथ पर जाना ही होता है...
तामसी हूँ निश्चय। किन्तु, सात्त्विक वेश नहीं है निरर्थक।

भाग्य होगा तो हो जाऊँगी कहीं समर्थ सार्थक।
रति-संयति नहीं, वेदना तो देता ही है अमृत-वन अभिसार
तीव्र आत्मपीड़ा ही है मुझ यात्रिणी की अंगीकार।

केवल अनुरोध है, मत बनो प्रतिहारी पर्वत पथ-बाधक।

प्रशस्त राजपथ मेरे लिए नहीं है, मेरी कथा गाओ नहीं
तिमिरवसना हूँ, किरणायित करने को निकट आओ नहीं।

अनुकूल नहीं हैं पवन, हंस-नौका भँवर में डूबेगी
वस्तु-मोह से या भावबोध से ऊब गई है पराजित आत्मा
ज्ञात नहीं है, यह सागर कहाँ ले जाता है मुझको।

अस्वीकार

पतझर। डूबी हुई शाम। बन्द कमरे में कैद आसमान।
नीम-बेहोश दरख्तों के तले, याद के साये में
तुम मुझे बुलाते हो।

इर्द-गिर्द हर चीज पर बेपनाह मुर्दनी छाई है
सूखे पत्तों में चीखती है आवारा भिखारिन-सी हवा
बेगुनाह आँखें सींकचों से झाँकती हैं
और गलियों के अन्दर गलियाँ हैं, और गलियाँ हैं
और चेहरों के अन्दर चेहरे...
मगर, तुम्हारे ओठों पर बड़ी मासूम तिश्नगी है
कुछ पता नहीं है,

मुझे घेरे हुए कटीले बाड़ों का तुम्हें कुछ पता नहीं है
तुम बेखबर हो (जैसे रुकोगे नहीं, चले जाओगे,
बस, रहगुजर हो!) और,
पता करके परेशान नहीं होना है। क्यों होगे?
बहुत करोगे एक सयासी गीत लिख दोगे...
मुझे तुम पर दया आती है। और क्या आए?
प्यार कभी आता था...

काठ के पाँव...बैसाखियाँ...
रेशमी आँचल पर लहू के दाग, और चूड़ियों के टुकड़े,
और, चन्द अनपढ़ी किताबें ताजा,
और, टूटी हुई कब्रों से भागी हुई आवारा औरतों की लाशें,

मान लिया; तुम्हारी हस्ती है मिस्र का पिरामिड...
मगर, मैं अकेली 'ममी' नहीं हूँ।
हर एक आँगन सलीब के दरख्तों वाला जंगल है
हर एक आँगन मरुथल है,
मसीहा को एक बूँद पानी नहीं मिलता है।

वक्त को अपना हमसफर कहते थे तुम! कहाँ है वक्त?
बुलाओगे?
या, खुद भी बीते हुए लम्हों के पास लौट जाओगे?

पतझर। डूबी हुई शाम। बन्द आँखों में एक पूरी दुनिया।
नीम बेहोश दरख़्तों के तले, प्यार के साए में
तुम मुझे बुलाते हो। सुनो,
मैं नहीं आऊँगी...
सूरज कहीं सोया है। किरनें कहीं खोई हैं।
कहीं और चली जाऊँगी।

[यह कविता 'लहर' मासिक-पत्र फरवरी, 1960 में 'शशि चौधरी' के नाम से प्रकाशित हुई थी। —रा.क.चौधरी]

* *राजकमल चौधरी की हस्तलिपि में यह कविता इस टिप्पणी के साथ प्राप्त हुई।* —सं.

आजाद-तबीयत बीवी के साथ रहते हुए

वह अँधेरे को तैर जाने की कोशिश करता हुआ
शायद, डूबता जा रहा था।
शायद, देख रहा था कि घर उसी का है
उसी के बोए हुए सपनों का बाग
अनमाँगे ज्वार में बहता जा रहा है।
उसी की रोशनी है
खड़े हैं जिसके इर्द-गिर्द अजनबी चेहरे, सुलगती हुई आँखें
और, गाया जा रहा है सामूहिक गान
जो उसी ने रचा था
और, चल रहा है तेज लय-ताल पर पुरशोर नाच
जो उसी ने कभी तय किया था।
और,
अँधेरे को तैर जाने की कोशिश करता हुआ
वह डूबता जा रहा था
अपने घर में
अपनी रोशनी में...

सिर्फ वही नहीं, उसके साथ रहता हुआ हर आदमी
जो सुबह दफ्तर जाता था, और देर से लौटकर
अँधेरे में डूबा हुआ घर पाता था।

[पूर्वी पुतियारी, कलकत्ता-33]

ईडेन गार्डेन की सन्ध्या

जैसे अपने बुढ़ापे का एहसास हो गया हो नर्तकी को;
दिन–
अपने दरवाजे भीतर से बन्द करता है।
रक्त-नील-श्याम-पीत रंगों के छींटे
पार्कों पर, बुझते मकानों पर
बिखरे हैं;
कौन है? इस अनाड़ीपन से
भींगे हुए चित्रपट पर रंग भरता है।
कौन है? कौन है??
चित्रकार गूँगा है, बहरा है, अन्धा है, मौन है!

पार्क के वृक्षों पर (बेंचों पर?)
पक्षियों के समूह बहस करते हैं–
क्यों इतनी भीड़ है;
क्यों नहीं है एकान्त...
क्यों नहीं है मात्र हम और तुम!!

एक आदत की दास्तान

पहली बार हम उसके कमरे में आते हैं बेहद शर्मिन्दा
–उसे देख नहीं पाते, उसकी आँखों में खुद को तो और भी नहीं!
इसके बाद, हर कमरा हर बार हमारे लिए
बेशर्मी की दास्तान बन जाता है...
हम तोड़ते रहते हैं फूलदान, उसकी किताबें चुरा लिया करते हैं।

(वह तिपाई पर शर्म से झुकी हुई)

एक कमरे में कई दोस्त रहते हैं

वक्त...मौसम...हवा नंगी फर्श पर सोई है
खुली हैं सारी खिड़कियाँ (सिर्फ एक दरवाजा बन्द है अपने-आप), और
हम कई दोस्त नंगी हवा के साथ सोए पड़े हैं
चुपचाप।
हममें से हर एक किसी ऐसी बात का सपना देख रहा है, जो नहीं है अब,
या जो कभी नहीं थी, न इस कमरे में, और

न कभी किसी भी कमरे में...
धूल की चादर पर पसीने के दाग उगाते हुए हम लोग
रुकी हुई हवा में लिपटे हुए हम लोग
एक-दूसरे से डरते हैं, एक-दूसरे से बोलते हुए डरते हैं।
अपना दुख-सुख नहीं कहते...वक्त, मौसम, हवा का यह नंगापन
हमें मुँह खोलने नहीं देता!
मगर, हममें से हर एक वह बात जानता है, उस बात का सपना,
जो कभी नहीं थी, जो अब भी नहीं है, लेकिन,
जो होगी। अभी इसी अगले छन जो होगी, जब,
कोई (चाहे वह कोई हो!) दरवाजे पर दस्तक देगा, खिड़की से झाँकेगा,
हम सभी मुस्कुराने लग जाएँगे
जैसे दोपहर की नींद से थक कर, जग जाएँगे।

तुमने वादा तो किया था

एक शहरी औरत के लिए

सुलगे हुए जख्मों पर बीते हुए सपनों का बेअसर मरहम,
टूटे हुए प्यालों में गलत नींद का कहवा...
और, तुमने वादा तो किया था कि यह वहशत नहीं है, दर्द ही है।
कि, हम इसीलिए पराए शराबखानों में बिता आते हैं रातें,
कि, हम इसीलिए कहते हैं, मौत ही जिन्दगी की इन्तहा है।
आओ किसी अँधेरी गली में हम खुदकुशी कर लें
और, तुमने वादा तो किया था कि यह वहशत नहीं है, दर्द ही है?

जहर में, अफीम में, मवाद में डूबी हुई है कायनात,
अब किसी भी दर्द की मसीहाई का नहीं लो नाम।
नहीं लो टूटे हुए प्यालों में इश्के-सुकरात का तुम भी अंजाम।

जख्मों से या सपनों से किसी को कोई फायदा नहीं है;
होश में रहना और दर्द सहना,
अब जीने का कायदा नहीं है।

एक ही नाटक बार-बार

आँखें खुली हों, आदमकद शीशे में नहीं है किसी दूसरे की तस्वीर।

मुड़े हुए घुटने। आगे बेहद झुके हुए कन्धे। भभकती हुई गर्म साँसें...
अनदिखी (दूसरे की) पीठ में दबी हुई अपनी बाँहें।
और, इस खाली गिलास में केवल चीख-पुकार। अब नहीं वहशी कहकहे
अब नहीं पिघलते हुए बर्फ का अजनबी टुकड़ा।

एक ही नाटक की बार-बार दुहराई गई ट्रेजेडी अब नहीं। इस आदमकद शीशे पर
केवल अपने ही घुटने रेंगते हुए
...मरता हुआ अकेला अपना ही जानवर!

कल रात तेरह साल की*

कल रात तेरह साल की मेरी पगली लड़की मर गई।
सांस्कृतिक आयोजन नहीं रुका
चौराहों की लाल-हरी बत्तियाँ नहीं थमीं
कल रात तेरह साल की मेरी लड़की मर गई।

नृत्य के लिए पार्वती के पर्वतीय वस्त्र पहन
सड़क पार करने के उजले फीते पर चलती रही
बजते रहे नन्हे-नन्हे घुँघरू...

संस्कृति मेरी पगली लड़की की बीमारी थी
चौराहे की लाल-हरी बत्ती डॉक्टर कब होगी?

* *यह कविता बिना शीर्षक की थी। सुविधा के लिए पहली पंक्ति के कुछ शब्दों से शीर्षक दे दिया गया।* **—सं.**

काल-वृक्ष जर्जर

सूखी पड़ी हैं सारी शाखाएँ। काल-वृक्ष जर्जर। वन मरुस्थल नहीं रह गया है
अकरुण, हिंस्र, बर्बर।

फलस्तनों के पीले छिद्र। चतुर्दिक् सहस्र क्लान्त कीट।
मृत चमगादड़ों की अधजली गन्ध। गाढ़े पसीने में लथपथ अल्पायु
मटमैला तालाब। नीले सेवार से ढका हुआ वन-मरुस्थल
नहीं रह गया है खंड-खंड प्रस्तर। अब

विकाल-वातायन पर धूप-रची मुस्कान नहीं अंकित है। प्रिया, वृक्ष, शाखाएँ,
स्तन, कीट, तालाब, काल-वृक्ष जर्जर। चित्र-लिखित नहीं है ऊपर
अब छतनार गगन।

अस्फुट वार्तालाप में अधजली गन्ध, उमस और बीमार जलन।
नीली बीमारी। नीली बीमारी में छटपटाते हुए विषहीन सहस्रकीट चारों ओर।
अवरुद्ध गुहा-द्वार...अवरुद्ध सर्प-विवर...
क्षत-विक्षत ब्रह्मांड में केवल निस्पन्द मानव-भ्रूण।
काल-वृक्ष जर्जर।

[पूर्वी पुतियारी, कलकत्ता-33]

किसी भी शहर की एक खाली शाम*

एक औरत सूने बसस्टॉप पड़ खड़ी है
बरसात में भींगती हुई।
चेहरे पर कोई रंग नहीं, आँखों में भी नहीं।
बसें आती हैं। बसें चली जाती हैं।
तेज रोशनी उसके चेहरे पर रेंगती हुई
गुम हो जाती है।
उसकी साँसें बर्फ हैं
बेहद काली उसकी आँखें अँधेरे में चमकती हैं।

वह अकेली खड़ी है।
घर लौट जाएगी सुबह तक...

** यह कविता पूरी नहीं है। फटी-चिटी अवस्था में इतनी ही मिल पाई। –सं.*

कोमल गान्धार : इच्छाओं के खंडचित्र

घूम आओ उसके सारे रास्ते। चौराहे और गलियाँ। तहखाने। बुर्ज।
घूम आओ उसके सारे चौराहे और गलियाँ। मगर,
उसकी सरहद नहीं मिलेगी। उसके शहर की, उसके मकान की तुम्हें
कभी, कहीं सरहद नहीं मिलेगी।

गुलाब की डाल से गिरती हुई सूखी कली
सिहरती है, और
अचानक सतरंगे पंखों वाली तितली बन कर चिपक जाती है
डाल से,
अपने मृत्यु-काल से।

जब कभी आओ, तो अपने साथ गर्मी की वह उमस ले आओ।
वैसे ही रात भर पसीने की नदी में डूबते, छटपटाते रहना
और, दीवार घड़ी की डायल से चिपका हुआ वही मुर्दा गिरगिट
और, नीले लिफाफों की चिट्ठियाँ हम-तुम अपने-अपने कमरों में पढ़ते हुए
और, छन भर को तन से लिपटी हुई वही हवा

और, नीले पड़ गए गुम्बद
और, पालतू बिल्ली की तरह अधखुली खिड़कियों पर बैठी हुई
रात।
एक टूटा हुआ पुल, एक खाली-खाली-सा घर, एक सूखा हुआ दरख्त,
और, एक पुराना गीत, जो नहाते वक्त तुम गाती थीं,
सब साथ ले आओ,
जब कभी तुम अब इस घर में आना चाहो...

प्यार अपना घर नहीं है, जंगल है
जलता हुआ नहीं, स्याह नहीं, भयानक भी नहीं,
बर्फानी पहाड़ों के नीचे बड़े प्यार से उगाया गया जंगल है प्यार!
रास्ते खुले हैं,
फलदार पेड़ों के साए में सोए हुए रास्ते खुले हैं
तुम आ सकते हो।
तुम जा सकते हो, जैसे तुमने कोई सपना देख लिया हो
और, नींद खुलने के बाद
जंगल नहीं है, घर भी नहीं है, सिर्फ
एक खालीपन
जिसे तुम किसी भी नए सपने से सँवार सकते हो।

उसकी खूबसूरती उसके इर्द-गिर्द झूलती रहती है
जैसे माँग कर पहना गया कपड़ा।
उसकी खूबसूरती उसकी अपनी नहीं लगती है
क्योंकि,
उसकी आँखें नंगी हैं,
खुले दरवाजे पर खड़ी वेश्या की तरह उसकी आँखें
नंगी हैं।

मैं खाली कमरों पर दस्तक दे रहा हूँ लगातार
खालीपन को बुला रहा हूँ पास
खड़ा हूँ दरवाजे पर चुपचाप अकेला...
मगर, वह आती है
मुझे राह दिखलाती नीले खालीपन में ले जाती है
मैं दुख में हूँ

मैं पीड़ित होकर भी चुप हूँ, चीख नहीं पाता हूँ
तोड़ नहीं पाता हूँ सन्नाटा।
मेरे अन्दर, मेरे चारों ओर भयानक सन्नाटा है
वह आती है, पर
इस खालीपन में शामिल हो जाती है।

उस मीनार के इर्द-गिर्द एक आवाज तैरने लगी
जैसे रात की बाँहों में
नीली-पीली किरणें थरथराती हैं...
एक आवाज रात की गहरी नींद तोड़ती हुई
एक आवाज धरती को आकाश से जोड़ती हुई
उस मीनार के आसपास एक आवाज
तैरने लगी
मगर, आवाज में रोशनी नहीं,
साँसों की धड़कन नहीं,
आवाज नहीं,
एक गलत सपना, रात की आँखों में!
एक गलत नींद,
उस मीनार के इर्द-गिर्द...

मैंने जीवन को बहुत नजदीक से देखा है, जैसे वह सागर के उस तट पर हो
अपनत्व के कारण (यही सृष्टि नियम है) और,
नितान्त आवश्यकता के कारण (पास रहने से केवल दुख होता है);
मगर, मैंने दसों उँगलियों से जीवन को छुआ है
सागर के इस तट पर रहकर भी!
और, यह दूरी सहकर भी!

हम लोग दैनिक अखबारों में छपे हुए, बीते हुए समाचार हैं
हम लोग आगत को नहीं कर सकते स्पर्श
हमारे लिए हर नया दिन है एक बीत गया हुआ दिन
और, बीते हुए दिनों के बिस्तर पर लेटे हुए
हम लोग छाप रहे हैं
अपनी आँखों पर, चेहरे पर, उँगलियों पर
बिके हुए शब्द, बिकी हुई घटनाएँ...

आदमकद शीशों में बनी हुई हिरणियाँ उछलती हैं। और
झुकते हैं, मुड़ते हैं शीशे।
शीशों के बुत एक-दूसरे पर झुकते हैं
जैसे हवा में पेड़ों की डालियाँ।
सफेद बुत, जिनकी परछाईं नहीं होती, न शक्ल,
जो हवा में पैदा होते हैं
हवा में गुम हो जाते हैं
अचानक।

वासना है अर्थ*

रचना है शब्द तो निर्णय नहीं है

वासना है अर्थ, लेकिन स्वर नहीं है
उतप्त है देहधर्मा,
ज्वर नहीं है
मौन इच्छा है, अभिव्यक्ति इच्छा
से पलायन
मिलन अनुताप-गृह है,
मुक्ति-अम्बर नहीं है

** यह कविता बिना शीर्षक की थी। सुविधा के लिए कविता के कुछ शब्दों से शीर्षक दे दिया गया।* **–सं.**

गार्डेन-पार्टी

खूबसूरत बेतरतीबी से पेड़ की डालों पर लटकाए गए हैं सतरंगे बल्ब।
रोशनी का डरा हुआ खरगोश भागता है...
गिलासों के पीछे या टेबलों के नीचे साँप मिलते हैं, अलग होते हैं। और,
किसी अनकहे मजाक पर हम सभी चौंककर
हँस पड़ते हैं।

चन्द अति-कविताएँ

बलात्कार

विपरीत दिशाओं में पलायन के लिए ही गई रात में
हमारी नींद खुल जाती है।
तर्क-वितर्क का पागल संगीत वायु में गूँजता है,
बन्द और अँधेरे कमरे में उठता है
जलप्रलय

मास-मेंटैलिटी

जुलूस में किसी आदमी के पास नहीं होती है शक्ल
मगर, जैसे झंडों पर उन्हीं का नाम
जैसे हर नारा उन्हीं के लिए पुकार।
और, बन्दूक से निकली हर गोली
उन्हीं के सीने पर।

किसी के घर में जलसा

रोशनी खरगोश की तरह भागती है।
आँखें ढूँढ़ती हैं अन्धकार
खम्भों के पीछे, या टेबल के नीचे
साँप मिलते हैं। और,
अचानक किसी अनकहे मजाक पर
सभी हँस पड़ते हैं।

चार बजकर तीस मिनट

चार बजकर तीस मिनट। सपनापन हर ओर, और कोहरे की परतें।
मैं नींद के सारे दरवाजे खोल देता हूँ

पंछियों से पहले, शबनम से पहले, किरनों से पहले
मुझे देखना है सूरज।
जीवन में आज प्रथम बार देख लेना है किरनों का ज्वार
कैसे आकृतियों को रँगता है,
देख लेना है शबनम के समुन्दर में तैरती हुईं
नामहीन फूलों की डालियाँ;
पंछियों से पहले मुझे रोशनी में नहाना है आज प्रथम बार।

और, चौराहे पर बुझे हुए लैम्प पोस्ट के नीचे
दो कुत्ते सो रहे हैं,
और, पत्थर के स्तम्भ पर, हुगली नदी को देखता हुआ
घोड़े पर अब तक चढ़ा हुआ है
लॉर्ड क्लाइव;
और, कन्धे पर ओवरकोट लादे, ऊँघते हुए फुटपाथ पर
चले जा रहे हैं रात के पहरेदार
और, कोई एक औरत किसी घर से निकल कर
भागती हुई
किसी गली में घुस जाती है।

बहुत-से लोगों ने मुझसे पहले ही सूरज को देख लिया है।
मैं कोहरे और शबनम से बचता हुआ
और बुझे हुए लैम्पपोस्ट से बातें करता हुआ
किसी चायखाने की तलाश में
आगे बढ़ जाता हूँ।

जनमकैद : एक कली के तबस्सुम के लिए

बन्द कमरे में हवा बन्द रहती है।

प्यास मेरी कहाँ से पहुँचेगी अब वहाँ तक
शीशों की लगातार
दीवार ही दीवार। नहीं कहीं एक दरवाजा; कभी खुलें कभी बन्द हो जाएँ
सपने।

या तो टूटे हुए पैमाने, या टूटी हुई एक तलवार!
कहाँ से पहुँचेंगी अब वहाँ तक फिर वही आवाजें?
क्या करें मसीहाई, खुद दर्द के तलबगार रहते हैं, और
बन्द बोतलों में दवा बन्द रहती है।

तुम नहीं आओ। जिन्दगी यों भी कभी गम से नजात नहीं।
रूह उजालों में भटकती है। नहीं अँधेरे में कहीं कब्रगाह, जहाँ नींद भी आ पाए।
और, एक कली के तबस्सुम के लिए, है खाली कायनात नहीं...
शीशों की लगातार बन्दिशें...पेंच-दर-पेंच...तहखाने...सलीब
और, सलीब पर चढ़ जाने की मुझको इजाजत भी नहीं।

बीते हुए पैमाने और बीती हुई तलवारें मेरी आदत भी नहीं।
कहाँ से पहुँचेंगी अब वहाँ तक फिर बही आवाजें?
क्या करें रौशन शबे-वस्ल, खुदी में सबसे दरकिनार रहते हैं, और
बन्द बहार में वादे-सबा बन्द रहती है।

जिन्दगी जनमकैद रहती है।

जब ओठ और पुष्प-मंजरिका*

जब ओठ और पुष्प-मंजरिका
होने लग जाएँ
　　लाल
　　पीले
　　मधुर
और भरी-पूरी, पागल-सी जिन्दगी
　　जलती है। एक आग
　　रोशनी भी देती है
　　और पकाती है खाना।

वक्त वही है, जब

कतारों में घर
नई छतें
क्यारियों में फूल
लैम्प के पास व्याकरण रटते हुए बच्चे
शान्ति।
वह वही है, जब विग्रह के बाद
शान्ति हो।

* *यह कविता बिना शीर्षक की थी। सुविधा के लिए पहली पंक्ति के कुछ शब्दों से शीर्षक दे दिया गया।* –**सं.**

जलतरंग

डरे हुए साँप की तरह मैं आगे बढ़ता हूँ।

गन्दे तालाब में लड़के नहा रहे हैं।
एक टूटा हुआ पुल, एक जुलूस।
चौराहे पर झगड़ रही हैं कस्साबिन औरतें।
बकरियाँ, गाएँ।
शाम को घूमने आते हुए पालतू कुत्ते।
नेपाली दरबान के ओठों पर
हल्की मुस्कान। टेबल पर नरगिस की ताजा टहनियाँ।
मैं धीरे-धीरे आगे बढ़ता हूँ,
डरे हुए साँप की तरह।
एक लड़की प्याले में चाय ढालती है,
सिर झुकाए हुए–
मैं उसको डँस लेता हूँ। जलतरंग बजता है,
उसके ओठ
नीले पड़ जाते हैं।

तुमने मुझे कभी*

तुमने मुझे कभी अपने पास नहीं बुलाया
कभी उम्र की मखमली कालीनों पर, साथ नहीं चले
कभी हमने बहार के फूलों को नहीं कुचला
तुम रेगिस्तानों में भटकते हुए
पाँवों में फफोलों के फूल उगाते रहे
मैं नींद में डरती, चीखती रही।

तुमने मुझे कभी कोई गीत गाने को नहीं कहा
हमने कोयल की या किसी जवान झरने की
नकल नहीं की
हमारी आवाज से पूरा चमन तो क्या,
सूखी हुई वह डाल भी नहीं काँपी, जिस पर हम बैठे थे
मैं लिपटी हुई सोई रही।

तुमने मुझे कभी अपने पास नहीं बुलाया
क्योंकि मैं हरदम तुम्हारे साथ थी
तुमने कभी मुझे गीत गाने को नहीं कहा
क्योंकि हमारे साथ से बेहतर कोई संगीत नहीं था
(दुख है, हम यह संगीत कभी समझ नहीं सके)
मेरे दोस्त, मैं तुम्हारी माशूक नहीं थी,
तुम्हारी बीवी थी।

** यह कविता बिना शीर्षक की थी। सुविधा के लिए पहली पंक्ति के कुछ शब्दों से शीर्षक दे दिया गया। —**सं.***

धूल भरी सड़क*

धूल भरी सड़क पर भागती हुई ट्रक
बुनियादी स्कूल में ड्रिल करते हुए सैकड़ों बच्चे
चरागाह में गाएँ
गर्म हवा।

आकाश चीरता हुआ शिकारी बाज बादलों में छिपता है
सूरज अभी डूबेगा
अन्धकार।
और अब कब तक रुकें...

* *यह कविता बिना शीर्षक की थी। सुविधा के लिए पहली पंक्ति के कुछ शब्दों से शीर्षक दे दिया गया। –सं.*

नगर जीवन : कलकत्ता 1961

समन्दर के साए में नदी, और नदी के साए में लम्बे मैदान
दफ्तरों, चौराहों, घरों में बेवजह सन्नाटा, शाम के पार्कों में बेवजह तूफान
अखबारों का बंडल लिये एक लड़का सारा दिन दौड़ता रहता है,
इन्सानों में डूबे हुए कब्रगाह, और सिनेमाघरों में डूबे हुए इन्सान

अजनबी गिलहरियाँ सूखे दरख्तों से मनपसन्द फल-फूल चुनती हैं
रक्कासा तवायफों की आत्माएँ टाइपराइटरों पर सिर धुनती हैं
बूढ़ी औरतों के शौहर रेस्तराँ में बैठे हुए, कितने क्वारे दिखते हैं,
बूढ़े मर्दों की बीवियाँ अजनबी कमरों में सिक्कों के शतरंज बुनती हैं

आदमी सबसे पहले मर गए, फिर जानवर भी मरे, मगर शहर जिन्दा है
हर तरफ किसी-न-किसी सपने की कब्र है, हर तरफ इन्सानियत शर्मिन्दा है
मगर, एक बात सच है कि धरती उगाती ही रहती है फूलों की पौध,
आदमी कब्रगाह का ही नहीं, कभी-कभी एक चमन का बाशिन्दा है

रात आती है और हर चीज पर अजनबी कोहरा छा जाता है
सुबह होती है और कोई-न-कोई रास्ता पा जाता है

नींद समेट कर रखी गई रस्सी की तरह

शीशे की चिमनियों में रखे गए हिरन उछलते हैं, शीशों के ऊपर
बर्फ की चादर छपने लगती है। बर्फ की परतों पर अभी-अभी उगने लगेंगे समाचार

मौसम के हाल...गर्भवती भरी अदालत में बेहोश हो गई...सोने का
गिरता ही जाता है दाम...गिरता ही जाता है दाम
हिरनों का, शीशों का, मौसम का...

और, जो कुछ भी होता है, बन्द तहखानों में होता है।

नदी की फर्श पर जैसे बिछा दिया गया हो मछलीजाल, यह जिन्दगी...
मेरी यह जिन्दगी जल में डूब जाती है (एक भी सुनहली मछली, मगर
कभी नहीं लाती है!); और, मेरा यह प्यार उभारने लगता है
बर्फ की चादर पर मौसम का समाचार...फूल कैसे खिल आए इस घाटी में,
कैसे यह अन्धा गलियारा रोशनी के झरने तक पहुँच गया।

मेरी नीली नींद समेट कर रखी गई रस्सी की तरह साँप का भय देती है
और किसी को नहीं तो मुझको, या उसको
जो मेरे पास नहीं, हमेशा बन्द तहखानों में होता है। जो कुछ भी होता है, नींद के
बन्द तहखानों में होता है।

[पूर्वी पुतियारी, कलकत्ता-33]

पराये घर में अपना जन्मदिवस

सिर के ऊपर लटक रही है बैलूनों की लताएँ।

मेरी आँखें उनके गिलासों में तैरती रहती हैं, उनकी आँखों में रात
फर्श पर बिछा हुआ रहता है गहरा नीलापन
उँगलियाँ बर्फ की लकीरें
और कन्धों से लटक रहे हैं बैलूनों के छोटे-बड़े पेड़...
मैं एक पतली-सी डाल जेब में छिपा कर अपने घर ले जाऊँगा
(बैलून को नागफनी का पौधा बनाऊँगा!)
मगर, आँखें मेरी ही होंगी, जो उनके गिलासों के साथ
नीले फर्श पर
नाराज पाँवों से कुचली जाएँगी।

पागल कुत्ते का गीत

हम थे प्रगाढ़ आलिंगन में आबद्ध। एकरूपायित, बेसुध, बेहोश।
फिर भी, हममें गति-चेतना का गौरव-संस्कार
हम बँधे हुए थे भय से। लेकिन,
सीमाएँ बाँध न पाईं

कुछ युग बीते। अवचेतन में बन्दी कुछ शब्द उठे विद्रोही
और अधर से बाहर आए। सहमे-सहमे।
सारे बादल बरस गए मेरी आत्मा पर—अभिशप्त
मैं भींग गया
तुम बोलीं—ये सारे बन्धन मिथ्या हैं
एकाकीपन है शाश्वत सत्य—मैंने सोच लिया।
तब, तुम चली गईं
अपने ही शब्दों से (कित्ती बेबस थीं तुम!) छली गईं
तुम चली गईं। फट गया कुहासा
जल गए अँधेरे के वे सातों काले-काले पर्दे
जिनमें छिपकर हम तुम मिलते हैं
अब भी कभी-कभी।
हम चौराहे पर अलग हुए
तुम चली गईं। अपने कमरे की दीवारों में बन्द हुईं
मैं चला गया...
मैं अन्धी गालियों में आवारा कुत्ते-सा घूम रहा हूँ
मुँह में सूखा हाड़ दबाए
बुझ गई हमारी वर्ग-चेतना। बुझ गई आग
जो 'रम' की बोतल में कभी उगी थी...

हम भस्म हुए
अब कोई भय मुझको या तुमको नहीं रहा
तुम खुले हुए कमरे का दरवाजा हो
मैं गलियों का आवारा कुत्ता हूँ, मेरा क्या है
आऊँगा!
पर, सच है, हम दोनों का अस्तित्व गलत है
प्यार तुम्हारी लाचारी है, मेरी वहशी लत है

पृथ्वी नहीं है अमृता

पृथ्वी नहीं है अमृता।

पृथ्वी नहीं उगाती है फूल, फल, अन्न, तरुरिह, अ-सहाय
स्वयं गर्भधारण नहीं करती है
सम्भव नहीं है एकस्वर-एकान्त
सम्भव नहीं सम्भोग!

पशु-देवता और दानव-सर्प धारण और प्रसव दोनों के लिए
आवश्यक-अनिवार्य हैं। पर्वत
मन्थन करता है ध्वनियों का सागर। नदियाँ
जल-तर्पण करती हैं, प्रिय समर्पिता। घाटियाँ बर्फीली
धारण करती हैं काल-वीर्य। वन
स्वयं-साध्य फैलते रहते हैं मरु में, तीर्थों में!

और, इस सारी प्रक्रिया को नहीं भोगती है पृथ्वी
और, इस सारी प्रक्रिया को नहीं भोगती है प्रकृति
मनुष्य अकर्मण्य है,
भोगने के सिवा और उसे क्या आता है?
सम्भव नहीं है सम्भोग
सम्भव नहीं है एकस्वर-एकान्त।

प्रिया-वृक्ष जर्जर*

यह कविता अप्रकाश्य मानसिक स्थिति में लिखी गई है। ऐसी स्थितियों में कविता शायद सम्भव भी नहीं होती है। यह कविता सम्भव नहीं है, किन्तु, यह स्थिति सम्भव है। राजकमल चौधरी के लिए ही नहीं, किसी भी तत्पुरुष के लिए वर्तमान समाज-यंत्र में सम्भव है। और, जो अनिवार्यतः सम्भव है, उसकी कविता तो प्रकाश्य हो ही सकती है।

सूखी पड़ी हैं सारी शाखाएँ। प्रिया-वृक्ष जर्जर। वन मरुस्थल
नहीं रह गया है अकरुण, हिंस्र, बर्बर।

फलस्तनों के पीले छिद्र। चतुर्दिक सहस्रक्लान्त कीट। मृत चमगादड़ों की
अधपकी गन्ध। गाढ़े गीले पसीने में लतपथ अल्पायु
मटमैला तालाब। नीले सेवार से ढका हुआ
वन-मरुस्थल नहीं रह गया है पत्थर। अब

विकाल-वातायन पर मुस्कान नहीं रची जाती है। प्रिया,
वृक्ष, शाखाएँ, स्तन, कीट, तालाब, प्रिया-वृक्ष जर्जर। रचा नहीं जाता है
आसपास छतनार गगन।

अस्फुट आलाप में ऊब और गन्ध और उमस और जलन।
नीली बीमारी। नीली बीमारी। नीली बीमारी में क्लान्त
चतुर्दिक विषहीन कीट। जीवन का अवरुद्ध गुहा-द्वार। प्राण
निस्पन्द। ब्रह्मांड में केवल मानव-भ्रूण...
केवल मानव-भ्रूण।

[पूर्वी पुतियारी, कलकत्ता-33]

** इससे मिलती-जुलती एक और कविता है–'काल-वृक्ष जर्जर'। –सं.*

प्रेतात्माएँ*-1

सड़कें खाली हैं। वे करती हैं इन्तजार...
सड़कें, गलियाँ, बरामदे, कमरे भर गए हैं, फिर भी, वे करती रहती हैं इन्तजार!
आवाज पहचानती हैं।
दर्द, वहशत, सपने, बीमारियाँ और हविस उसकी, वे जानती हैं।
सिर्फ नहीं उसका नाम...

उसका अब तक कोई नाम नहीं है।

** लगभग यही कविता 'वेश्याएँ' शीर्षक से 'प्रारंभ-1962' में प्रकाशित हुई। –सं.*

प्रेतात्माएँ-2

डूबी हुई गलियों की बाँहें बहुत लम्बी हैं, पंजे बहुत टूटे हुए। और,
बहुत पीली किरणों के तार से बँधे हुए लगातार मकान...

हर खिड़की पर थकी हुई, खड़ी रहती है हवा।
नींद में भींगे हुए चेहरे धोते रहते हैं रोशनी के गोल टुकड़े,
टूटी हुई बोतल में बीमार की दवा...

कोई सिर झुकाए आता है। कोई सिर झुकाए वापस चला जाता है।

फूलदान में एक हरी पौध

अँधेरे के लिए ही सही
मगर, उस रात तो वह जिन्दा थी
बुखार में जलती हुई अपनी नंगी देह
शराब में जलती हुई अपनी नंगी आत्मा
सतरंगी रोशनी की मीनारों में छिपाए हुए
उस रात तो वह जिन्दा थी।

शोरोगुल, कहकहे, वहशी तराने, नाच और शिकारों के किस्से
आवाजों की तरह दौड़ते, और प्रतिध्वनियों की तरह
वापस लौटते हुए बेयरे
एक लम्हे के लिए ही सही
दुनिया खुश थी
कि चवन्नी डालने से जूकबॉक्स चीखने लगते हैं
दुनिया खुश थी
कि अँधेरे में हम कितने नंगे दिखने लगते हैं
शोरोगुल, कहकहे, नाच और शराबी किस्से;
और,
जिन्दगी एक कब्रगाह है।
सतरंगी रोशनी की दीवारों में अपने को बचाए हुए
वह जिन्दा थी
एक लम्हे के लिए ही सही
मगर, उस रात तो वह जिन्दा थी।

'ब्लैक-आउट' का अन्धकार

मैंने पूछा नहीं, लेकिन, मुझसे कल रात
बोला 'ब्लैक-आउट' का अन्धकार
–'मुझे पहचानो, मैं उजाला हूँ
तुम्हारी आँखों में! क्योंकि,
तुम जगे हुए हो, सोए नहीं हो;
डर की स्याह घाटियों में,
खोए नहीं हो!'

मैंने पूछा नहीं, लेकिन, मुझे कल रात
अपने प्रश्नों का मिल गया
उत्तर!
मेरा अपना ही स्वर था, इस
'ब्लैक-आउट' का स्वर!

इस अँधेरे में अपने देशवासियों की
गुस्से में चमकती हुई आँखें मुझे दिखती हैं–
शहर-गाँवों का हर एक घर बन गया है!
हर आदमी का दिमाग शान्त और प्रस्तुत;
हर आदमी के कान आकाशवाणी के समाचारों में उत्सुक,
हर आदमी का दिल
युद्ध-शिविर में रुके हुए सिपाही का दिल!
आज का यह अन्धकार,
कल आने वाली रोशनी का पिता है!
मैंने पूछा नहीं,
लेकिन, आज का यह अन्धकार
मेरे प्रश्नों का उत्तर है!

बाज : एक चिड़िया

बाज : एक चिड़िया मेरे अन्दर, अब
तैरती रहती है, दिन-रात!

मेरा है चतुर्दिक फैला हुआ यह नीला आकाश;
नीचे मखमल की तरह बिछी हुई
यह धरती मेरी है;
और, मैं–
अब बाज चिड़िया की तरह
नीले आकाश में, पंख फैलाए हुए

अपने डैनों को
आक्रमण के लिए ऊपर उठाए हुए
जंगी हवाई जहाज...
तैरता रहता हूँ, दिन-रात!

मैं 'जटायु' नहीं हूँ, कि मेरे डैने काटकर,
सीता को हर ले जाएँगे हमलावर!
मैं बाज, हवाबाज हूँ,–
और, हमलावरों के जेटों, टैंकों की
सारी कतारें, आक्रमण-व्यूह
तोड़ देता हूँ!
उनके बमवार जहाजों को एक बुझता हुआ शोला
बनाकर छोड़ देता हूँ!

यह नीला आकाश मेरा है, यह धरती मेरी है,
और, मैं–
अब बाज चिड़िया की तरह
तैरता रहता हूँ, दिन-रात!

** यह कविता बिना शीर्षक की थी। सुविधा के लिए पहली पंक्ति के कुछ शब्दों से शीर्षक दे दिया गया। –सं.*

बीते हुए लम्हों की याद*

बीते हुए लम्हों की याद को तस्वीरों की शक्ल देना कठिन है
तस्वीरों में मैं क्या पाऊँगी?

बेहतर है सारे लम्हों को मुट्ठी में कैद कर लूँ, और यों ही
बिखेर दूँ फर्श पर
टूटी हुई माला के नकली मोती!
मेरा चेहरा हर नए शीशे में नया चेहरा है
मेरी आँखें हर नई आँखों में नई आँखें हैं
बीते हुए लम्हों की याद को तस्वीरों की शक्ल क्यों दूँ?
क्यों दीवारों पर उन्हें या खुद को कीलों से जड़ दूँ?
मैं मैग्दलीन हो सकती हूँ
मसीहाई का शौक नहीं है मुझको!

* *यह कविता बिना शीर्षक की थी। सुविधा के लिए पहली पंक्ति के कुछ शब्दों से शीर्षक दे दिया गया। –सं.*

रात में नींद का खुल जाना

सुबह तो महज एक गलतफहमी थी, जिसके शिकार हम दोनों नहीं थे।
शिकार हम दोनों होना नहीं चाहते थे।
रात के गहरे नीले साए में, फिर भी, चन्द पीली किरणें
थरथराईं।
पहले मैंने देखीं सिर्फ तुम्हारी बाँहें, तुमसे ही लिपटी हुईं। आपस में
गुँथी हुईं रेशमी उँगलियाँ, सफेद।
फिर तुम्हारी आँखें...
तुम्हारे सफेद पड़ गए बर्फीले चेहरे पर आँखें ही आँखें लगातार।
फिर, लगातार आँखें, और बाँहें और उँगलियाँ
आपस में गुँथी हुईं।

तब कहीं, किसी घर में कोई शीशे का गिलास तोड़ता है। तब,
कहीं किसी घर में हम टूट जाते हैं। और, वे पीली किरणें सहमी हुईं
रात की वीरान गलियों में गुम हो जाती हैं।
वापस नहीं आती हैं, फिर कभी।

[पूर्वी पुतियारी, कलकत्ता-33]

रात में नींद का खुलना

सुबह नहीं हुई थी, और उम्मीद भी नहीं थी रोशनी की किसी तरह, फिर भी
चन्द किरणें रात के गहरे नीले साए में थरथराईं। और,
पहले मैंने देखीं सिर्फ तुम्हारी बाँहें
और, रेशमी उँगलियाँ। फिर, तुम्हारी आँखें
तुम्हारे सुर्ख शर्मीले चेहरे पर सिर्फ आँखें ही आँखें लगातार।
फिर, लगातार आँखें और बाँहें और उँगलियाँ
लगातार।
सुबह नहीं हुई थी और उम्मीद भी नहीं थी रात के गहरे नीलेपन में
तुम्हारी नींद खुल जाएगी!

[पूर्वी पुतियारी, कलकत्ता-33]

वसति वने वनमाली*

मैं तुम्हारे नगर से, वन-उपवन से, सरिता-तट से अपरिचित हूँ
परिचय में केवल है तुम्हारा वंशी-स्वर
जिसका आकर्षण
प्रत्येक राधिका को तुम्हारे नगर ले आता है
यंत्र के इस युग में भी विज्ञान की दानवता
कतिपय पुष्प-कलिकाओं से पराजित हो जाती है।

मेरा परिचय है केवल तुम्हारा वंशी-स्वर
मैं तुम्हारे नगर से, लता-कुंज से, पथ-प्रान्तर से अपरिचित हूँ।
जानता हूँ, काल का विकट चक्र
तिरोहित कर देता है समस्त कोकिलाओं के गान
और, पृथ्वी बार-बार मरुभूमि में परिणत होती है
वन-उपवन धधकते हुए श्मशान बन जाते हैं
किन्तु, जानता हूँ, वंशी-स्वर गूँजता ही रहता है
आते हैं आषाढ़ के बादल, श्रावण की वर्षा

* *कविता लिखने या कविता का अनुवाद करने की राजकमल चौधरी की पद्धति क्या थी—यह जानना थोड़ा दुष्कर है। इस कविता के हाशिए में, कोने पर उन्होंने लिख रखा है—Adjust it in Goethe's Poem. गेटे की एक कविता—भगवान श्री कृष्ण के प्रति—का अनुवाद भी इन्होंने किया है। —**सं.***

वही चौराहे*

वही चौराहे। धुएँ में डूबे हुए वही तंग मकान
वही साँपों की गलियाँ
वही ठहरा हुआ अँधेरा
तुमने कहा था—कल सुबह होगी!
(ताज्जुब है मैंने यकीन कर लिया था।)
सुबह हुई है।
वही चौराहे। धुएँ में डूबे हुए वही तंग मकान
रात की जगी औरतें
थकी हुई बुझी-बुझी निगाहें
निगाहों में रात की यादगारें...

हम हँसते हैं
हँसी का कारण हमें मालूम नहीं और हंसी
व्यंग्य है।
हँसी मजबूरी है हँसी तमाशा है
हँसी किसी नौसिखिये के हाथ का कार्टून!

कल तो जीने की तड़प थी कम-से-कम!
और सब कुछ है—
वही साँपों की गलियाँ
वही खामोशी
वही ठहरा हुआ अँधेरा
अधखुली खिड़कियों के पीछे सड़े हुए हाथ-पाँव
सिर्फ, वह तड़प नहीं है।
कुछ नहीं है।

* *यह कविता बिना शीर्षक की थी। सुविधा के लिए पहली पंक्ति के कुछ शब्दों से शीर्षक दे दिया गया।* —**सं.**

विस्मृति : पर्वतनगर

टूटे हुए डैनों वाले पंछियों की रातें बीत चुकी हैं
बर्फ में दबे हुए फूल किसी को नहीं हैं याद अब तक।
टेबल पर दवा की बोतलें हैं,
छोटे-छोटे गिलास ओठ छूते ही फूट जाते हैं,
उत्तर से आई हुई हवा में कोई गन्ध नहीं!
उत्तर में आई हुई हवा...

मुझे नहीं याद रह गया है तुम्हारा मुखड़ा, या, नाम
या, वह नगर, जिसके ऊँचे-नीचे रास्ते
और, हर रास्ते की कोई बेतरह खूबसूरत मंजिल;
या, वह कमरा
जिसकी दीवारों पर एक कैलेंडर तक नहीं था;
या, वे पहाड़ियाँ, वह घाटी, बेमौसम बरसात, कुहासा, पीली धूप,
अनचाहे अन्धकार।

नींद अब भी नहीं आती है बिना वही गीत सुने
सपना नहीं आता है अब भी बिना प्यार बुने
अब भी छोटे-छोटे शीशे चेहरा देखे बिना फूट जाते हैं
अब भी टेबल पर किताबें हैं, और
उत्तर से बड़ी तेज हवा आधी रात बहती है।

बर्फ में दबे हुए फूल किसी को नहीं हैं याद अब तक
मर गई है ऊँचे नारों के जुलूस में
शबनमी फरियाद अब तक।

शब्द-दाह

अब कहीं कोई शब्द नहीं प्रतिध्वनित। एक-दूसरे पर प्रक्षेपित
प्रतिध्वनि नहीं। केवल, आशंकाओं का समाप्त हो जाना...
धूल पर, हवा पर, पत्थर पर, किसी खाली कर दिए गए घर पर, दरवाजों पर
आशंकाओं का समाप्त हो जाना...

नहीं, आज की शाम हम उदास रहें, हँसें नहीं
खिड़की पर बाँहें डाले हुए खड़े रहें, सुनते रहें बाहर की भीड़, शोरगुल;
सुनते रहें बाहर की धुआँ भरी छायाएँ, यानी, वे पेड़,
जो अँधेरे में उगते हैं, और गलियों को
बीमार बना देते हैं। यह सत्य है, कि हम

नहीं मिल रहे हैं आज आखिरी बार। पहली बार भी नहीं। लेकिन, क्या
तुम जानती हो? वे पेड़, वे छायाएँ मुझे पसन्द नहीं आती हैं?

अच्छा नहीं लगता है, आशंकाओं का (अथवा भय का) अब भी,
अपने घर की नंगी फर्श पर समाप्त हो जाना।
अच्छा नहीं लगता है, हम प्रक्षेपित हों, और
एक-दूसरे की परिस्थितियों को अनजाने ही ढक लिया करें,
और, हर बार मुस्कुराते रहें।

किसी रेखा गणित से बँधा हुआ हमारा यह जीवन-प्रसंग नहीं बनता है
काव्य। नहीं बने; लेकिन, प्रत्येक परिस्थिति पर अंकित त्रिभुज,
प्रत्येक अनुभव से चतुर्दिक खींचे गए लघु-वृत्त
प्रत्येक सम्भावना को एक नियति, एक नाम देना मुझे पसन्द नहीं—
लेकिन, क्या तुम जानती हो?

क्या तुम पहचानती हो वे पेड़, और उनकी छायाएँ?
टाइपराइटरों पर ढुलकते हुए श्रीहीन अश्रुकण...
ट्राम-बसों के फुटबोर्ड से लटका हुआ वर्तमान...
केबिनों के खुलते, बन्द होते हुए दरवाजे?
धीमी आवाजें। धीमे-धीमे चलना-फिरना, और
वही एक नाटक बार-बार?

शायद, यह अभिनय का मंच बहुत छोटा है। तेजी से मत चलो-फिरो,
धीमे स्वर में भी मत बात करो, चुप रहो, और
देखो शब्दों का दाह। मंच पर मृत,
अमृत शब्दों का दाह।

[पूर्वी पुतियारी, कलकत्ता-33]

तुम नहीं आते तो कोई बात नहीं होती
वादा किए जाने से नुकसान नहीं होता
यूँ नहीं आते भला ख्वाब में आ जाते
दर्द के मुजरिम पे एहसान नहीं होता

[पटना]

शाम

अन्त तक तो साथ देगा ही अनिश्चय
मध्य में क्यों न मैं करता रहूँ विश्वास-संचय
अधर तृष्णाग्रस्त, आँखें स्वयं के स्मरण में डूबी हुईं
मेरे पक्ष में कोई करे अब कहाँ निर्णय!

धूप की पीली नदी, शाम की शतरंज-छाया
चुपचाप नीलापन, उजला थका, बोझिल नींद-भरमाया
चलती अकेली राह, लेकिन धूल के ऊँचे बवंडर फैलते हैं
दृष्टि धुँधली, क्या पता है, कौन आया

खिड़कियों पर फूल रखकर किरण वापस जा चुकी है।

स्याह पड़ गई*

स्याह पड़ गई है मेरे इर्द-गिर्द लिपटी हुई खामोशी
स्याह पड़ गए हैं सूखे दरख्तों से घिरे बर्फानी रास्ते, जिन पर मुझे चलना होगा
बुझते हुए चाँद की किरणें अँधेरे में दम तोड़ती हैं
चाइना इंक की लकीर की तरह मेरा साया
और, मैं बर्फ की चादर पर एक स्याह धब्बा हूँ।

आँखों में स्याही के पेड़ उगे हैं
स्तनों का मांसपिंड जलते कोयले का पिंड बन गया है

मेरी नसों में रक्त नहीं, भय की लहरें, आतंक के तूफान
मैं एक टूटी हुई कब्र हूँ, मुझे दुख है
कुत्ते-सियारों को सूखी हुई हड्डियाँ भी नहीं मिलती हैं।

* *यह कविता बिना शीर्षक की थी। सुविधा के लिए पहली पंक्ति के कुछ शब्दों से शीर्षक दे दिया गया।* –**सं.**

सच, नाराज हो*

सच, नाराज हो जाओगे, आज अगर सोऊँ नहीं
अपने बिस्तर में जाऊँ नहीं; मसहरी खुली रहने दूँ
सोने से पहले गर्म पानी से पाँव धोऊँ नहीं
सिर्फ, पानी का नल खोल दूँ
और सुनती रहूँ रात भर फर्श पर जल गिरने का संगीत?

सच, नाराज हो जाओगे, आज अगर सोऊँ नहीं?

मैं सो नहीं पाऊँगी।
लॉन की क्यारियों में रजनीगन्धा जगी हुई है
मैं सो नहीं पाऊँगी।
खिड़की के शीशे से झाँक रहा है बर्फ का गोल टुकड़ा
मैं सो नहीं पाऊँगी।
मेरी पलकों में काँटे चुभे हुए हैं

सच, नाराज हो जाओगे, कॉफी बना लूँ और पी नहीं सकूँ
जिन्दगी अपने लिए सजाऊँ, और जी नहीं सकूँ?

* *यह कविता राजकमल चौधरी की हस्तलिपि में शशि चौधरी के नाम से लिखी हुई बिना शीर्षक के मिली। सुविधा के लिए पहली पंक्ति के कुछ शब्दों से शीर्षक दे दिया गया।* –**सं.**

हजारों सालों से*

हजारों सालों से हम गुफाओं में रहते हैं
दुर्बल पशुओं के मांस
उदार वृक्षों के फल-फूल
अब और नहीं, और नहीं। कारावास के दिन बीते हैं
नई आशाओं के गीतों में
मैं फूलती हूँ, फलती हूँ, खिलखिलाती हूँ।

सूरजमुखी-सी खड़ी हूँ मैं।
तूफान आएगा
हजारों सालों को दूर बहा ले जाएगा, तूफान आएगा
लहरों पर मुस्कुराएगा मेरा शिशु

मेरा शिशु मेरे गर्भ में समय की प्रतीक्षा में है
सूरजमुखी-सी खड़ी हूँ मैं
हजारों सालों से हम गुफाओं में रहते आए हैं
अब और नहीं, और नहीं।

* *यह कविता बिना शीर्षक की थी। सुविधा के लिए पहली पंक्ति के कुछ शब्दों से शीर्षक दे दिया गया।* –**सं.**

हिमपात-1

फूलों-पत्तियों-चिड़ियों-मकानों के रंगीन प्रश्नों को
मिल रहा है केवल एक सफेद उत्तर।

हिमपात-2

फूल, पत्तियाँ, धूप, झील, पगडंडी, मैदान, पहाड़ी, और शहर–
प्रश्न निरन्तर।

श्वेत एक उत्तर!

दीप जलाने की यह वेला!

अन्धकारमय पथ है मेरा, पलना दूर राह एकाकी
स्नेहहीन दीपक है मेरा, सीमा रिक्त बहुत है बाकी
टिक न सकेगा दुख झंझा में, बुझ जाएगा दीप अकेला!

जीवन-वीणा के तारों में, मेरे अब कुछ सार नहीं हैं
संयम के सूने नभ में प्रिय, झाँक रहा नव चाँद नवेला!

फूल बिछे हों पथ में मेरे, या काँटों से राह बनी
मुझको ही लेना होगा, चलकर उस पथ की थाह घनी
लौ लखकर परवाने आएँगे, क्षण भर को करने मेला!

किन्तु, भोर में अपना दीपक, अपने हाथ बुझाना होगा
अपने सुख की आहुति देकर, फिर भी मन समझाना होगा।
भाषा इतनी पास नहीं, कैसे कह दूँ कितना दुख झेला!
दीप जलाने की यह वेला!!

मुझे बरबस जगाते हैं

मुझे बरबस जगा जाते, तुम्हारे प्यार के झोंके,
मुझे बरबस जगाते हैं–
रहा मैं रात भर सोता तुम्हारे प्यार में थककर
गगन के नील चादर-सी तुम्हारी आस ये ढककर
लगे बरबस तुम्हारे शरबती उन्माद के झोंके!
खुमारी नींद की बिखरी, उलाहना प्यास का आया
हृदय में ज्वार-सा पागल, तुम्हारा प्यार लहराया
धरा से उठ गए क्षण के लिए अवसाद के झोंके!
उसाँसों के उठे बादल, तृषा की फिर, घटा छाई
नयन की कोर में तिरती व्यथा की बूँद मुस्काई
हुए जाहिर ढलककर फिर मेरे आह्लाद के झोंके!
उड़े जो प्राण के पंछी, पलक से भींग जाते हैं

तुम्हारे मोह के बन्धन नहीं मुझको सुहाते हैं।
मुझे बरबस रुलाते हैं तुम्हारी याद के झोंके!

[–किरण, बहुवचन-21 में प्रकाशित]

* *राजकमल चौधरी ने सन् 1954 में गया कॉलेज, गया से बी.कॉम. पास किया। कॉलेज मैग्जीन में सम्भवतः सन् 1953 में कुछ कविताएँ छपी थीं। सन् 1950-52 में वे किरण नाम से लिखते थे। 'दीप जलाने की यह वेला' तथा 'मुझे बरबस जगाते हैं' उनकी आरम्भिक कविताएँ हैं। सन् 1950 में उन्होंने राम निरंजन परिमलेन्दु से कहा था कि 'लाश जल चुकी' शीर्षक से उन्होंने एक उपन्यास लिखा है, जिसकी भूमिका पं. मोहनलाल महतो वियोगी ने लिखी है। उक्त उपन्यास अब तक अलक्षित है।* **–सं.**

नंगी प्रार्थनाएँ

राजकमल चौधरी की खास शैली को हू-ब-हू प्रस्तुत करने की मंशा से, इस संकलन की विषय-सूची उन्होंने जिस तरह बनाई थी, उसी तरह यहाँ दी जा रही है। इस संकलन में इक्यावन कविताएँ दी जाने की कवि की योजना थी, मगर सूची में पैंतालीस कविताएँ ही हैं। उनमें भी एक कविता 'नई सुबह का गीत' फटी हुई है। छह कविताओं की जगह खाली है। पांडुलिपि में सारी कविताओं का शीर्षक कविता के अन्त में दिया हुआ था। अगले पृष्ठ पर कवि कोई चित्र देना चाहते थे। **–सं.**

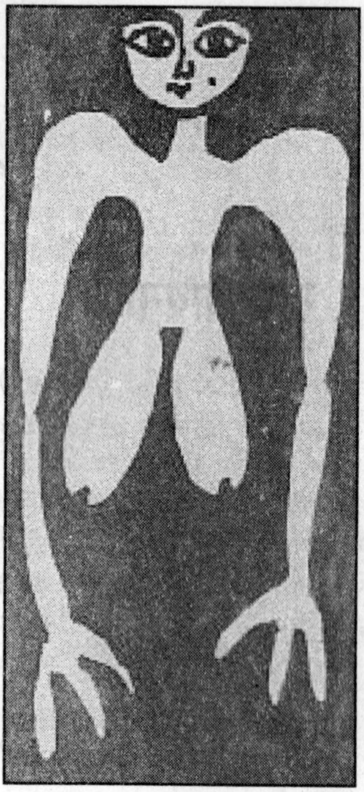

राजकमल चौधरी द्वारा बनाया गया स्केच

नई कविता का एक और नया स्वर

नंगी प्रार्थनाएँ

....

....

....

....

मसूरी हिल्स (देहरादून) की उस एक रात के नाम,
जिसे मैं, संतोष, और सावित्री
भूल जाना चाहते हैं!
—'मणि'
13 दिसम्बर, 1958

आई नो,
माइ ओनली प्रेयर, द नेकेड प्रेयर
विल नॉट रीच टू दी, देयर
इन दिस डार्कनेस
आई नो, आई नो, आई नो...

●

पॉर द' कॉकटेल्स
इट इज लेट। इट इज कोल्ड
इट इज स्टिल, इट इज डार्क
क्विकली, फॉर द' टाइम इज स्विफ्ट
एंड इट इज लेट, लेट
लेटर दैन यू थिंक
विद वन मोर आवर, वन मोर नाइट
वन मोर डे
समहाउ टु बी
किल्ड

●

एंड टु बी बॉर्न अगेन
माइ लव!
एंड, टु लव
एंड, टु बी लव्ड अगेन
माइ लव!!

नवम्बर, 1957 से सितम्बर, 1958 तक की

क
वि
ता
एँ

(एक) दैनिकता
(दो) शान्ति-पाठ : पत्नी की मृत्यु पर
(तीन) 'चार मीनार'
(चार) इब्तदाए-इश्क है रोता है क्या
(पाँच) एक चित्र
(छह) छात्रा का बर्थ-डे और गुलाब के फूल
(सात) अर्थहीन चिन्ताएँ
(आठ) किसी एक का जीवन-दर्शन
(नौ) सच, रात नींद टूटी
(दस) तप्त गृह
(ग्यारह) एक शब्द : अनुत्तरित-अभिशप्त
(बारह) बकरे और बकरे
(तेरह) नागरिकता
(चौदह) उत्तर की प्रतीक्षा
(पन्द्रह) वासन्ती
(सोलह) दीप-स्तम्भों का भाषण
(सत्रह) एक त्रिपदी
(अठारह) नैतिकता, एक गलत नकाब
(उन्नीस) तीन छन्दबद्ध सत्य
(बीस) हारे हुए का प्रलाप
(इक्कीस) एक मुक्तक
(बाइस) तुम नहीं प्रिय, समझ पाओगी
(तेइस) ध्वनियाँ-प्रतिध्वनियाँ
(चौबीस) किसी की लाचारी, किसी की लत
(पच्चीस) एक गजल के दो शेर

(छब्बीस) तुम्हारा दर्द मेरा है
(सत्ताइस) प्रेयसी ओ!
(अट्ठाइस) शैला चक्रवर्ती के तीन चित्र; और, एक प्रतिक्रिया
(उनतीस) कमसिनी
(तीस) अतीत की हँसी
(इकतीस) स्वप्न कथा
(बत्तीस) 'भरत' की प्रतिज्ञा
(तैंतीस) नई सुबह का एक गीत
(चौंतीस) हितोपदेश
(पैंतीस) सुनो!
(छत्तीस) स्वकीया
(सैंतीस) प्रार्थना के बाद
(अड़तीस) प्राथमिकी
(उनतालीस) यह अगहन का मास
(चालीस) उखड़े हुए लोगों की क्रान्ति
(इकतालीस) वसन्त-समृद्धि
(बयालीस) दो क्षणों का अन्तर
(तैंतालीस) प्रकृति-उर्वशी
(चौवालीस) एक हीरा, एक दर्द, एक गीत
(पैंतालीस) नारद
(छियालीस)
(सैंतालीस)
(अड़तालीस)
(उनचास)
(पचास)
(इक्वायन)

सूरज का रथ रोको मत

सब सूरज हैं
सभी ज्योति पर मुग्ध,
किरण पी, खिलने वाले प्रात-जलज हैं

जो चलते-चलते थक जाते हैं
जो अधरस्ते पर रुक पाते हैं
जो चौराहों पर किंकर्तव्यविमूढ़ खड़े हैं
जो मंजिल तक जाकर भी पीछे मुड़ आते हैं
यानी,
जो एक कदम भी चल पाएँ
सब सूरज हैं,
सबको राजपथों पर बढ़ने का मौका दो
अन्धकार के पार उतर जाएँगे सब जन
टूटी-सी भी नौका दो

ओ कैकेयी,
अपने दशरथ की धूरीहीनता बाँधो
देवासुर-संग्राम
भला हम कैसे जीतेंगे?
रथ के चक्के में अपनी बाँहें डालो
अपने स्नेह और विश्वासों को साधो
अन्धकार पर हम सब की जय हो
सूरज ऊपर उठ आए
नई दीप्ति से ज्योतिर्मय हो
अन्धापन लय हो!

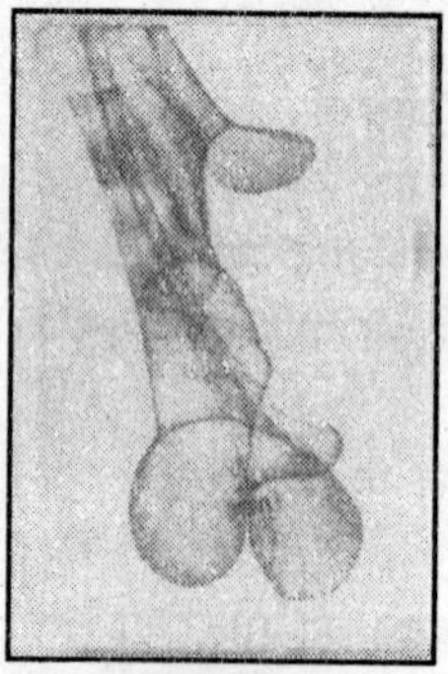

राजकमल चौधरी द्वारा
धागा एवं स्याही से
बनाया गया स्केच

सूरज का रथ रोको मत
ओ अंजन-पुत्र
लील लेना मत चाहो बालारुण
अन्याय करो मत
जो जीवन है; प्राण आत्मा है—उसे हारो मत
सूरज का रथ रोको मत
उस पर रखा है अमृत-घट
ऐरावत, अप्सरियाँ, धन्वन्तरि, कामधेनु, मणि-मुक्ताएँ...
ज्योति के पथ-वाहक अश्वों को आने दो, आने दो
नव प्रभात का पथ रोको मत

दैनिकता

सूरज खिड़की के बाहर दस्तक देता हुआ खड़ा है
पलंग के पास पड़ा है
धूल भरे टेबल पर :
'स्टेट्समैन' का प्रात-संस्करण
कॉफी का खाली प्याला
ऐश-ट्रे में धुआँ उगलता, अधजले एक सिगरेट का टुकड़ा
फोटो-स्टैंड पर अड़ी, सोफिया लोरेन
के
साथ
एक वस्तु है और, अलक्षित
अनचाही वस्तु
: जागरण!

छीन रहा निरमोही सूरज, राच्छस सूरज स्वप्न-आवरण
लाद रहा है मुझ पर दैनिकता, दिवस-ज्वार
जागो! जागो! जागो!
कमरे की हर चीजें लगा रही हैं नारा
किरणें सीधी तनी खड़ी हैं, देती भाषण
जीविकायापन का यान्त्रिक रुटीन कर रहा है मुझ पर शासन
मेरे मन की धूल भरी टेबल पर :
'स्टेट्समैन' के समाचार, काली कॉफी की स्फूर्ति
ऐश-ट्रे की लाचारी, और

(फ्रेम से बाहर भागी नहीं आएँगी) मिस लोरेन
के
साथ
एक वस्तु है और, सुलक्षित
मनचाही वस्तु
: जागरण!!
सूरज खिड़की के बाहर दस्तक देता हुआ खड़ा है
उठता हूँ, अँधियारे की बिस्तर तज
कुछ और नहीं है इससे और सहज

शान्ति पाठ : पत्नी की मृत्यु पर

उसकी उपस्थिति का धुआँ कर देता था, दीवारें मन की स्याह
श्वेत आँखें, थरथराते ओठ, टूटी हुई (बार-बार) लज्जा के मुस्कुराते हुए फूल
देख लेता था, नींद आ जाती थी।
एतद्धि।।

प्रथम-प्रथम मिले थे हम...कहाँ?
अजन्ता-एलोरा की गुफाओं में...
ताजमहल होटल की संगमर्मरी सीढ़ियों पर...
दॉस्तोएवस्की के उपन्यासों के पात्रों के बीच...कहाँ??
कहीं भी मिले हों। अवस्त्रा थी वह मेरी वासना की तरह
उसके मुखड़े पर भयार्त्त स्पष्टवादिता
कामना अखंडिता...
तभी तो, ढक दिया मैंने उसे विवाह से, परिवार से, देह से
पुत्र-पुत्रियों के पवित्र वस्त्रखंड से (या, कफन से?)
ढक दिया मैंने उसका नंगापन
पहना दिया सामाजिक-धार्मिक बन्धनों का बुर्का
स्तनों में दूध, आँचल में फ्लैट की चाबियाँ, असंख्य भय
लगातार नरकों का, पापों का।
और, उमस से, घुटन से, दर्द से, चीख-चीत्कार से
भर गई वह।
मर गई वह।।

हे विधाता, देना उसे चिरशान्ति
वे सभी वस्तुएँ, जो वह कभी नहीं माँग सकी।
(मैं अपने लिए
कभी तुमसे कुछ नहीं माँगूँगा...)

'चार-मीनार'

गोबर की गन्ध
दोनों ओर से झरते हुए सिरे
'माइ कैंडिल बर्न्स एट बोथ एंड्स'
उँगलियों पर निकोटिन के दाग
पीले-से धब्बे
तिक्त
काषाय
तीखापन ही तो तुम्हारा धर्म, व्यवसाय
धूम-कुंडलियाँ
गुब्बारे
बैलून (फूले हुए, पिचके हुए।)
धुएँ की गलियाँ
बो-बाजार
पार्क-स्ट्रीट
न्यू मार्केट
चाइनीज औरतों के घर
अफीम
मन की कहीं नहीं सीमा
नहीं विराम-चिह्न
चक्कर लगा आऊँ लगातार
कहो, यार?
चार-मीनार!

इब्तदाए-इश्क है, रोता है क्या

भूख की खातिर और प्यार के लिए
बीती यादों के लिए होती हैं कलाएँ जाहिर

खजुराहो की नर्तकियाँ
एलीफेंटा की त्रिमूर्ति
कोणार्क में मैथुनलीन जोड़े
जगन्नाथपुरी के इर्द-गिर्द नग्न म्यूराल्ज
आदमी उन्हें झेलेगा, सहेगा
उनमें जिएगा, रहेगा

आदमी उनमें जीता है, रहता है
फेंकता है हाथी-दाँत के पाँसे
(खाने के और, दिखाने के और।)
लगा देता है द्रौपदी पर आखिरी दाँव
हाथी को कभी होता नहीं फील-पाँव
अब तक यही देखा है
यों जानता हूँ
यही नहीं जीवन की अन्त रेखा है

यह तो है इब्तदाए-इश्क
यह तो है सिर्फ भूमिका इतिहास की,
एक सुखान्त नाटक की नट-नटी का प्रवेश मात्र!

एक चित्र

कमल का वन
श्वेत ऊषा का गगन
—सा मन
होता हुआ रक्ताभ
तम भी नहीं
नहीं घन
दुख भी नहीं
सुख के नहीं क्षण

मन को महज
  सौंदर्य का ही लाभ

छात्रा का बर्थ-डे और गुलाब के फूल

कैलेंडर : चाय बीनती हुई खासिया युवती
गुलदस्ते : मुस्कुराते हुए डेलिया के हसीन फूल
रेडियो : उफनता हुआ 'रॉक-रॉक-रॉक बेबी, रॉक'
ड्राइंग-रूम : डिनर-पार्टी की सजती हुई तश्तरियाँ
बरामदे : नाचते हुए आदम के बेटे, गाती हुई परियाँ
क्या नहीं?
सब कुछ, सारा कुछ...
और,
मुझसे कहती हैं, मृदुला—
आज जाइए, मास्टर जी
अपने घर, जी ऽ
है मेरा जन्म-दिवस
प्रेजेंट्स लेके आ रहे हैं परिचित-अपरिचित बन्धु
हो रहा है नाच-गाना
आज जाइए, मास्टर जी
नहीं पढ़ूँगी, जी ऽऽ

मुरझा गए हैं
मुरझा गए हैं मेरी जेब में पड़े गुलाब के फूल
अपने घर लौट आता हूँ
सिर्फ एक रात
नहीं मुस्कुराता हूँ, नहीं मुस्कुरा पाता हूँ।

अर्थहीन चिन्ताएँ

आकाश के अस्थिर-चित्र नीचे झुकेंगे और
झुकेंगे, झूलेंगे मेघ
ऊँचे वृक्षों के माध्यम से धरती
(क्वारी है अब तक जिसकी पिपासा)
ऊपर उठेगी
उठती, उभरती, उजागर होती चली जाएगी
और,

अनेक निरुद्देश्य लोग यों ही जग जाएँगे
बेकार, बेमतलब...
वायु के पथहीन झोंकों से चौंक कर
टूट जाएगा, उनकी विवशताओं का खुमार (क्षण भर को सही!)
आदमी है आखिर; जग जाएँगे
मोटी-मोटी फाइलों का कूड़ा बुहारने लग जाएँगे
ऑफिसों की टेबलों पर ऊँघते हुए लोग
और,
जीवन की पांडुग्रस्त रोशनी का बौना स्तम्भ
ऊँघती छायाओं से
अन्धे परिन्दों से
ऊदी भनभनाहटों से घिर-घिर जाएगा—व्यर्थ!
फिर, हम गलियों में जाएँगे
अँधेरे में अ-लाज, अ-भय,
उतार फेंकेंगे
शील का रेशमी वस्त्र-खंड
निपट नंगे हो जाएँगे
मगर, किसके लिए? किसके लिए? किसके लिए?
अहल्या
(तुमने ही दिया था शाप, हे गौतम!)
तो, पत्थर की चट्टान बनी सोई है
अभी तक,
अनागत के आने की दुविधा में खोई है
और,
कई व्यक्ति (तुम जैसे ही। मुझ जैसे ही।)
चौराहों के बुझे हुए लैम्प-पोस्ट
खेतों के उजड़े मचानों के बाँस-खम्भे
फूल पात फल डाल-रहित वृक्ष
ऊँचे शो-केसों के पारदर्शी शीशे
(जिनमें खड़ी हैं प्लास्टर की औरतें)
उगाए गए, गुलदस्तों में, प्लास्टिक के गुलाब
खड़े हैं
थकी-थकी, टूटी हुई भयभीत मुद्राओं में—उफ्!
और,

कहीं कोई शब्द नहीं, वाक्य, ध्वनि, छन्द, गीत नहीं
उठता-उभरता है उनके (अर्थात् हम सब के) भीतर।
छन भर भी झनकते नहीं तार
मौन रहती है आत्मा की वीणा...

मगर,
वे नहीं गाएँगे
मगर,
वे नहीं सोई हुई अहल्या को जगाएँगे
तो क्या
जन्म नहीं लेगा राम?
तो क्या
कोई नहीं गाएगा?
गूँगा ही रह जाएगा सारा संसार??

किसी एक का जीवन-दर्शन

जीवन के रास्ते
छोड़कर आ गए अन्धे गलियों में हँसते-विहँसते
लौट गईं सुन्दरताएँ आ-आकर पास
लौट गए सपने होकर उदास
लौट गईं हवाएँ (फर्ज करो, प्यार की) दूर देस चली गईं
आत्मा की होलिका बार-बार जलाई गई
बस, अब तो उमस है
नहीं जीने में यश है, न रस है

दो बजे रात तक 'एम्बेसी' होटल में बजता है बाजा
दो बजे रात तक अप्सरियाँ गाती हैं
लौट आओ, लौट आओ सपनों के राजा!
और, मेरी ब्याहता
मोटी-सी कश्मीरी औरत,
चीखती है नींद में–
नहीं जाओ, नहीं जाओ अब कहीं
मैं तुम्हारे राहुल की माँ हूँ, या कोई नहीं?

वह लगातार फेरती हैं करवटें
चिपक जाते हैं मुझसे उभरे हुए मांसपिंड, बन्धन-सी लटें
किन्तु, याद आने लगती हैं बीती हुई स्वरलहरियाँ
स्मृतियों की जादूगरनी किन्नरियाँ
यशोधरा है, बार-बार चीखती
मगर, मुझे पलटने की कभी राह नहीं दिखी, न दिखती
नशे में घर से बहुत दूर चला आता हूँ
दिल है खुमारों में गिरफ्तार, मजबूर; जला जाता हूँ
मन की डालियाँ झुकती हैं
और, कथा रुकती है...

वैसे, कभी-कभी सोचता हूँ, अभी खोया नहीं हूँ
जरूरत पड़ी है तो हँस गया हूँ, रोया नहीं हूँ
यही क्या कम है, अपनी मौत के बाद
फरिश्तों से नहीं करता हूँ रहम की फरियाद!

सच, रात नींद टूटी

रात नींद टूटी
तो आत्मा पर दर्द की लहर एक फूटी
बहने दिया
फूल तो सारे बन गए निर्माल्य
वृद्धत्व बन गया बाल्य
रहने दिया
और सोचा, सपने देखने की आदत तो छूटी
सच कहता हूँ, मित्र,
रात नींद टूटी

तो आत्मा पर दर्द की लहर एक फूटी

तप्त गृह

इस घर में नहीं आई है कभी कोई प्रेमिका
न सावित्री, न मेनका

इस घर में नहीं खिला है कभी कोई फूल
न पत्ते, न शूल

यह अभाव, खिड़कियों से लाता है खींच बहुत गर्म हवा
फुटपाथ से गुजरती छायाएँ मौन, नहीं गम की दवा
आत्मा की शीतलता ज्वरग्रस्त है

ध्वनियाँ शून्य को पहना रही हैं उच्छिष्ट शब्दों की नकाब
गुलदस्ते टेबलों पर खिला रहे हैं कागज के गुलाब
आत्मा की मौलिकता ज्वरग्रस्त है

थके हुए प्रेत की तरह कब्र से उठती है महाकाली की अर्द्धनिशा
सड़े हुए व्रणों की दुर्गन्धि में बिखरती है दशा-दिशा
आत्मा की पवित्रता ज्वरग्रस्त है

और, वह भूकम्प जो अस्तित्वों को हिला देता है जड़ से
अभी-अभी आरम्भित होगा यहीं से, इसी घर से

एक शब्द : अनुत्तरित-अभिशप्त

मैंने सुनी हैं, टूटे हुए मन्दिरों में कैद
भीमाकार घंटियों की ध्वनियाँ
मैंने पाई है अपनी आस्थाविहीन आत्मा में कैद
वाणी, जिसे प्रलयपूर्व निस्तब्धता निगल गई
मैंने लिखा है, उजड़े हुए उद्यानों में कैद
गीत, जो कोकिल-कंठ में ही मृत हुआ, नहीं अमृत हुआ
कभी खिली ही नहीं
कहीं भी (ऐसा लगता है)
आम्र-मंजरियाँ
और, अन्ततः मैं सुनता हूँ
(सच है, अपने ही गीतों पर सिर धुनता हूँ)
वह शब्द, जो तुमने कभी कहा नहीं
वह शब्द, जिसका उत्तर मैंने कभी दिया नहीं
वह शब्द ही अभिशप्त है
और हम-तुम (ऐसा लगता है)

मौन से जकड़े हैं
दोराहे पर खड़े हैं

बकरे और बकरे

विजयादशमी के लिए खरीदे गए बकरे
बहुत उदास हैं
उनकी फटी-फटी दृष्टि में मृत्यु-आतंक
शायद, जानते हैं वे भविष्य
कि, भगवती को उनके रक्त की प्यास है
कि, वे बलि-स्तूपों में बँधे हैं
कि, पंडे रेत रहे हैं कृपाण
पता नहीं...
शायद, वे कुछ भी नहीं जानते हों
शायद, वे मृत्यु को भी नहीं पहचानते हों

ऐसी ही खामोशी, यही निगाहें, यही आतंक
मैंने देखा है
फुटपाथ पर चलते लोगों के पास

नागरिकता

यही है सद्भावों की चरम पवित्रता
इससे अधिक नहीं दे सकती है मित्रता
सहानुभूति का सबूत
बस, एक प्याली चाय, एक सिगरेट
पत्नी से पैसे छिपा पाए हों, तो
आइसक्रीम की प्लेट
चाय हो जाती है भूखे उदर में शीतल
सिगरेट बुझा देती है राखदानी का जल
आइसक्रीम प्लेट में पड़ी-पड़ी पिघलती है
रेस्तराँ की साँझ का यौवन ढलता है

और,
अँधेरे में खो जाते हैं नागरिक मैत्री के दूत
देकर अपनी सहानुभूति का सबूत

उत्तर की प्रतीक्षा

सुनो, प्रिय,
करो दृष्टियाँ उत्थापित, आस्थायित। अनुरागित
करो नयन
तुम करो स्पर्श निज स्निग्ध कपोल, जो बने रहे श्वेत
पुराने तकिये पर फैले। एक बार तो
खोलो बाँहें, जिनसे घिरे हुए हैं
स्तन-शिशु!

खाली बिस्तर पर सिर भारी-भारी-सा रहे ख्यालों में डूबा, हरदम
क्यों?
पड़ी रहें मृत अजगर-सी बाँहें, उत्तापहीन, अतिशीतल,
क्यों??
कोई मृदुल, सुहाना सपना बार-बार झकझोर जाए, अनिमन्त्रित
क्यों???
मुझको उत्तर दो!

वासन्ती

आकार ग्रहण करती हुई रूप ज्वालाओं का
है यह प्रणय
आभार ग्रहण करती हुई समुद्र बालाओं का
है यह समय
लज्जा से आरक्त फूलों का, सुरभि-मालाओं का
है यह विषय

मदिरालसा तरणी आकाश-गंगा में तिरती है
लहरों पर वंशी-लय
गगन नहीं, अटा-अटा श्याम घटा घिरती है
पर, नहीं वर्षा-भय

दीप-स्तम्भों का भाषण

कतारों में जनमे
पर जीवन भर रहे अकेले ही, सहमे-सहमे
मरेंगे (भी) एकान्त
इसी मरु के ज्वलित अग्निल प्रान्त
सौन्दर्य और अनुभव और ज्ञान
फैलते हैं—फैला करें
हमारा यही लेखा है
शिखा की स्याही से अपना तन मैला करें
मरीचिकाएँ
सच है, लगती हैं गंगाजल
किन्तु, हम (चिन्तनशील युगपुरुष हैं!)
शून्यता से ही प्राप्त करते हैं आत्मबल
जीने का सम्बल

मृगमरीचिकाएँ
सच है, लगती हैं गंगाजल
जिसके किनारे खड़ी है
कोई कुन्ती, कोई मत्स्यगन्धा, कोई अम्बा-अम्बालिका
मगर, हमें क्या पड़ी है...!
हम मरुभूमि के बालुका-स्तूप हैं
(प्राण बचाती है ऊँटों की पंक्तियाँ घुसाकर नाक)
हम सन्ध्या की धूप हैं
हवा में गीत बिखरते हैं, बिखरा करें
नए-नए फूल निखरते हैं, निखरा करें
घाट-बँधी नौकाओं को बुलाते हैं ज्वार
हमें क्या?

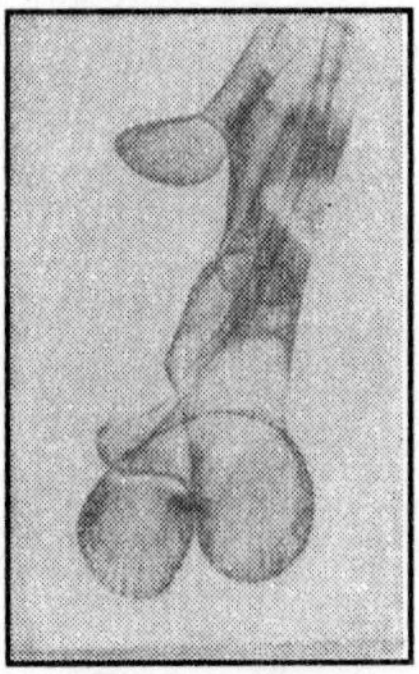

राजकमल चौधरी द्वारा
बनाया गया स्केच

हो सकता है, अब तक साबित-सलामत हो पतवार
हमें क्या?
हमारी यात्रा है रुकना ही
हमारी मंजिल है पथिकों के आगे झुकना ही
चाहें जिस ओर जाते हों
सभी यात्री प्रणम्य हैं
इतना-सा सत्य हमें बोधगम्य है
ज्योतिर्मय करनी हैं सभी राह
हम चौराहों पर खड़े हैं
सहते हैं, चलने की इच्छा का दाह

एक त्रिपदी

आँसू के काँटे तो सह लूँगा
मुस्कानों के फूल नहीं मारो
यों भी तो जीवित हूँ, रह लूँगा
आशाओं के शूल नहीं मारो
जीवन तो गंगा है, बह लूँगा
झूठे बन्धन के कूल नहीं मारो

नैतिकता : एक गलत नकाब

तुम्हारी दंशित आत्मा
आत्मा पर बैठा हुआ पापी प्रेत
प्रेत का
सात समुद्र पार की राजकन्या से मोह
और, सच्ची कहता हूँ
तुम्हारी इस प्लेटोनिक भावुकता पर
शतशत स्वर्गों के इन्द्रों ने मुस्कुराना शुरू किया
रहम करना भी

इन्द्रों ने खिलखिलाना शुरू किया
और, रहम करना भी
तुम्हारा शीतग्रस्त नपुंसक अर्जुन
तुम्हारी अपमानिता उर्वशी
जल रहे हो तुम दोनों
फटी-पुरानी नकाबों में चेहरा छिपाए
ओ अर्जुन!
(अर्थात, ओ मेरे आत्मज; ओ मैं!!)
फिर भी, क्यों उसकी स्मृति
ताजा है हर सुबह के साथ
रक्त होते हुए श्वेत कमल के साथ
किरणों के साथ?
वह स्फटिक युवती
जिसका शरीर है विराट वटवृक्ष
फूल कभी लगे नहीं, फल कभी उगे नहीं
कोंपलें आईं और बिन कहे मुरझा गईं
मर्सिया गा गईं
तुम्हारे दाह-संस्कार पर हँसती हैं
नीरव निशा में
एकान्त में
मुझे दुःख है
नहीं देख पाते हो तुम, उसके अधरों की वक्रता
चील-कौए खोद चुके हैं तुम्हारी आँखें
तुम अन्धे हो
मर चुके हो!

तीन छन्दबद्ध सत्य

राह है
पर भटकना
ज्ञान का अभिमान करना है
सच यही है

थाह है
पर डूब जाना
प्राण का अपमान करना है
सच यही है

चाह है
पर मौन रहना
लक्ष्य का सन्धान करना है
सच यही है

हारे हुए का प्रलाप

मैंने यह तय किया
अभय होकर यह समर्थ निर्णय किया
नहीं डरूँ तनिक भी वंचकों से, निरस्त्रों से
द्रौपदी को अपने आलिंगन में खींच लूँ
वाग्दत्ता नहीं सही प्रणयदत्ता थी वह
बना दूँ उसे दिग्वसना
चतुर्दिक लिपटे रेशमी वस्त्रों से निकाल कर
वह प्रकामा, प्रशस्ता, कामधेनु
कंचन थी उसकी पद-रेणु
—यह मैंने सुना था
किन्तु,
द्यूतोपरान्त जब वह लाई गई
बेच डाली गई
मैंने देखा—
उसके मुखड़े पर थी बहु-व्यवहारिताओं-सी बीभत्स, तैल-रेखा
गोमांस के बड़े टुकड़े-सी देह
हविष्य नहीं, उच्छिष्ट

मैंने यह निश्चय किया
व्यर्थ ही पांडुपुत्रों को हमने विजय किया

मैं दुःशासन हूँ
श्वासन नहीं करता
ले जाओ,
हे कृष्ण!
द्रौपदी ले जाओ
उसे कपड़ों से ढक दो
चील-गिद्धों से बचाओ, उसकी रक्षा करो!!

एक मुक्तक

पलकों की पाँत में सतरंगी सपनों के फूल उगे
दुनिया की बगिया में लेकिन थे शूल जगे
तुम पास चली आओ, हम पार चले जाएँगे
थाम लें पतवार हम, तो नाव नहीं कूल लगे?

तुम नहीं प्रिय, समझ पाओगी

शाम थी, उगने लगा था अँधेरा
मैं अकेला, मौन; घास पर लेटा हुआ
चिन्तित था बहुत
तुम न आई थीं...
तभी, ऊँची डाल से गिरकर
निकट आया एक मुरझाया फूल, सूखा फूल
झहरे पंख उसके
इसलिए, था भय नहीं, कुंठा नहीं कुछ थी
बीच में दीवार बन कर;
इसलिए, हम मुक्त मन से
(आवरण कोई नहीं था आत्मा पर)

देर तक करते रहे कितनी तरह की बात, यों ही
मौसमी-बेमौसमी!

तुम नहीं प्रिय, समझ पाओगी
कि, डाल से टूटे हुए, बिखरे हुए दो व्यक्ति
मिलते हैं,
तो भला, क्या बात करते हैं
तुम नहीं प्रिय, समझ पाओगी
क्योंकि, सच है,
तुम्हारा आशियाना है सलामत!

ध्वनियाँ-प्रतिध्वनियाँ

मैं नंगा भिखमंगा हूँ। किन्तु, पुनः खिले गुलाब
मेरे उपवन में। पहने हुए सौन्दर्य की नकाब
जो नहीं फटती है कभी, अँधेरा हो या धूप
रसोई घर में सोई हुई पत्नी हो गई कितनी कुरूप

क्यों कहती हो, दिया है मैंने ही यह सारा दुख
इतनी ही बदली है बात, निर्झर हो गया अन्तर्मुख
विषदृष्टि नहीं देखो मुझे, यों ही प्रलय घेरे हैं
नजरें तुम्हारी ही सही, प्राण, आँसू तो सभी मेरे हैं

कह गई है शाम की हवा मुझसे बहुत सारी अफवाहें
बदल गए हैं तुम्हारे रस्ते, बन्द हो गईं हमारी राहें
अस्तु तुम न कहो–लौटा मेरा अकलंक विगत दो
(यों ही समझ जाऊँगा) पूछने पर कुछ उत्तर मत दो

यह ताजा गुलाब है, करो हे प्रियतमे, इसे स्वीकार
इन दिनों (कम-से-कम) फूलों से नहीं झरते हैं अंगार

तुम्हारी अक्षत आत्मा को नहीं पहुँचेगी कोई भी क्षति
नहीं जलेंगी उँगलियाँ ही। मिलेगी अतीत को सद्गति

चट्टानों के बीच उगी कलियाँ करती हैं मेरा इन्तजार
अन्तहीन रेगिस्तानों में गाते हैं मेरे लिए ही आबशार
प्यास कभी बुझे नहीं, आवारा फिरूँ तिश्नगी के लिए
सोचता हूँ, इतना ही काफी नहीं है जिन्दगी के लिए?

मेरे सिरहाने खड़ी हुई, इस पूनम की रात का आकार
अक्षत और पवित्र और शीतल, एक नंगी तलवार
बेबसी है, नहीं दे पाऊँगा कभी कल्पना को भी प्रश्रय
मैं हूँ, तलवार है, (तुम नहीं हो) और है केवल भय

किसी की लाचारी, किसी की लत

हम थे प्रगाढ़ आलिंगन में आबद्ध, एकरूपायित
बेसुध, बेहोश
फिर भी, हममें था वर्ग चेतना का गौरव
हम बँधे हुए थे
भय से, किसी गीत की मोहक लय से
की ही थी कभी नहीं अपने सम्बन्धों की परिभाषा
थी कहीं नहीं एक-दूसरे से अपने मन की भाषा
हम अन्धे थे
दृष्टिहीन!
चुप थे, जब आपस में कुछ कहना-सुनना था
बोले, जब कुछ भी नहीं किसी से कहना था, गुमसुम रहना था
हम हार गए, प्रिय, सदा वासना जीती
हम हार गए दुर्बल थे, चंचल थे, पागल
जब मिलना चाहा, लगा रोकने जन-समाज
लेकिन, रहे सभी दिन हम तो अभय-अलाज
कोई सीमा बाँध न पाई

हम थे प्रगाढ़ आलिंगन में आबद्ध, एकरूपाकृति
बेसुध, बेहोश
फिर भी, हममें था कुल-संस्कार का गौरव
हम बँधे हुए थे
भय से, आदिवासनाओं की जय से
वैसे तो हम थे आदिशत्रु, एक-दूसरे के हिंसक
तुम दुर्बलताओं की मूलभित्तिका नारी
मैं ज्योतितीर्थ मानव!
इसीलिए, अवचेतन में बन्दी कुछ शब्द बने विद्रोही
मन का बन्धन तोड़, अधर से बाहर फैले
तुम चिल्लाई, बादल मेरी आत्मा पर बरस गए
मैं भींग गया
तुम बोलीं—यह सारे बन्धन मिथ्या हैं!
मैंने सोचा—एकाकीपन ही है शाश्वत सत्य!!
तुम चली गई फट गया कुहासा
जल गए अँधेरे के वे सातों पर्दे
जिनमें छिपकर हम-तुम मिलते थे
फूलों के निर्माल्य बने खिलते थे
फट गया कुहासा, किरणें फूटीं, जमी धूप
हम चौराहे पर अलग हुए
तुम अपने कमरे की दीवारों में बन्द हुईं
स्वच्छन्द हुईं (?)
मैं अन्धी गलियों में आवारा कुत्ते-सा घूम रहा हूँ
मुँह में सूखा हाड़ दबाए
स्मृतियाँ...
मर गई हमारी वर्ग-चेतना
मर गया हमारा सारा कुल-संस्कार
हम भस्म हुए
अब कोई भय मुझको या तुमको नहीं रहा
तुम खुले हुए कमरे का दरवाजा हो
कोई भी भीतर जा सकता है
मैं गलियों का आवारा कुत्ता हूँ, मेरा क्या है
कभी कहीं भी आ सकता हूँ

आऊँगा
अन्धकार पूरा घिरने दो, तुम्हें मनाऊँगा

सच है, हम दोनों का आधार और अस्तित्व गलत है
प्यार तुम्हारी लाचारी है, मेरी वहशी लत है

एक गजल के दो शेर

सुबह में सूरज उगा ही नहीं आकाश में
शाम को तारे खिले तो क्या खिले
जिन्दगी भर हम चलते रहे अकेली राह पर
पार मंजिल के मिले तो क्या मिले

तुम्हारा दर्द मेरा है

तुम्हारा दर्द
है मेरी आत्मा पर चट्टान का भार
तुम्हारा दर्द
है मृत्यु की अन्तिम मुस्कान का भार
मेरे अधर पर
जीवन के तार-तार, स्वर-स्वर पर
तुम्हारा दर्द मेरा है
तुम्हारे अँधियारे ने आज मुझको घेरा है
तुम हो मेरी एकमात्र बन्धन
तुम्हारा दर्द एकमात्र संगी

तुम्हारी अश्रुपूरित आँखें, आरक्त, अचकित, अचंचल
तुम्हारे थरथराते अधर बेहोश, पीत
फिर भी, मिलती हैं हमारी आँखें, हमारे अधर
उदासी के आलम में

आँसुओं में, उजड़े हुए उपवन में, गम में
हम दोनों डूब गए हैं, बहती है चतुर्दिक अगाध जलधारा
रक्त-कमल खिलते हैं
फिर भी, इस अकेले क्षण
हम एक हो गए हैं आँसुओं का बन्धन कर छिन्न
तुम्हारी पीड़ाएँ मेरे हृदय पर उतर आई हैं
तुम्हारे दर्द की छाया में मेरा बसेरा है
तुम्हारा दर्द मेरा है

तुम्हारा दर्द मेरा है
फिर भी, मैं नहीं मानूँगा कि नहीं है राह, सिर्फ अँधेरा है
आओ, हम श्रम करें, संघर्षरत हों
तोड़ दें इस जबरदस्ती लादे गए दर्द का कारागार
तोड़ दें पथ रोकने वाली हर एक दीवार
आओ, मैं बुलाता हूँ, चली आओ
पीड़ाएँ भूलकर एक बार मुस्कुराओ
विश्वास करो, सामने ही उजाला है, सबेरा है
क्योंकि, तुम्हारा दर्द मेरा है

प्रेयसी, ओ!

लगता है
जागरण की बातें कर आदमी, अपने को ठगता है
लगता है
चिरनिद्रा-विमग्न है सारा यह विश्व
सुबह लाओ, प्रेयसी, ओ,
पूरब की दिशा से हवा लाओ
अन्धकार का बीमार हूँ मैं, रोशनी की दवा लाओ
प्रेयसी ओ,
सोया हुआ सूरज है पथ में, जगा लाओ
खोल दो खिड़कियों के दरवाजे
स्याह-स्याह सभी पर्दे हटा दो

यों ही इस कमरे की सुन्दरता मत सड़ने दो
आने दो किरणों की पाँत
धुल जाए हर चीज
अँधेरे की धरती पर फूलें-फलें ज्योतिप्रणव बीज
यह कमरा हो नग्न
निपट नंगा...
टेबल पर रखे बंगाली होटल के जूठन भरे प्लेट : डीसेंट्री
बिस्तरे पर धूल की लगातार परतें : लापरवाही
सिगरेटों के डिब्बे : आदत
ऐश-ट्रे : ऐयाशी
फ्रेम में ऊँघती हुई मधुबाला : आवारापन
कविताओं के नोट्स : जीविका
खूँटी पर टँगा हुआ वायलिन : कला-प्रेम
मैले हुए, सिकुड़े हुए, फटे हुए कपड़े : रियलिटी
और,
फर्श पर बेतरतीब फैली हुई किताबें :
अरविन्दो
शेली
नाजिम हिकमत!
बताओ मुझे, प्रेयसी ओ, घर कहाँ है मेरा?
समझाओ मुझे, इस कमरे का मालिक है कौन?
मुझको तो लगता है
इस बन्द और खाली कमरे में
मैं नहीं रहता हूँ, कोई नहीं रहता है
बन्द है, खाली है सारा यह विश्व
और, इसमें रहने का अधिकारी अभी नहीं आया है
अभी नहीं जन्म ले सका हूँ मैं
पा नहीं सका हूँ अपना आकार
मगर, पाऊँगा
किरणों की माला से कमरा सजाऊँगा

मुझे अब नहीं सोने दो
प्रेयसी ओ,
मुझे अब नहीं रोने दो

अब नहीं सपनों की नदियों में विकल प्राण धोने दो
अब नहीं, प्रेयसी ओ, अब नहीं...

शैला चक्रवर्ती के तीन चित्र, और एक प्रतिक्रिया

सुन्दर, सतर्क निगाहों वाली नई-नई माँ लेती अंगड़ाई
और, पास ही खेल रहा बालक अबोध

ऊँचे, आलमगीरी अलमीरों में किताब चाटता कीड़ा
और, धँसी उसकी आँखों पर मोटा चश्मा

'ब्रिस्टल' में शराब के गिलासों से घिरा हुआ नौ-सैनिक
और, बगल में अधनंगी सोई प्रौढ़ाएँ

—तस्वीरें देख, अचानक मन भारी होता है
इन सात हजार वर्षों में
हम इतना ही आगे हैं चल पाए
अब तक रच पाए हैं केवल तीन वाक्य
सो भी अपूर्ण
मूर्खा माँ, बालक अबोध
पागल कीड़ा, मोटा चश्मा
सस्ती शराब, अधनंगी औरत...
इन वाक्यों में क्रिया नहीं है
इन वाक्यों में क्रिया नहीं है
केवल है गत्यावरोध
है मृत्यु!

कमसिनी

बहुत कमउम्र हैं हम, नहीं देख पाएँगे अपनी शवयात्रा
और

इन मुर्दा रातों में बढ़ गई है बहुत, इच्छाओं की मात्रा
और
बिस्तरे पर मैली चादर है, रजाई में लगे हैं सौ पैवन्द
और
विकल कामनाओं की आत्मा, फिर भी, गढ़ लेती है नए छन्द

मन की मिट्टी अभी तक उर्वरा नहीं है, बहुत क्वारी है
नए-नए छन्द हैं, गीत, लय, राग हैं, और,
आत्मा पथहारी है!

अतीत की हँसी

नहीं चाहा, पर अगत्या बन गई
एक आदत
आवश्यकता; फिर आत्महत्या बन गई
धुएँ जैसी धुँधली अतीत की हँसी।
और,
इच्छाओं का भित्ति-परिवर्तन
भय, आतंक, जोड़-जोड़ में थकान
पहाड़ियों के बीच एक पतली-सी सड़क
और, शाम।
दौड़ती हुई, भागती आई एक गर्भवती हिरणी
मेरी छाया में छिप गई
दूर तक अँधेरे में मेरे पास चलती रही
पलती रही
मगर क्यों?...समझ नहीं पाया!
बहता हुआ जल, बढ़ता हुआ जल
डूबता हुआ आदमी
किनारे पर खड़ी विक्षिप्त औरत :
सभी बुझी हुई किरणें पकड़ना चाहते हैं
उजाला, हँसी, जिन्दगी चाहते हैं।
मेरी छाया में पलती हुई हिरणी

कहती है–
मुझे खरीद लो
वायलिन-सा टाँग दो दीवार पर
बजाओ नहीं
फटे-पुराने कोट-सा लटका दो खूँटी पर
पहनो नहीं
पिन लगाकर टाँक लो बटन-होल में
सुगन्धि लो नहीं।
और,
वह हँसती है
धुएँ जैसी धुँधली अतीत की हँसी
जो बन गई
मेरी आदत, अगत्या
पहले आवश्यकता बनी, फिर
आत्महत्या।

स्वप्न-कथा

स्वप्न-बद्ध पलकों की छाँव तले, गीत खिले
शब्दों के अधर हिले, झरने कई फूट चले
जिनका स्वाद नहीं ज्ञात
जिनकी ध्वनि से कभी न मुलाकात
जिनका परिचय-अपरिचय मुझे मालूम न था
यों बात कोई और है
कि मैं था बहुत गुनहगार, कभी मासूम न था
तो, वातावरण में गीत नए
अनागत के स्वागत को चले गए
ये गीत बड़े प्यारे थे, सो, मुझसे कुछ कहने लगे
यों बात कोई और है
कि, फिर भी हम-दोनों खुश न हुए, गीत सहने लगे
और, करवटें लेने लगीं
बिस्तरे की, मन पर, सिलवटें लेके जगीं

सूखी नदिया पर बहती-सी हुई कागज की तरियाँ
यों बात कोई और है
कि, नृत्य करती हैं इन नौकाओं में सच्ची अप्सरियाँ
....
....
एक नई ऋचा बाँधी गई, नया स्रोत बाँचा गया
नए सपनों की धुन पर सारी रात नाचा गया
....
और मुझे लगा कि सच में, हम तुमसे मिले
गीत खिले, स्वप्नबद्ध पलकों की छाँव तले

'भरत' की प्रतिज्ञा

डस्टबिन की बगल में कूड़े के ढेर पर अड़ी हुई
ट्राम-जंक्शन के पार्श्व में कोयले के टीले पर खड़ी हुई
पार्क में, काठ के टूटे-से बेंच में ताजा शव-सी गड़ी हुई
एक अर्धविक्षिप्ता नारी, कल बनेगी माता
नए जनमे हुए चमगादड़ नोचने लगेंगे उसके सूखे स्तन
जय हे, जय हे, जय जय जय हे, भारत भाग्यविधाता
गाएँगे स्कूली लड़के-लड़कियाँ, हर रोज, हर क्षण...

कन्धों का सहारा दिये, अपनी बाँहों में बाँध कर
अँधेरी गलियों से उसे खींच लाता हूँ अपने घर
तभी तड़प उठता है कानों में मकान-मालिक का निर्दय स्वर
'यहाँ नहीं लाने सकता है, भद्रलोक का गृह है
कैसा मानुस है तुम, क्या नया-नया आया है कलकत्ता?'
कहाँ जाएगी फुटपाथ की यह शकुन्तला, विश्व निस्पृह है
मैं आश्रमहीन कण्व हूँ, और दिशाएँ हैं दुष्यन्तों की सत्ता

इसी विश्वास पर, किन्तु, जीवित हूँ, जाग्रत हूँ, कार्यरत हूँ
कण्व नहीं हूँ, न सही, किन्तु ओ माँ, मैं तुम्हारा भरत हूँ

हितोपदेश

बुरा नहीं है
सपनों के महल बनाना
बुरा नहीं है
आशा के कुसुम उगाना
पर,
सपनों को भौतिक आधार चाहिए
फूलों के पौधों को आहार चाहिए

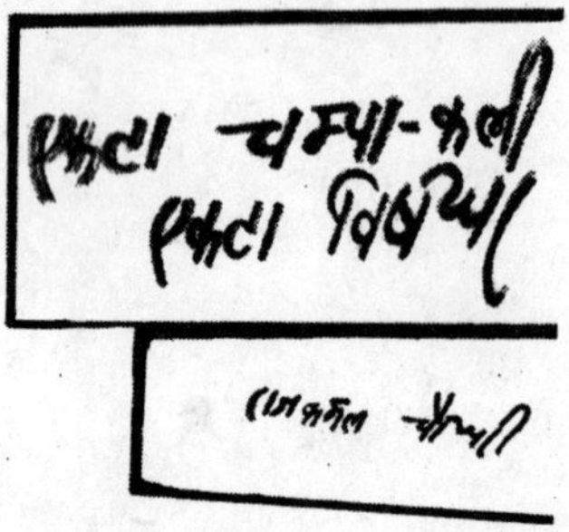

सुनो!

कागज पर फैले हुए शब्द,
सुनो,
पंक्ति की शक्ति नहीं हारो
अधरों पर उगे हुए गीत,
सुनो,
काव्य की भक्ति नहीं हारो
धरती पर उठी हुई पौध,
सुनो,
जल की अनुरक्ति नहीं हारो

कभी शाश्वत यथार्थों का
सम्मान नहीं हारो
स्वीकारो जीवन को, संघर्षों को
प्राण नहीं हारो

स्वकीया

जब, मेरे घर आईं तुम
जब, सपनों से आँखें, गीतों से आँचल भर लाईं तुम
जब, मन पर था ओढ़ लिया, तन का दुकूल
जब, उपवन में नए-नए, खिल आए थे नए फूल
तुम थीं,
मिट्टी के घड़े में पड़ी हुई अंगूर की शराब
तुम्हारा चेहरा चन्द्रमा, तुम्हारा जिस्म आफताब
और,
तुम्हारा स्वाद जला गया मेरे ओठ, मेरी जीभ, मेरे प्राण
पीने की भी चाहिए एक सीमा, नहीं रहा ध्यान
तुम्हारे स्वर से मेरे कंठ में फफोले उगते रहे
जलती रहीं तुम मेरे इर्द-गिर्द, ज्वालामुख सुलगते रहे
और;
अब बासी रोटी की तरह शीतल, तुम हो
आधी रात के नगर की तरह उदास, गुमसुम हो

मगर, रोटी से ही मेरी पहली भूख मिटती है
अंगूर की शराब से तो आत्मा बन्द कमरे में घुटती है
और;
अब तुम खुला वातायन नहीं हो, घर हो
और का गीत नहीं, नहीं सही; मेरा स्वर हो

प्रार्थना के बाद

मैंने पकड़ा, सोने का पतला-सा तार
उँगलियाँ क्या, कट गई हड्डियों की पोर
चाहा तोड़ूँ भरी लता से मीठे, मधु अंगूर
तो, अंगूर बन गए पत्थर, लतिका लोहे की डोर
पाने की इच्छा की, तब, प्यार
टूटी मेरी गरदन पर समाज की नंगी तलवार

निर्णय ऐसे ही करता रहा पंच-परमेश्वर
क्योंकि,
सदा करता आया मैं उसकी इच्छाएँ स्वीकार
क्योंकि,
सदा की मैंने केवल पूजा और प्रार्थना
दोनों नयन बन्द कर, कर जोड़े, प्रणति, वन्दना
पिघलाया नहीं कभी सोने का तार
फोड़ नहीं डाले पत्थर के सारे अंगूर
काट नहीं पाया मैं लोहे की बन्धन-डोर
पुरखों के समाज की राह न तोड़ी
सीधे चलते घोड़े की रास न मोड़ी
प्यार को किया न मैंने बलात्कार
परमेश्वर की गरदन पर
दे मारी नहीं कभी अविश्वास की तलवार

तलवार न हो,
लेकिन, मैं अब पतवार उठाता हूँ
दुनिया रह जाए खड़ी, मन मारे, घाटों पर
लेकिन, मैं नौका में मँझधार उठता हूँ

प्राथमिकी

सर्वप्रथम यह जान लेना जरूरी है
कि, क्या है हमारे इस जीवन संघर्ष का लक्ष्य
हम हो तो नहीं रहे हैं व्यर्थ, निर्दय समय के भक्ष्य
यानी, परिस्थिति से युद्ध करना हमारा धर्म है
या सिर्फ मजबूरी है
यह जान लेना जरूरी है

सर्वप्रथम यह ज्ञान लेना जरूरी है
कि, तैरना किसी को नहीं आया है बिना जल में गए
बिना रक्त से सींचे, युग-वृक्ष नहीं देता है फल-फूल नए
यानी, हम माली हैं, फूल उगाना हमारा कर्म है
बगिया भरी-पूरी है
यह ज्ञान लेना जरूरी है

सर्वप्रथम यह मान लेना जरूरी है
कि, हमारे कारण ही अक्षत है वसुन्धरा का सिन्दूर-सुहाग
हमारे ही कंठों में स्थित है प्रकृति संसृति का महाराग
यानी, हमारा गीत पृथ्वी-स्वर्ग के मिलन का मर्म है
जीवन-रथ की धुरी है
यह मान लेना जरूरी है

यह अगहन का मास

हरा भरा है यह अगहन का मास
तन पर मन पर लाख वसन्तों के प्रणय-वहन का मास
अल्हड़ वधुओं के आँचल-से फैले ये धान-खेत
कटनी के दिन मात्र हरीतिमा
मात्र रूप, रस, गन्ध
कहीं नहीं मरु, नहीं कहीं पर रेत

मेरी बड़ी बहन, ओ
आज नहीं जा सकता मैं स्कूल
कौन फाँकने जाए, पैदल दो मील, राह की धूल

मन की त्रिज्या को आज वृत्त से बाहर आने दो
वेतन कट जाएगा, कट जाए
लड़के गाली देंगे, क्या होगा
सिर्फ एक दिन उत्सव मुझे मनाने दो
मेरी बड़ी बहन, ओ
पागल मत कहना, जाता हूँ नदी-किनारे
अन्तर में सपनों के बोल सँवारे
बंसी ले, आटे पर बैठा, दो-चार मछलियाँ
फाँसूँगा, यों ही मुस्कुराऊँगा
बाँसुरी पर छेड़ूँगा कोई राग सुहाना
पकड़ूँगा झुरमुट में दौड़-भाग कर, कुछ रंगीन तितलियाँ
मेड़ों पर चरती गायों को, यों ही, हाँकूँगा
धान काटती हुई युवतियों को मन पर आँकूँगा
इस मौसम में टोको मत
मेरी बड़ी बहन, ओ
प्राण-गन्ध से भरी वायु के संग, मुझे बह जाने से रोको मत
पाप लगेगा, धरती का शाप लगेगा
किसान का बेटा
अगहन में भी पागल न हुआ तो पागल है,
अगर नहीं बौराया तो लोग हँसेंगे, जगत हँसेगा

धरती ही माता है मेरी, उससे मुझको नेह
शस्यपूरिता पृथ्वी के बल पर ही जीवित है देह

उखड़े हुए लोगों की क्रान्ति

ओ वायु के टूटे हुए पंख,
ओ कवि,
धीरे-धीरे बुझते हुए, अन्धराते हुए समय के संग
क्या गाना पड़ा तुम्हें भी घायल सिपाहियों का गीत?
क्या झूलना पड़ा तुम्हें भी उन छतनारी डालों में
जिनके नीचे अगर पड़ जाती किसी कार की फुटलाइट
तो अजब हो जाता, गजब हो जाता...??
यह प्रश्न, किसी दूसरे से नहीं, मुझसे है

मेरी नई मान्यताएँ पूछती हैं मेरे नास्तिक संस्कारों से
शायद, अब भी, मैं समझता हूँ
कि दबी हुई है मेरी आत्मा गैरों के अधिकारों से

क्योंकि,
दूर खड़े कुछ अन्धे जीव लगातार पीट रहे हैं ढोल
गा रहे हैं रूमानी स्वर में आस्थाहीन शब्दों के बोल
एक झूठी प्रतिज्ञा, एक कमजोर निश्चय
चन्द देहवादी आकर्षण
खींचे ले जा रहे हैं उन्हें बाँहों में दबोचे
और, वे मसलना चाहते हैं सच्चाइयों की कलियाँ
भर देना चाहते हैं
विष से, वमन से, आँसू से, कुंठा से, धूल से सारी गलियाँ
वे चाहते हैं 'नया' समुद्र मन्थन
वे चाहते हैं नई सागरबालाओं का रक्तश्लथ क्रन्दन
वे चाहते हैं करना युगकन्या के साथ बलात्कार
और, यह बलात्कार एक क्रान्ति है
टूटे हुए अस्तित्वों की, बिखरे हुए आयामों की, उखड़े हुए लोगों की
ये लोग जो लंगड़े हैं
जिनकी बैसाखियाँ भी अन्धी गलियों में टूट गई हैं
ये लोग, और इनकी क्रान्ति
माशा-अल्लाह!
तो, गूँज रही है हवा में इनकी बेसुरी चीत्कार
व्यर्थ का आत्मदहन, व्यर्थ की दुविधाएँ, व्यर्थ का अहंकार

जलाओ, ओ रोशनी के फरिश्तो, दीये जलाओ
तुम्हारे साथी भटक गए हैं, उन्हें रास्ते पर लाओ

वसन्त-समृद्धि

पीड़ाओं-यंत्रणाओं से हो रहा था प्राणों का अन्त
अचानक, तभी याद आ गए मुझे गुजरे हुए सभी वसन्त
और, आश्चर्य! अमर हो गया नहीं मर पाया मैं
जो छन भर दुख के गीतों में फूलों के राग भर पाया मैं

दो क्षणों का अन्तर

दो छन पहले, था विकृत आकाश, नहीं धुला हुआ नीला था
दो छन पहले, शबनम से निशि का आँचल गीला था
चारों ओर अँधेरा, दिशा-दिशा में घना कुहासा
बुझते तारे, बुझते बादल, बुझती अभिसारिनि की आशा

दो छन पहले, सिन्धु मृत्यु की तरह मौन, भयावह, खामोश
मरु-स्तब्धता, सोया सारा ज्वार, लहर-लहर बेहोश
टूटी नौका-सा चाँद, बुझे दीप की परछाईं
घाट अँधेरे बाट अँधेरे, हर राहें हरजाई

दो छन पहले, मेरा मन था दुख-दुविधा-अभाव से ग्रस्त
प्रात न होगा, प्रात न होगा—इस भय से संत्रस्त
लेकिन, प्रियतमि, फैल गई हैं सूरज की हँसती किरणें
दो छन पहले के बाद लगी है ज्योति आत्मा पर तिरने

प्रकृति-उर्वशी

आकाश में फैल गया उत्तरीय
उड़े मुक्त केशपाश
वह
वायु में सुगन्धि-सी बिखर गई, समा गई
पकड़ किरणों की सतरंगी डोर
स्वर्गंगा के मार्ग से लौट गई इन्द्रलोक!

अब भी तो क्षितिज पर फैला है श्वेत उत्तरीय
बादलों में उड़ता है मुक्तकेश
इन्द्रधनु में सज्जित-सुशोभित है भ्रू-कटाक्ष
विद्युल्लता में हँसी, सितारों में मुस्कान
बहते हुए पक्षियों में गान
वायु में नृत्य!
उठो पुरुरवा, क्षण भर भी करो नहीं शोक

अभी नहीं गई है, कहीं नहीं गई है तुम्हारी उर्वशी
वह तुम्हारे आलिंगन में है
तुम्हारे महल के आँगन में है, उपवन में है
क्योंकि,
वह प्रकृति है
सौंदर्य है!!!

एक हीरा, एक दर्द, एक गीत

अपने संकुचित कमरे के वातायन पर बैठी, तुम बजाती हो सितार
सामने ही मेरा कमरा है, खिड़की है
गर्म बिस्तरे पर लेटा हुआ मैं, बीमार
सुनता हूँ तुम्हारे बहुत उदास संगीत की झनकार

लम्बे, पतले, रंगीन धागों जैसे, अपरिचित स्वर
बनते जाते हैं मेरे चतुर्दिक
अर्थहीन व्यथा का एक अदृश्य जाल
काँपती हैं दीवारों पर
झाँकती हैं खुली हुई खिड़की से—ध्वनि की लहरें
मुझे झकझोरती हैं, जगाती हैं
लगता है बहुत शीतल-सा, जैसे बुखार उतर गया हो
जैसे दूर की फुलवाड़ी में वसन्त निखर गया हो

सुबह अपने बच्चों को स्कूल का सबक पढ़कर
कोयले के चूल्हे पर बर्तन चढ़ाकर
पकाती हो भोजन, करती हो स्नान, पूजा, ध्यान
(बड़ी इच्छा होती है, तुमसे पूछूँ, कौन है तुम्हारा देवता)
और, बच्चों के साथ राशन का चावल और डालडा खाती हो
चल देती हो नौकरी पर, म्यूजिक-स्कूल
जहाँ, तुम मीराँ के भजन और सूरदास के पद गाती हो
तुम्हारे सूखे हुए, टटाए हुए हाथ-पाँव
चेहरे पर समय के दौरान के असंख्य दाग

माथे पर उसकी रक्त-प्रखर स्मृति
जो किसी जवान मेम के साथ साउथ अफ्रीका चला गया है
लेकिन, मैं नहीं देखता हूँ, कभी तुम्हारा चेहरा
उस वक्त भी नहीं तुम्हारी तरफ फेंकता हूँ दृष्टिवाण गहरा
जब अपने किराए के कमरे से निकलते समय
उझकी नजरों से देखती हो मेरी खिड़की की ओर
दुनिया से आँखें बचाकर
आत्मा में मेरे लिए अव्यक्त सहानुभूति लाकर
मैं नहीं देखता हूँ तुम्हारा मुखड़ा
नहीं सुनना चाहता हूँ आँखों से जी का दुखड़ा
आकाश का निरभ्र, नील वितान
सुबह के फूलों पर सोई हुई ओस की बूँदें
हंस-बलाकाएँ
अधिक सुन्दर हैं, शिव हैं
(और, इस उमर में क्यों करूँ मैं सत्य की चिन्ता?)
मैं उन्हीं को क्यों नहीं पूजूँगा??

किन्तु, संगीत में अपने को भूलने वाली, ओ,
जब आती है निशा, जब गूँज-गमक उठता है तुम्हारा सितार
तो मन पर उठते हैं अनेक ही ज्वार...
कि, तुम बहुत सुन्दर हो, शिव हो
नहीं हो सिर्फ एक बदसूरत सत्य, बीमार रिअलिटी
तुम, कालिदास की वनवासिनी शकुन्तला
तुम, शरच्चन्द्र की राजलक्ष्मी, सावित्री, किरणमयी
तुम, अमृता प्रीतम की अंशु
तुम्हारे केशों में बेले के गजरे, सघन, सजे, पसरे
हाथों में कमल के असंख्य फूल, खिले-अधखिले
बाँहों में गुलाबों की कलिकाएँ, कोमल
तुम, फूलों की रानी, बहारों की मलिका, गुलशनों की जान
और, सितार का स्वर मेरी आत्मा पर छहरता है
नहीं भय है मुझे, जो आकाश में बादल घहरता है
मैं भविष्य के सपनों में सो जाता हूँ
बेखबर हो जाता हूँ

तुम्हारी छाया है स्वर्णकलश पर पड़ते प्रातःकिरण की तरह
जिसे वरण कर, ग्रहण कर मैं जीता हूँ
तुम्हारे अधरों की तिक्तता मैं पीता हूँ
आकंठ करता हूँ तुम्हारी आत्मा से बहता हुआ संगीत
मेरी आत्मा खुली है, खाली है
एक नए घड़े की तरह मैं रिक्त हूँ, भिक्षुक हूँ
तुम जल हो जो मेरे घरे में भरता है
तुम प्रकाश-स्तम्भ हो, जो मेरी प्रतीक्षा में रुका, खड़ा है
ओ मेरी धरती, मेरी वायु
मैं नहीं देता हूँ तुम्हें धन्यवाद
(क्यों व्यर्थ लूँ अपने मन पर तुम्हारी आज्ञा का प्रमाद!)
मैं तुम्हें ग्रहण करता हूँ
तुम्हें स्वीकारता हूँ
तुम्हारे संगीत में पिरोता हूँ अपना राग
और, यह राग
समय की दीवार पर जड़ा हुआ अमूल्य हीरा है
क्योंकि,
इस राग में मेरा दर्द है, तुम्हारी पीड़ा है

नारद

मेरा जीवन है केवल एक अधूरी विनती
मैं, जीवन की बुनियादी गलती
यह तथ्य मुझे स्वीकार्य नहीं है
अंगीकार नहीं है
लेकिन, मुझको है इस कठोर सत्य का भान
कि, मेरे लिए नहीं है कोई मंजिल
मेरे लिए सिर्फ चिन्ता और पलायन स्वीकृत है
मेरे लिए सिर्फ लक्ष्यहीनता निश्चित है

प्रेयसि,
जब भी मैं तुमको महास्वयंवर में वरने जाऊँगा

प्रणय-शिखर के सम्मुख हाथ तुम्हारे, कोमल, धरने जाऊँगा
    बन्दर है यह, इसे वरो मत
    इसके आलिंग़न में ठहरो मत
    इसके आकुल-बन्धन में जीवन जकड़ो मत—
सभी देवता एक स्वर से चीख उठेंगे
सूर्य, किरणों के रथ में सो जाएगा
इन्द्र चला जाएगा शचि के संग स्वर्ग
मेनका-रम्भा-तिलोत्तमाएँ हो जाएँगी आतंकित
कोई स्वर कभी न होगा झंकृत
टूट जाएगा मेरी वीणा का प्रति-तार
अँधेरा घिर आएगा
घिर आएगा...
मैं जीवन भर भटका रह जाऊँ
किसी घाट पर नौका कभी नहीं मैं अटका पाऊँ
पाकर कहीं गन्ध, रस, रूप, स्वाद, सौंदर्य, निमंत्रण
मैं रुकूँ नहीं
युगों-युगों के विष्णु चाहते मात्र यही
अपना छोटा-सा भी स्वर्ग बसा न पाऊँ कभी कहीं
    सागर से लक्ष्मी
    गगन की दिग्बालाएँ
    पृथ्वी की अगणित रुक्मिणियाँ-राधाएँ—
ब्रह्मा, विष्णु, महेशों की मिलती आई हैं
वे नित्य पार्वती, लक्ष्मी, सरस्वती की रचना करते हैं
लेकिन...मैं...
मैं नारद हूँ, मेरा न कहीं विस्तार
मुझको केवल दुख ही दुख है स्वीकार
मैं, जीवन की बुनियादी गलती
इसीलिए तो, मुझको राह न मिलती...

एक व्यक्ति प्राणहीन

राजकमल चौधरी की हस्तलिपि में इस संकलन की पांडुलिपि इसी तरह प्राप्त हुई, इसलिए ये कविताएँ अलग से दी जा रही हैं। –**सं.**

The knowledge of poetry is a part of philosophy, and a part of science; the import of poetry is the import of spirit... The comedy of life or the tragedy of life as the material of an art and the mold of life as the object of its creation are contemplated.

—Wallace Stevens
The Theory of Poetry

Beauty is the marking-time, the stationary vibration, the feigned ecstacy of an arrested impulse unable to reach its natural end.

—T.E. Hulme

किसी शहर में एक आदमी

तरह-तरह के चेहरे हैं, लेकिन, एक ही है हर मुखौटे की शक्ल
एक ही हर ईमान है, फर्क है केवल उसे पेश करने की अक्ल

गैरों की खुशियाँ हैं, और है गैरों की उदासी अपने ओठों पर
गैरों की जीत है, और है गैरों की पराजय अपनी बाँहों में
अपने दिमाग में गैरों के मुनाफे और पूँजी का हिसाब है
गैरों का वस्ल है, रात कटती है उदास अपनी चाहों में

जिन्दगी है, मगर, हर पन्ने से फटी हुई किताब है।

और ताकत नहीं है; बस-कंडक्टरों से लड़कर गुस्सा उतार लेते हैं
और इज्जत नहीं है; सलाम भर करते हैं दफ्तरों के चपरासी
नन्ही-सी बच्ची की मुस्कुराहट से अपना चमन सँवार लेते हैं
और हसरत नहीं है; हैं हम अँधेरी गलियों के अधिवासी।

सूने पार्कों के खालीपन में आवारा घूमते हुए, वापसी भूल जाते हैं
खयालों में तैरती रहती हैं कितनी अनजानी-बेपहचानी सूरतें
पत्थर के ऊँचे स्तम्भों पर सोई हुई लोहे की स्याह मूरतें
नदी के जल पर ठहरी हुई शाम की छायाएँ, और कोई गीत
अँधेरे के जादू में रुकी हुई मोटरगाड़ियाँ, और खुशी की चीखें
उड़ते हुए रंगीन बैलून हमारी आँखों में सिमट आते हैं।

अब भी नहीं हुई है रात, हम खुद को बहुत समझाते हैं
और, लाल-हरी रोशनी के इशारे पर सड़कें बन्द होतीं, खुल जाती हैं

और, तस्वीरों की तरह दिखती औरतें कोहरे में घुल-मिल जाती हैं
और, जिन्दगी है, और हर पन्ने से कटी हुई किताब है
और, अपने दिमाग में गैरों की पूँजी और मुनाफे का हिसाब है।
और, शोरोगुल है, भीड़ है, और हैं प्रतिध्वनियाँ...

और, हर चौराहे की भीड़ गलियों की बारीकी में खो जाती है
कितनी तरह के लोग हैं, मगर, हर चेहरे पर एक ही नकाब
हर घर में एक ही औरत, दरवाजे पर आकर रो जाती है
कितनी तरह के लोग हैं, मगर, हर दिल में है एक ही ख्वाब।

गैरों की चीख-पुकार और गीत अपने ओठों पर रहते हैं
गैरों की हसरतें और कामयाबियाँ अपनी आँखों में सहते हैं
अपनी नींद में फकत गैरों की इज्जत और दौलत के सपने
हम जानवर हैं; मगर, खुद को शहर का आदमी कहते हैं।

[पूर्वी पुतियारी, कलकत्ता-33]

सरस्वती

वसन्त पंचमी (सरस्वती पूजा), 1959 के बाद एक गायिका के लिए

अतिशयोक्ति-अलंकृत तुम्हारी अमृतस्विनी वीणा के स्तन
चरणसेवी हंस की सर्पाकृत ग्रीवा उदार
अधरों पर बिम्बित पैतृक प्रणय-दंश...
कल्याणी वाणी देने की क्षमता और मेरी आश्रित होने की तुम्हारी अनवरत
अभिशप्त आकांक्षा–अप्रिय है मुझे यह द्वैत रूप!
संगीत का तंत्रित मृग-माया जल नहीं
समर्पित करना ही है तो मुझे रस का उद्‌गम सरोवर दो।
तुम्हारे पथवाहन हंस की सर्पाकृत ग्रीवा उदार
अमृतस्विनी वीणा के स्तनों का अतिशय अलंकार
मेरा अस्तित्व का हलाहल क्या अमृत कर पाएगा?
निरीह श्वेताम्बर आवरणित करता रहेगा रक्ताक्त व्रण?
पैतृक प्रणय-दंश सामगायन में डूबा रह जाएगा?
काव्य का मंत्रित मृग-मायाजाल नहीं

स्रोतवाही करना ही है तो मुझे विस्फोटित ज्वालामुख करो।
विलासवृक्ष पर रुका हुआ काल-प्रेत रोता रहता है
खिलखिलाती है औपचारिक विलाप-पर्यंक पर इच्छा-निशाचरी
मैं ज्योति-वन में कालान्तर से भटकता हूँ।
इतिहास मेरी संज्ञा है, भोगखंडन (हे क्रौंच-युग्म!) मेरी ही काव्य-प्रज्ञा है...
देह-दुर्बलता मेरी ही नहीं, तुम्हारी भी सम्पत्ति है।

[कलकत्ता, 27 मार्च, 1959]

नितान्त अमृत

अमृता के प्रति लिखे गए अन्तिम कविता-पत्र से

समय की इतनी बीभत्स निस्तब्धता में भी मृत है मेरी नैतिकता
वन-परम्परा नहीं विक्षत हुई है
अज्ञान अब तक है आत्मा पर आवरण।
इच्छा-पर्वतों पर चलता हुआ ज्ञान-अनुभव की मांसल भुजाओं में
कभी नहीं गिरा हूँ होकर परिश्रान्त-पराजित।

प्रतप्त अन्धकार ही तो देता है कंठ को ज्योति-जल की पिपासा।

समर्पित होने की इच्छा, ग्रहण करने की अभिलाषा
दोनों ही तुमने दीं एक साथ;
किन्तु, अज्ञान ही मेरा धर्म है, आरण्यक मेरा सम्पूर्ण इतिहास
यह बीभत्स निस्तब्धता मेरा जीवन-गान।

मेरा अमंगल यही है कि तुम नितान्त अमृत हो।

मैं विषपिंडों का अधिकारी आराधक, एक ही स्थिति की शाश्वतता में
चित्र-लिखित-सा बन्दी नहीं होता हूँ।
मेरे लिए व्यर्थ है एकान्त समर्पण और सामाजिक स्वीकरण

छीनो मत मेरे पशु से स्वाधीन वन-विचरण

[कलकत्ता, 28 जुलाई, 1961]

प्रणय-प्रतिक्रियाएँ

राजकमल चौधरी के लिए, कि यह अच्छी बात नहीं है!

(अमृता के नाम। क्योंकि, उसने मुझे वरण किया।)
करुणा तुम्हारे जीवन की एकान्त भावस्थिति है, प्रतीति नहीं।
अ-चंचलता। भय। तृष्णा। निर्वेद।
अपने ही द्वार पर क्यों करोगी अनागत की प्रतीक्षा?
वह तो उत्तीर्ण है।
विपन्न वायु के कंठ में गान परीक्षित है।
निश्चल नदी-तट पर रुकने आया है आकाश-वन नहीं, मरुतीर्थ।
चेतना की काम-कन्या, अपना यह आत्मराग मत त्यागो, नहीं होगा अग्निकांड
अभिसार कुंज से मत भागो। मैं आऊँगा।

(कान्ता के नाम। उसने पुनः प्राण धारण किया।)
हतवीर्य ऋषिपुत्र के शयनकक्ष में उसी दिन तो अपमानित,
(नग्नदेह पर कौमार्य का पीताभ आलेपन) संयोगखंडित हुई थी
कोई अज्ञात सागरकन्या। सुने,
भैरवी चक्र नहीं करते हैं सभी तांत्रिक। मैं आऊँगा।

(शान्ता के नाम। मैंने ही चीर-हरण किया।)
प्रवंचक है, जिसने तुम्हें काव्य-स्रोतस्विनी की दी है संज्ञा!
भय। तृष्णा। निर्वेद। सम्मोहन। सुनो, प्रतीकों ने कर ली है आत्महत्या,
व्याख्याएँ मृत सर्प हैं। अर्थ मत माँगो...
शब्द बन जाना पर्याप्त है।
मेरे लिए तुम्हारा अब भी, बस, शब्द बन जाना पर्याप्त है।
मैं आऊँगा।

[कलकत्ता, 1 जनवरी, 1961]

एक कवयित्री के असामयिक विवाह पर

अमृता भारती के लिए

यहीं पर उसने की है आत्महत्या। वह
सोचती थी :

साहित्य नील सागर का एकान्त तट है
विवस्त्र किया जा सकता है
(नहीं पड़ेगी किसी की दया-दृष्टि!)
सोचती थी :
साहित्य शिशु-स्वप्नों का अमृत-घट है
माँग कर पीया जा सकता है
(की जा सकती है भक्तों पर वमन-वृष्टि!)
सोचती थी :
साहित्य अब तक वही बोधि-वट है
सिद्धार्थ किया जा सकता है
(मूल्य-विघटन क्या करेगी प्रणय-सृष्टि!)

यहीं पर उसने की है आत्महत्या...
काव्य-हरिणी को मिल ही गया एक व्याधा अगत्या!

[कलकत्ता]

पूर्णविराम सर्वत्र

'रेणुका' से 'उर्वशी' तक जिनके काव्य-साम्राज्य का विस्तार है,
उन्हीं श्री रामधारी सिंह 'दिनकर' को साग्रह-सादर अर्पित।
प्यारा बगान के अपने मुहल्ले के बारे में

धूल के बवंडर। वापस लौटती हुईं ट्राम-बसें। दुकानें खाली-खाली। वाकई,
यह रात ही है। और,

मैं भूल जाता हूँ सुबह, किरणों के तार पर झूलते हुए मृत पक्षी
कोहरे के जाल में ऊँघते हुए बीमार जानवर
शुरू से ही बन्द रख दी गईं खिड़कियाँ
आँखें दीवारें शोरगुल खेल-तमाशे तस्वीरें
छत पर चिपके हुए चुपचाप चमगादड़
मुस्कुराहटों के फरिश्ते, और
सन्नाटा—

जिसे शीशों के मकान टूट कर भी नहीं तोड़ सकते हैं।

वापस लौटती हुईं ट्राम-बसें मुझे यहाँ ले आती हैं। फिर,
पैदल चलता हुआ, अकेला, पार कर लेता हूँ
वह उदास और बदशक्ल पुल, जिसके नीचे शायद,
अब कोई नदी नहीं है।

[कलकत्ता, 13 नवम्बर, 1961]

रहस्यहीन

कामू का La Chute पढ़ने पर

अब तो नहीं अज्ञात तुम्हें कोई भी प्रकृति-रहस्य
प्रश्न तुम्हारा एक भी अनुत्तरित नहीं।

वर्ण, गन्ध, ज्योति, लावण्य, धर्म, आकार
इनका सुगठित समन्वय : व्यर्थ।
तुम्हें तो कुछ भी नहीं रह गया अलौकिक-असामान्य
निराश्रित हैं जड़-चेतन के समस्त अर्थ।

कितनी सरलता से हो जाती है समाप्त आयु-विडम्बना
वर्षा, मेघ, इन्द्रधनु, धूप, किरणें, पक्षियों का पंख-उत्तोलन
नदी, निर्झर, फूल, कलरव, ज्वालामुख, जल-प्लावन
आकाश का यह अनन्त परिताप : नीलापन
कितनी निरीहता से हो जाती है अस्वीकृत क्षितिज-प्रार्थना।

और, नहीं है शायद कहीं,
नहीं होता है अवतरित स्वर्ण-किरीटधारी देवदूत।

रिक्त-अंजलि बनी रह जाती है आत्मा।

[शिलांग, 31 जुलाई, 1961]

एब्स्ट्रैक्शंस-1960

कृष्णवल्लभ शर्मा के लिए लिखी गई कविता

तुम्हें मालूम है किसने किया है तुम्हें कत्ल?
तुम्हारे लहू से भींगे हुए हैं अब तक किसके हाथ और आँखें?
तवारीख सारी बातें लिखेगा, तुम्हारी दास्ताने-मौत के सिवा।

तुम्हारी बेपनाह खिखिलाहटों का टुकड़ा : बैलून आकाश में खो जाएगा
तुम जान नहीं पाओगे, किस छत पर गिरा, कब फूट गया
कौन नन्ही-सी लड़की उसे पकड़ नहीं पाई।

तवायफ और घर में, बीवी और बाजार में जंग चल रही है
उसमें तुम भी गिरफ्तार हो।
तुम भी शामिल हो मौसम के जादू में, जेहन के करिश्मे में।

सातवीं मंजिल की खिड़की से मांस का एक ताज दबीज टुकड़ा
बीच सड़क पर गिरता है जुलूस की नदी में बहने लगता है...
बहुत भूखे हो तुम?

शतरंज के प्यादे शहंशाह बन रहे हैं। तूफान आएगा
सफेद कागज पर खींची गईं लकीरें नागिन हैं। किश्तियाँ डूबेंगी
तुम्हें मालूम नहीं है कि जंग के मैदान में नाचती हुई तवायफें,
और बीवियाँ, और कुत्तों के हुजूम, और शतरंज के प्यादे,
और बैलून...सभी ने साजिश करके
तुम्हें कत्ल किया है। तुम्हारे ही लहू से भींगे हुए हैं
सारे हत्यारे हाथ!

लिखना चाहते हो अपनी दास्ताने-मौत या तवारीख?

[कलकत्ता, 11 मार्च, 1961]

तुम मुझे क्षमा करो

सुरेन्द्र चौधरी की निर्मल के लिए

बहुत अन्धी थीं मेरी प्रार्थनाएँ।
मुस्कुराहटें मेरी विवश, किसी भी चन्द्रमा के चतुर्दिक उगा नहीं पाईं
आकाश गंगा। लगातार फूल

बहुत अन्धी थीं मेरी प्रार्थनाएँ।
मुस्कुराहटें मेरी विवश, नहीं कर पाईं तय वे पदचिह्न
मेरे प्रति तुम्हारी राय-अस्थिरता ने
अपराध आकांक्षा ने
विस्मय ने—जिन्हें, काल के सीमाहीन मरुस्थल पर सजाया था
उस दिन, अकारण-अनाधार।

मेरी प्रार्थनाएँ तुम्हारे लिए नहीं बन सकीं गान
मुझे क्षमा करो।

[कलकत्ता, 13 दिसम्बर, 1960]

ब्राह्म-मुहूर्त्त

मुरली मनोहर प्रसाद सिंह के लिए

मैं नींद के सारे दरवाजे तोड़ लेता हूँ, क्योंकि
पंछियों और शबनम और किरनों से पहले ही मुझे
देखना है सूरज।

किरनों का ज्वार कैसे समस्त आकृतियाँ रंगता है...
शबनम में कैसे तैरती हैं नामहीन फूलों की डालियाँ...
पंछियों से पहले मुझे धूप में नहाना है,
आज पहली बार।

चौराहे पर ट्रैफिक पोस्ट के नीचे तीन-चार बच्चे सो रहे हैं।
प्रस्तर-स्तम्भ पर अब तक खड़ा है
लॉर्ड क्लाइव! कोई एक औरत किसी घर से निकल कर
बसस्टॉप पर रुक जाती है।
भागती जा रही हैं अखबारवालों की साइकिलें...

बहुत सारे लोगों ने मुझसे बहुत पहले ही
सूरज देख लिया है।

[कलकत्ता, 21 जुलाई, 1960]

सैलाब

इसके बाद कैद से हो गया सारा उजाला।

नहीं धुँधलके में एक स्वर चीखती हुई हंसिनी
नहीं नीलेपन में सफेद दाग
नहीं किताबों पर बहती बर्फीली नदियाँ
नहीं पर तैरता निर्माल्य
मगर,
रोशनी का सैलाब
अब भी किसी अनजाने की आँखों में।

हाथ

एक प्राइवेट जलसे में गीता राय का नाच देखने के बाद

वक्त के ताबूत में सिमट नहीं पाते हैं उसके सफेद हाथ।

सूखे हुए फूलों के साथ पूरा जिस्म सिकुड़ा हुआ, एक अँधेरे कोने में
खासकर बुझी हुई आँखों के पीले तालाब
खासकर बेडौल स्तनों के टूटे हुए स्तूप

लेकिन, दोनों हाथ
ताबूत के बाहर थरथराते रहते हैं।

●

सिर्फ एक उँगली ऊपर उठती चली गई।
अस्तित्व को नियति का सम्बल मिला;
उतर आए
अनायास सारे नीले बादल;
नीचे खड़ी भीड़ की नम आँखें झुकीं,
कृतज्ञ हुईं।

●

सत्रहवीं मंजिल से सीढ़ियों पर फिसलती हुई वह आधी राह में
रुक गई।
रेलिंग से चिपक गईं, चंचल उँगलियाँ
आँचल बन गई दीवार पर तस्वीर
अपने खालीपन में
अपने ही आँखों के नीलेपन में वह बन गई नाव।
फिर, डूब गई। पर, आत्महत्या की रस्म पूरी नहीं हुई...

असफल कवि की असफल कविता

परमेश्वर के लिए (जिन्हें मेरे कवि पर आस्था नहीं है)

वह आदमी है, क्योंकि सोचता है।
सोचता रहता है, फिर, बादल के एक काले टुकड़े को
सिर पर उठाए
बाजार में बेचने निकल जाता है।
सारी दुकानें बन्द हैं,

डस्टबिन के पास कुत्ते झगड़ रहे हैं।

[कलकत्ता, 20 मार्च, 1962]

जुलूस

प्रेमेन्द्र अथवा सुरेन्द्र प्रसाद के लिए

किसी आदमी के पास अपनी शक्ल नहीं
मगर, हर नारे में जैसे उनका ही नाम गूँजता हुआ;
मगर, हर झंडे पर उन्हीं के दस्तखत छपे हुए।
अन्त में–राइफल से नहीं निकले हुए सारे बुलेट
उनके ही सीने पर!

[पटना, 18 फरवरी, 1962]

अपरिचित नगर में

एलिस्कस-बारहाउस से लौटकर होटल में

कोई कमजोर और नंगी आवाज धीरे-धीरे नजदीक आ जाती है।

कोई प्रेतकन्या दीवारों से टकरा रही है अपना सिर
कोई प्रेतबालक भूखा रह गया है।

आवाज अन्धे अजगर की तरह मुझसे लिपट जाती है।
और,
आवाज फाहसा औरत की तरह फर्श पर सो रहती है।
और,
मैं टूट कर झुकता हूँ, उसे अपनी बाँहों में थाम लेता हूँ।
और,
खून के छींटों से फर्श भींगी है
खून के दागों से मेरी बाँहें।

लेकिन, सुबह होगी, रोशनी में फर्श धुल जाएगी।
आवाज, खुली खिड़की से बाहर कूदेगी
फुटपाथों पर बेचने लगेगी ताजा फूल और अखबार!
सुबह यह नगर
मुझसे परिचित हो जाएगा।

[पेनांग (मलाया), 3 अप्रैल, 1960]

अनायास

लम्बी बीमारी के बाद की कमजोरी

फिर भी, कभी जाऊँगा उसी दरवाजे तक अनायास
उस घर में शायद, कोई रहता हो।

दीवार पर अटका दूँगा नया कैलेंडर
किसी को यों ही कहूँगा—बीमार हूँ; चाय बर्फ हो रही है-कह कर
कोई मुझे जगाए नहीं
कोई भी बच्चा मेरे बिस्तरे पर आए नहीं।
मैं बहुत बीमार हो गया हूँ; नहीं, दवा नहीं लूँगा।

शाम की रोशनियाँ, दसमंजिले मकानों से उतरती हुई
मेरी कमजोर बाँहों से लिपट जाती हैं।
फुटपाथ पर रुके हुए लोगों की बेशुमार भीड़
मुझसे राह पूछती है। मैं—सबको गलत गलियों में ले जाता हूँ
(यही मेरी किस्मत है!)

मैं बीमार हूँ और गहरी नींद में हूँ। फिर भी,
अनायास कोई मुझे ही पुकारेगा,
नकाब कितने भी लगाए फिरूँ, वक्त मुझे पहचानेगा।
मुझे होश में लाने के सिवा, उसने कोई काम
अब तक नहीं सीखा है।

[कलकत्ता, 13 दिसम्बर, 1959]

मसूरी हिल, 1 जुलाई, 1957

टेबल के चतुर्दिक बुतनुमाँ बैठे हुए हम लोग
सावित्री, शिवदत्त, सन्तोष और मैं!
अन्ना केरेनिना और मैं!
हेथक्लिफ और मैं!
और, काँच के बड़े बक्स में तैरती हुई सतरंगी मछलियाँ

और, खिड़कियों की सलाखों पर बर्फ की परतें
और, नपा-तुला भाषण-सम्भाषण आलाप...

मेरी यह विक्षिप्त खामोशी सब लोगों की है
सभी का है मेरा यह निर्लिप्त आत्महनन, आत्मदाह।

सोचता हूँ, अच्छा किया कि चुपचाप रहा उस क्षण
किसी को मैंने रखा नहीं गवाह
जब मैं–
उन रास्तों से, जिन पर उजाला था, यों ही दूर भागता रहा
और, घुसता रहा अकारण मरे हुए अजगर की टूटी हुई कुंडलियों-सी दुर्गंधमय
अँधेरी गलियों में!

गवाह एकमात्र मैं ही हूँ अपना!
मेरे इर्द-गिर्द लिपटे हुए लोग मेरे घर के दरवाजों के पर्दे हैं
साथी-सहयात्री एकमात्र मैं ही हूँ अपना!
मेरी गलियों में चलते हुए लोग मेरे डाकबंगले हैं
जिनमें मैं रुकता हूँ, जब थक जाता हूँ।

हम लोग टेबल से उठते हैं, और बर्फ-भरे रास्ते पार करके
बाहर आ जाते हैं।
आज यहाँ मेरी आखिरी शाम है।

[कलकत्ता, 17 नवम्बर, 1957]

विस्मृत पर्वतनगर

सावित्री चौधरी के लिए

बीत चुकी हैं टूटे हुए डैनों वाले पंछियों की रातें
बर्फ में दबे हुए फूल
नहीं हैं किसी को याद।

टेबल पर मिजाजपुर्शी के खत, दवा की बोतलें, ताजा फूल,
छोटे-छोटे गिलास ओठ छूते ही फूट जाते हैं
और, उत्तर से आई हुई हवा में बीती गन्ध नहीं।
मुझे नहीं मालूम रह गया है तुम्हारा नाम
या, वह कमरा, जिसकी दीवारों पर कोई कैलेंडर नहीं था।
नहीं थी कोई भी तस्वीर कहीं
सिर्फ, दर्द था, जिसे साथ लिये
मैं इन दवा की बोतलों के साये में चला आया।
तुम्हें फिर से देखने के लिए आँखें
तुम्हें फिर से समझने के लिए दिमाग
मेरे पास नहीं है
मुझको रौशन करने के लिए अलादीन का चिराग।

कागज का घर-बार बना कर अब क्या फायदा है?

[कलकत्ता, 3 नवम्बर, 1957]

कुल्लू-घाटी में रात

जब नींद-माती सावित्री के साथ कश्मीर गया था

गलत नहीं कहूँगा : मुझे तुम्हारी नींद से नफरत है।

अथाह निस्तब्ध में टूटती-बिखरती हुई लम्बी साँसें
पाइन और चीड़ और देवदार के दरख्तों पर बेहोश पंछी
चेहरों के इर्द-गिर्द फैले हुए कोहरे का जाल
जंगल की स्याही में दुबके हुए गीत
डूबी हुई ध्वनियाँ-प्रतिध्वनियाँ
और बर्फ!
मुझे तुम्हारी नींद से नफरत है।

पराजित घाटियों के पार जल रहे हैं आकाशभेदी
सर्चलाइट। मशीनों की कतारें

चट्टानों को समतल करके सड़कें बना रही हैं। मर चुके हैं
आदमी। लाशों पर मशीनें खिलखिलाती हैं,
शोर करती हैं।
गलत कहकहों से डरती हुई अँधेरे में भटकती रहती हैं
कमजोर जिन्दगी। और,
बेमतलब बुलेटों की बरसात से
फूल और हिरण और बकरियाँ और पहाड़ों में लकड़ियाँ चुनती हुई
नादान औरतें बेहोश हो जाती हैं।

सुनो, सोओ मत, जगी रहो, जगी रहो
तुम अकेली नहीं हो
मैं भी जाग रहा हूँ तुम्हारी हर साँस के साथ।

[मसूरी हिल, 13 जून, 1957]

एक व्यक्ति प्राणहीन

मैंने पहली बार देखा जन-सागर विक्षुब्ध और प्रज्वलित।
तेजी से उभरे लगातार भँवर जाल
पाल-पतवारहीन सारी नौकाएँ चक्कर खाकर डूब गईं।
और, मेरे अन्दर एक गूँज
बहुत दिनों तक पागल नाचती रही। फिर,
तट के सूनेपन में परित्यक्त केंचुल-सी नंगी सो गई
अपमानित।

पहली बार मुझे गर्म लोहे के पिघलते हुए तहखाने में कैद किया गया।
और, वह अपमानित-परित्यक्त गूँज
आदिम अजगर बनकर पूरे ग्लोब से लिपटी हुई
जबड़े फैलाए निगलने लगी
मशीनें, स्काई-स्क्रैपर मकान, बड़ी अदालतें, और सारे कारखाने,
पहली बार।

[कलकत्ता, 28 मार्च, 1962]

एक गली में सुबह

दुर्गाचरन मित्र स्ट्रीट की सुलोचना के यहाँ

अँधेरी गलियों की बाँहें बहुत लम्बी हैं
पंजे बहुत टूटे हुए।
और, बेहद पीली किरणों के तार से बँधे हुए लगातार मकान।

हर खिड़की पर थकी हुई, खड़ी रहती है हवा,
नींद के भींगे हुए चेहरे धोते रहते हैं
रोशनी के गोल-गोल टुकड़े।

कोई सिर झुकाए आता है
कोई सिर झुकाए वापस चला जाता है।

[कलकत्ता, 9 अगस्त, 1960]

उपमा*

उपमा एक मैथिली ग्राम-गीत से ली गई

मेरा अकारण क्रोध तुममें धागे की तरह,
समा गया है। थरथराती हैं उँगलियाँ, रूमाल पर
आज फूल नहीं,
उभरेगा सिर्फ उसका नाम।

[नई दिल्ली, 1 फरवरी, 1962]

* *यह कविता 'प्रारम्भ-1962' में 'परकीया' शीर्षक से प्रकाशित हुई। 'परकीया नायिकाक प्रति' शीर्षक कविता (मिथिला मिहिर–10 जून, 1962) में भी कुछ ऐसी ही पंक्तियाँ हैं।* –**सं.**

गार्डेन पार्टी

कलटिन जॉन और डेविड साहब के लिए

डालियों पर अक्लमन्द बेतरतीबी से लटकाए गए हैं सतरंगी बल्ब।

रोशनी का डरा हुआ खरगोश भागता है। आँखें
ढूँढ़ती हैं अन्धकार। गिलासों के पीछे या टेबलों के नीचे
साँप मिलते हैं। और, अचानक
किसी अनकहे मजाक पर सभी हँस पड़ते हैं।

[कलकत्ता, 2 मार्च, 1962]

हिमपात*

क्योंकि, सिर्फ बर्फ देखने मसूरी गया था

फूल, पत्तियाँ, धूप, झील, पगडंडी, मैदान, पहाड़ी–
सबके धुँधले रंगीन प्रश्न को
श्वेत एक उत्तर मिलता है।

[मसूरी हिल्स, 18 जनवरी, 1962]

* *इस कविता का पाठ दो-तीन तरह का है, सभी इसी खंड में संकलित हैं।* –**सं.**

मंजू हालदार के प्रति*

या, ऐसी किसी भी महिला के लिए

तुम्हारे उतारे हुए कपड़े हैंगर पर रखता हूँ।
और, रोशनी जलाकर महसूस करता हूँ, अचानक,
तुम्हारा नंगापन मेरा भी नंगापन है
तुम्हारी अनायास लज्जा केवल तुम्हारी है।

[कलकत्ता, 10 जून, 1961]

* 'प्रारम्भ-1962' *में प्रकाशित कविता* 'अपनी ही बीवी के लिए' *में भी कुछ ऐसी ही पंक्तियाँ हैं।* –**सं.**

Phantasmagoria

तैरते रहते हैं उसके दोनों हाथ, और बाँहें, और कन्धे,
और, कन्धे पर लाश का बोझ।
और, बेहद खामोश नदी समय तैरती रहती है
और, लहरें गति तैरती रहती हैं
और, नौका? और, पतवार? और,
इन सबमें—
इन सबसे अलग एक चाँद तैरता रहता है।

●

इतिहास की कन्दरा कोहरे में छिपी थी। वह
हाथों के बल चलती हुई अन्त तक आ गई अकेली।
लेकिन, कहाँ? उसे मालूम नहीं,
लेकिन कैसे? उसे किसी ने नहीं बताया,
लेकिन, क्यों? यह वे भी नहीं जानते हैं
जो, उसके पीछे-पीछे चलने को ही मानते हैं
—बन रहा है इतिहास!
(और, गुफा आकाश बन जाएगी!!)

●

अन्त में उसी के हाथ
काट कर स्तूपों-स्तम्भों-स्मारकों पर स्मृति-स्वरूप
लटकाए गए
जो नहीं जानती थी, फिर भी, गृह को मन्दिर
और मन्दिर को गृह बनाने का अबोध खेल
रचती रहती थी।

[कलकत्ता, 8 मार्च, 1962]

फेंटेसी

सिर पर लटक रहे हैं बैलूनों के नन्हे से पेड़।
हर पेड़ उल्टा टँगा है...

उसके गिलास में तैर रही हैं मेरी आँखें
उसकी आँखों में रात
ओठों पर बिछा हुआ है नीलापन।
वह दोनों हाथों से गिलास थामे हुए है गिलास,
तैर रही हैं मेरी ही आँखें।
कन्धे थरथराते हैं
टेबल पर टिकी हुई कोहनियाँ खिसकती हैं
उँगलियाँ बर्फ की लकीरें हैं...
कन्धों से लटक रहे हैं बैलूनों के पेड़
पेड़ छत में उल्टे टँगे हैं!
मैं इसकी एक पतली-सी डाल
जेब में छिपाकर घर ले जाऊँगा।
मगर,
आँखें मेरी ही थीं, जो गिलास के साथ
फर्श पर
गैरों के पाँवों से कुचली गईं।

एब्स्ट्रेक्शंस-1961

साबुन की नीली झाग में लिपटा हुआ, और कोई वस्त्र नहीं,
मैं ऊँची खिड़की से पूरी तस्वीर देखता हूँ।

लौट आए हैं पानी के जहाज, जहाँ से उन्होंने यात्रा शरू की थी
और उसकी (अर्थात् वह मेरी ही प्रेयसी है)
निस्तब्धता में समुद्र का ज्वार टूटने लगा है।
रात के बन्दरगाह मेरे लिए अब भी
रहस्यमय हैं।
और, अपने बन्द कमरे में (एक खिड़की के खुलने से क्या होता है!)
मेरा मौन
दीवार पर, तस्वीरों पर, टेबल पर, सोई हुई किताबों पर
भटकता रहता है—माँ मेले की भीड़ में

खो गई है, और आतंकित शिशु
रो भी नहीं पाता है!

लौट आए हैं पानी के जहाज, निस्तब्धता में
समुद्र का ज्वार टूटने लगता है।
सितारे और नौकाएँ, और सूखे हुए पत्ते तैरते हैं
उदास हवा में, और बेवजह लहरों में गुम हो जाते हैं।
अब भी रहस्यमय हैं रात के बन्दरगाह
जहाँ वह अब भी रेलिंग के सहारे खड़ी है
चुपचाप।

अर्थात्, वह मेरी प्रेयसी नहीं है। और,
हल्के कोहरे में लिपटा हुआ पूरा शहर बेहोश है।
सिर्फ, खुली है एक खिड़की।

जन्म

आँखें इतिहास के डायल पर बन्द घड़ी के काँटे। वक्त,
तेजी से घायल पक्षी भागता है
अपने उजड़े हुए घोंसले की तरफ...!
आदिम हविस फिर पंख फैलाती है
रह जाता है अंक-संकेत
भाषा मृत है
फल फिर से पुष्प। पुष्प फिर से पौधे। पौधे फिर से बीज।
और बीज?
बीज फिर से ढूँढ़ने लगता है धरती उर्वर।

मर्सिया गाना है जिनका पेशा है (जबकि सबसे पहले
वही करते हैं मौत से इनकार), वे रुके हैं,
खंडहर की दीवारों पर वक्त ने
बना दी हैं तस्वीरें बदरंग
—वे रुके रहते हैं।

हरे पत्ते दरपन में मुखड़ा देखते हुए : नदी
नंगी होकर नहाती हुई : किरनें
किरनें अपना ब्याह रचाती हैं
और, बीज फिर से ढूँढ़ने लगता है धरती उर्वर
और, दीवारों से तस्वीरें बदरंग मिटती हैं
आदिम हविस फिर पंख फैलाती है, और छाया में
एक नई सृष्टि।

मैं सुनता हूँ अपने सद्यःजात पुत्र का रुदन-स्वर!

[कलकत्ता]

जनमकैद

नौकरी की बन्दिशों से ऊबी हुई मनःस्थिति में

बन्द कमरे में हवा बन्द रहती है।

प्यास मेरी कैसे पहुँचेगी वहाँ तक। शीशों की लगातार
दीवार ही दीवार
नहीं कहीं एक भी दरवाजा। या, तो टूटे हुए पैमाने
या, टूटी हुई तलवार। पराए मर्ज में हम बीमार रहते हैं
(क्या करें जमाने की मसीहाई!)
बन्द बोतलों में दवा बन्द रहती है।

प्यास मेरी कैसे पहुँचेगी वहाँ तक। रूह दिन-रात
उजालों में भटकती है
किसी कली के तबस्सुम के लिए नहीं खाली है कायनात।
या, तो टूटे हुए पैमाने, या, टूटी हुई तलवार...
क्या देखें सुबह के ख्वाब--
जिन्दगी से दरकिनार रहते हैं
बन्द बहार में वादे-सबा बन्द रहती है।

जिन्दगी जनमकैद सहती है।

[कलकत्ता, 24 जनवरी, 1960]

इतिहास-प्रिया

शशिकान्ता के लिए

कहीं बादलों या वसन्त में कोई है अवश्य, जो हमें
इच्छा करते ही दास बना लेता है।

और अब नीले सूनेपन में फूलों की तरह बिखरे हुए क्षण
सामने सोई हुई पहाड़ियों में डूबे हुए शब्द
निरीह निस्तब्धता में
बहुत तेजी से बदलता है हिमग्रस्त शिखरों का चेहरा

यह निर्झरित श्वेत ही है अन्धकार गहरा।

घुटने मोड़ कर उठती हुई, कहती हो तुम :
बन्द कर दो खिड़कियाँ। देखा नहीं जाता है इतना तेज
बदलाव...
देखा नहीं जाता है उजलेपन का यह सैलाब!
द्रौपदी यहीं फिसली थी?

मैं समय-राग के द्रुत आरोह में ऊपर उठता आया हूँ।
नगरों और मन्दिरों के अवशेष सिर पर लादे हुए
—इस खामोश पहाड़ी घाटी तक।
तुम तक...
बाँहें समेट कर उठती हुई, कहती हो तुम :
बन्द कर दो खिड़कियाँ। देखा नहीं जाता है इतना लज्जास्पद
पराजय...
धृतराष्ट्र बना दिया गया है मेरे मन का संजय!

मैं तुम्हारी खिड़की का खुला हुआ दरवाजा हूँ
तुम्हारी इच्छा होते ही बन्द हो जाऊँगा।

[कलकत्ता, 11 मई, 1960]

कालान्तर

कालान्तर से अर्थ में भी लगातार आते गए अन्तर।

अब, ध्वनियों के प्राचीर टूटते हैं, राग के पुरातन स्रोत रुकते हैं।
मैं जहाँ कहीं अकारण ठहर नहीं पाता हूँ, फिर भी, स्वागत में
लतिकाएँ, शाखाएँ, फल, फूल, वृक्ष झुकते हैं;
किन्तु कोई एक स्थिति है, जो रह जाती है अहल्या-स्फटिक शिला
स्वागतहीन, निर्णयहीन, अर्थहीन।

अर्थशेष के अनन्तर मुझे गति की प्रस्फुटित अभिलाषा थी :
आलोक में, अन्य सरिताएँ बन जाएँ पुनः जल-संगीत
प्रतीति हो कि समस्त कमल-वन है रंगों का समारोह;
कहीं से भी एक सुमधुर अनुगूँज उठे—
विषदग्ध सर्प की तरह झूमे रहें प्रशस्त पथ के सारे वृक्ष।
शब्द नहीं थे, प्रकृति ही अभिव्यक्ति की एकमात्र भाषा थी
अर्थशेष के अनन्तर मुझे गति की प्रस्फुटित अभिलाषा थी...
किन्तु कोई एक स्थिति है, जो रह जाती है स्फटिक-शिला;
संस्कार से दमित-पराजित, परम्परा से अस्वीकृत-अनंगीकृत
आस्फालित नहीं करती है फूल, फल, लतिकाएँ, शाखाएँ, वृक्ष।

समय की यह दुर्दान्त नदी अब, स्फटिक तोड़ती है।
मैं कालान्तर के ज्वार में बहता हूँ।
भँवरजाल में डूब गई हैं परम्परा, संस्कार, इतिहास की स्वर्ण-नौकाएँ
और, मृत्युमुख हैं सारी सूरजमुखियाँ,
और, किरणें काली घाटियों की तरफ भटक रही हैं।

[पूर्वी पुतियारी, कलकत्ता-33]

एक टूटी हुई तलवार*

तब, शुरू हो गया एक नया उजाला। आहिस्ता-आहिस्ता
सोए हुए हर जानवर की गर्दन तक पहुँचा।
जानवर पालतू हैं

जानवर फालतू हैं।
किसी को खबर नहीं होती
—तवारीख को भी नहीं!

[17 जून, 1962]

* *इस कविता के हाशिए में लिखा हुआ था—draft poem.*—**सं.**

रसेश्वरी

अपनी ही आत्मा की कन्दरा से अपने पलायन की—मुझे
अब प्रतीति या प्रीति नहीं होती है। किन्तु,
सर्वदा मेरी सहमी हुई साँसों के साथ बहती हुई वायु;
सर्वत्र मेरे सपनों को परिधि करते हुए ज्योति के पीताभ त्रिकोण
—मुझको
उसी अन्ध कारागार की ओर खींचते हैं।

अदृश्य संगीत के सप्तपर्णी जलचित्र खिलते हैं।
फेनिल श्वेत लहरों पर प्रतिध्वनित होती हैं मन्दिरों की घंटियाँ
काले पत्थरों पर अंकित संगमर्मर के पुष्प-वृन्त
प्रणति-मुद्राओं में समर्पित वयसहीना यक्षिणियाँ-अप्सराएँ
यह उर्वशी है
और इसी ने संन्यासी-समय की भंग की थी समाधि!
मुझे प्रतीति नहीं होती है, किन्तु,
स्वीकृति-परीक्षा के मंत्र, लौह-यूप, केवल बलिप्रदान;
श्रीचक्र की कमल-नाभि पर खड़ी, विवस्त्र, जीभ लपलपाती हुई
वह रक्तातुर, कामातुर दीर्घांगी रसेश्वरी...

अब भी मेरी भैरवी को रह जाने दो सहज-सरल नारी
मेरे ज्ञान-शिशु को चाहिए उसके वक्ष में आश्रय;
अब भी तुलसी दल की गन्ध है मेरे प्राणों में
—मैं
आत्मा की अन्ध कन्दरा से भागता रहता हूँ बार-बार
प्रीति नहीं होती है, किन्तु!

[पूर्वी पुतियारी, कलकत्ता-33]

किसी मरीज का बीमार कमरा*

किसी मरीज का बीमार कमरा...दवा की भारी गन्ध फैली हुई
दीवारों पर शाम के सूरज की उदास किरणें
फर्श पर मैले कपड़े और अखबारों के फटे पन्ने
किसी ने हमदर्दी से डाल दी है
टेबल पर रखे गिलास में नरगिस की टहनी।

वह खुद उठकर बन्द कर लेती है खिड़कियाँ, और
उसके ओठों पर रुकी हुई थकी मुस्कुराहट
पूछती है :
नरगिस की टहनी पर सूरज अब भी अटका है
किसलिए?

एक ऐसी नदी है, जिसे पार कर जाते हुए डर लगता है
डर लगता है खामोशी की दीवारें तोड़ते हुए, मगर
वह खुद उठ कर बन्द कर देती है खिड़कियाँ, और
बमबारी के बाद खाई से निकले हुए सैनिक की तरह
वह अपना कमरा देखती रहती है
चुपचाप।

[21 मई, 1962]

* *बिना शीर्षक की इस कविता के हाशिए में लिखा था– पितेज कर्तजि। सुविधा के लिए पहली पंक्ति के कुछ शब्दों से शीर्षक दे दिया गया। –**सं.***

शायद

शायद कोई जीवन का नया पौधा
इस ज्वालामुखी की कब्र पर
उग आए।
शायद अपनी ही कोई नई तस्वीर
अँधेरे कोने में रखे शीशे में
मैं देख सकूँ।

शायद यह झूठा उजाला भी दे जाए
मेरी आँखों को रोशनी
और, मेरे पौधे को जीवित रख ले।
शायद
वक्त की चिड़िया पंख फड़फड़ाए
और दूर आसमान पर जाकर
कोई नया गीत गाए...
शायद, आँखें और पौधे और चिड़िया
कब्र और शीशे और आकाश
आज एक ही नीले तार से
बँध जाएँ
और, तार के दोनों सिरे हों मेरे हाथ।

कवि

कितना दुर्गम अजेय पर्वत है, जिसमें लिपटी हुई–
निराकार महानदी बहती है–भाषा
प्रतीकों के गिरते हैं चट्टान, टूटते हैं।
और,
जल की सतह पर तैरते रहते हैं विषहीन साँप!
उन सबका कोई उद्देश्य है,
केवल मेरा नहीं!
केवल मेरी नहीं है कोई कविता
मैं केवल चट्टान तोड़ता हूँ।

प्रेम

स्मरण में कितनी क्षणस्थायी है सुन्दरता
स्पर्श में कितना अनन्त है
यौवन!

परोक्ष में कितनी दूरी है असंक्रामक
कितना समीप है प्रत्यक्ष में
दोनों का मन!

प्रेमालाप

आरक्त स्त्री और उसकी स्वेद गन्धी त्वचा
विरक्ति और अनुरक्ति की मध्यरेखा पर
रेंगता हुआ कंठस्वर–
हाँ!
नहीं, नहीं, हाँ!!

पर्वत-नगर

मृत वायु बर्फ बन कर सफेद फर्श पर जमी हुई
रात।
और, सुबह उजली नदी पर झुकते हैं लगातार साए
लगातार टूटते हुए पाँव–
यह शहर सायों की खूबसूरत कहानी है,
जिन्हें रात ने अँधेरे में
छिपा कर रखा था।

अपने कमरे में किराए की लड़की के बाद

कहीं एक छोटा-सा कमरा है, करता हुआ इन्तजार!

खिड़कियाँ खुली हैं, धूप नहीं आती है!
धूप नहीं है,
हम तस्वीरों में चुपचाप बैठे हैं
हाथ में थामे हुए प्याले!

दीवार पर एक छिपकिली
टेबल पर एक अधलिखा खत
और अनपढ़ी किताबें!
और पानी बरसेगा
चौराहे का बसस्टॉप भींगता रह जाएगा
बसें नहीं आती हैं
मौसम को नींद आ गई है
वक्त मौत की बैसाखियों के सहारे
ठक्...ठक्...ठक्
पहले नीलापन था, फिर स्याही फैला दी गई!
डूब गईं अधलिखी खत की
पंक्तियाँ!
—एक पिंजरे में बन्द थी एक सुनहरी चिड़िया!
और,
पसीने का यह नमकीन स्वाद ओठों पर!
यह उमस, यह गहरी स्याही!
और,
कीचड़ में धँसते हुए मेरे पाँव!
और
कीचड़ में

[21 जून, 1962]

आदमकद शीशा

अब तक आँखें खुली हों आदमकद शीशे में देखो।

इस खाली गिलास में सिर्फ अजनबी सपने हैं
जैसे मुड़े हुए घुटने, झुके हुए कन्धे
दूसरे की पीठ में दबी हुई बाँहें
और, इस खाली गिलास में सिर्फ तुम्हारी चीख-पुकार!
आदमकद शीशे में देख लो!

यह ताजा गुलाबों का गुलदस्ता नहीं है
इस खाली गिलास में सिर्फ ऊब और थकान
जैसे किसी की ख्वाहिश पूरी नहीं होती है
दूसरे की पीठ में बँधी हुई बाँहें
और, इस खाली गिलास में बर्फ का पिघलता हुआ टुकड़ा!
आदमकद शीशे में शराब!

एक ही नाटक और बार-बार दुहराई गई एक ही ट्रैजेडी
इस खाली गिलास में सिर्फ ऊब और थकान
जैसे मुड़े हुए घुटने, और झुके हुए कन्धे
और तुम्हारी चीख-पुकार!
यह ताजा गुलाबों का गुलदस्ता नहीं है—
आदमकद शीशा!

[21 जून, 1962]

अन्तिम प्रेम*

दूर शहर की रोशनी कितनी अजनबी लगती है
पास फैले इस अँधेरे में
अपनापन है।

सहमी हुई आँखें और बेहद गर्म होंठ
और तुम, और मैं
और बेनाम पेड़ों के दागदार साए
और किसी दूसरे की चीख
हमें आतंकित कर देती है
कौन छटपटा रहा है...

तुम जाल तोड़ कर निकलती हुई बड़ी मछली की तरह
रोशनी की नदी में कूद जाती हो!

[24 मई, 1962]

** इस कविता के हाशिए में लिखा है—first Draft. —सं.*

संगतिहीन

टेलीफोन का खम्भा आँधी में टूट गया है।
कोई शराबी अपनी पत्नी के सामने
रोता जा रहा है।
बीच सड़क पर पड़ी है पागल कुत्ते की लाश।
मौसम का हाल
हम रेडियो पर सुनते हैं।

सुबह हो चुकी है।
आज रात भी इस मकान पर न बिजली गिरी
और न बमबारी!

[24 मई, 1962]

अपमानित-1

वह उठ कर खड़ी हो गई।
बीच कमरे में टँगे पिंजरे के द्वार
उसने खोल दिए। मगर,
लाल-हरे पंख वाली वह नन्ही-सी चिड़िया
बाहर नहीं आई,
दूर कोने में दुबक गई, डरी हुई।

वह मेरी ओर देखती रही
उसकी निगाहों में बड़ी फीकी मुस्कान
—वह नन्ही-सी चिड़िया!

अपमानित-2*

क्यों न आज हम अपनी ही दीवारों में कैद रहें?
रहें देखते बार-बार वह एक स्वप्न?

क्यों न बन्द कर डालें हम सारे दरवाजे?
बाहर गूँज रहे हैं बेशर्मी के बाजे!

बाहर आने पर अब कौन हमें पहचानेगा?
जिसको हमने फूल दिये,
दीं बरसातें, बादल, नदी, धूप, और पंछियों के कलरव
वह तो हमको अपना भारी दुश्मन मानेगा!
और, हमारे चेहरे तो अब दागदार हैं
माथे पर गहरी खरोंच देकर भागा है वक्त
और, आँखों से टपक रहा है लहू
हम तो शायद, बीते दिन की यादगार हैं
जिसको हमने फूल दिए, और पंछियों के कलरव
वह तो हमको अपना दुश्मन मानेगा!

हमसफरो, वापस लौटो, आगे राह नहीं है
जो कुछ है सारा जंगल ही जंगल है,
शाम हो गई है, पाँवों में उत्साह नहीं है।

[26 मई, 1962]

* *इस कविता के हाशिए में लिखा है–Draft Poem.* **–सं.**

वह नया शहर*

जैसे लोगों ने अब तक रोना नहीं सीखा हो
जैसे भूल गए हों ठहाके लगाना।
और,
बेहद हल्की मुस्कुराहटों के बाद मुस्कुराहटें
बहुत ऊँचे मकानों के बाद मकान
खाली फूलदानों के बाद फूलदान
बन्द दरवाजों के बाद
बन्द दरवाजे!
और, यह सारा कुछ

रोशनी के हल्के नीले तार में गुँथा हुआ
जैसे सूखे हुए फूल
जैसे एक के बाद दूसरा सपना!

[25 मई, 1962]

* *इस कविता के हाशिए में लिखा है–Draft Poem. –सं.*

संक्रामक*

पहली बार हम उसके कमरे में आते हैं
बेहद शर्मिंदा
झुकी हुई डाल में लगी हुई सहमी आँखें...
हम उसे देख नहीं पाते
स्वयं को भी नहीं–
फिर, चुपचाप वापस चले जाते हैं। और,
अब,
हर बार, हर कमरा हमारे लिए
बेशर्मी का इजहार बन जाता है।

हम पागल की तरह भीतर घुसते हैं
तोड़ डालते हैं फूलदान
किताबें चुरा लेते हैं!

[25 मई, 1962]

* *इस कविता के हाशिए में लिखा है–Draft Poem. –सं.*

मृतात्मा*

घाट पर हिरण पानी की तलाश में आएँगे–
उसकी आत्मा में

कतार बाँध कर खड़े हो गए पहाड़ी भेड़िये
उसकी आत्मा में,
निशान बाँधने लगे लगातार शिकारी। अँधेरे में
चमकती हैं आँखों की तरह बन्दूकों की नलियाँ।
उसकी नींद आधी खुली
फिर भी, बादलों की तरह भटकते हुए गुमराह सपने
फिर भी, पानी की तलाश में हिरण आएँगे
फिर भी, अपनी आत्मा में
वह दागता रहता है बन्दूकें लगातार।

अन्त में, वह कैदखाने के बाहर आ गया।
उसकी आँखों में मुर्दनी,
उसके होंठ नीले पड़ गए हैं।
उसकी आत्मा?

[22 मई, 1962]

* *इस कविता के हाशिए में लिखा है–Draft Poem.* **–सं.**

वेश्याएँ*

सड़कें खाली हैं, वे कर रही हैं इन्तजार।
सड़कें और गलियाँ और बरामदे भर गए हैं, फिर भी,
वे कर रही हैं इन्तजार!
उसकी आवाज वे पहचानती हैं, और उसकी वहशियत भी,
सिर्फ नहीं जानती हैं उसका नाम
...सिर्फ उसका नाम!

शायद, उसका कोई नाम ही नहीं है!

[22 मई, 1962]

* *'प्रारम्भ-1962' में प्रकाशित इस कविता की हस्तलिखित पांडुलिपि के हाशिए में लिखा है–First Draft.* **–सं.**

अनिवार्य है*

अनिवार्य है उसकी हर दुर्बलता के प्रति घृणा
और, हर घृणा अनिवार्य मोह है
मनुष्य में, या प्रकृति में एक ही नियम चलता है
विरोधी सत्य के प्रति ममता
और, अपनी ही ममता से विक्षोभ!

[25 मई, 1962]

* *बिना शीर्षक की इस कविता के हाशिए में लिखा है–First Draft. सुविधा के लिए पहली पंक्ति के कुछ शब्दों से शीर्षक दे दिया गया।* **–सं.**

Nostalgia*

अचानक लगा, किसी ने मेरा ही नाम लेकर पुकारा है
मैं नीले अँधेरे में डूबा हुआ
जहाज की डेक पर खड़ा हूँ;
दूर–अपरिचित बन्दरगाह कि प्रतीक्षारत रोशनी...
किसी ने पुकारा है मेरा ही नाम!
वक्त बीतता रहता है
जाने-अनजाने शहर और लोगों के चेहरे
और उनकी आँखों में क्रोध अथवा निमंत्रण
सब बीत जाते हैं
कितने शहर उजड़ चुके हैं
मर चुके हैं कितने हजार आदमी
कितनी लड़कियाँ बूढ़ी हो चुकी हैं
टाइपराइटरों पर, सिलाई-मशीनों पर झुकी हुईं...
मगर, मैं डेक पर अकेला खड़ा हूँ
और, मुझे लगता है
फिर शहर बसने लगे हैं
फिर लोगों के चेहरों पर झलकने लगी है खुशी

फिर जिन्दगी वापस आई है

किसी ने पुकारा है मेरा ही नाम!

[22 मई, 1962]

* *इस कविता के हाशिए में लिखा है–First Draft.* **–सं.**

लम्बी होती गई*

लम्बी होती गई, फैलती गई काली छाया।
आकाश में बढ़ता गया छतनार वृक्ष
बादल उसकी घनी टहनियाँ
फूल : सितारे
फिर, समय की एक धुआँधार लहर में डूब गई
वह
–जिसे तुमने अपनी कविता मान लिया था।

काल क्षमा नहीं करता है–
सुन्दरता को कभी नहीं। मगर प्यार?

उसकी आँखों में जलती हुई ज्वालामुखी बुझ गई है
रात के कोहरे में सो गया है
उन्माद।
मगर, प्यार हर पीली बीमार किरण को देता है प्राण
देता है सूर्य।

तुम काल को क्षमा करो, क्षमा करो
वरण करो बुझी हुई ज्वालामुखी।

[22 मई, 1962]

* *बिना शीर्षक की इस कविता के हाशिए में लिखा है First Draft.*
सुविधा के लिए पहली पंक्ति के कुछ शब्दों से
शीर्षक दे दिया गया। **–सं.**

सवालात खुद से

इस तारीकी में कहाँ हो तुम? और, किससे, कब; क्या माँगते हो?
जब हर घर के दरवाजों पर जड़े हुए हैं ताले
जब हर सपने पर उठाई गई हैं नैतिकता की मीनारें
जब हर घर में किसी न किसी अरमान की लाश
जब हर सपने में किसी न किसी मसीहा की सलीब
बस तारीकी में तुम किससे, कब, क्या माँगते हो?
किसके लिए बनाते हो इतिहास?
कौन होगा जिसके पास तुम्हें देखने के लिए आँखें
तुम्हें समझने के लिए दिमाग
तुम्हें फिर से रौशन करने के लिए होगा चिराग?
किसके लिए बनाते हो अँधेरे के सागर में किरणों की नाव?
कौन होगा जिसे पार जाने की वहशत होगी?

सारे हिरण एक ही शिकारी के जाल में अटके हैं
एक ही जहरीली घाटी में भटके हैं
सभी तीर्थयात्री
एक ही कारण है जीने का, मरने का—और, दोनों में
कहीं जरा फर्क नहीं। फिर, किसके लिए?
किसके लिए बनाते हो कागज का घर-बार?
है किसको स्वीकार
शीशों के सामने खड़े होकर अपना ही चेहरा देखना?

तोड़ दो सारे शीशे। कागजों से जलाओ अलाव
अपनी रात तो कट ही जाएगी; आएगा अनन्त ठहराव।
मगर, कहाँ हो तुम?

सरस्वती

अतिशयोक्ति-अलंकृत तुम्हारी अमृतस्विनी वीणा के स्तन,
तुम्हारे चरणसेवी हंस की सर्पाकृत ग्रीवा उदार;

अधरों पर बिम्बित पैतृक प्रणय-दंश...
वर देने की क्षमता, और
मेरी आश्रित होने की तुम्हारी अनवरत आकांक्षा,
अप्रिय, अनिच्छित है मुझे तुम्हारा यह द्वैत रूप। संगीत का मायाजल नहीं,
समर्पित करना ही है तो मुझे रस का सरोवर दो।

तुम्हारे पथवाहन हंस की सर्पाकृत ग्रीवा उदार,
अमृतस्विनी वीणा के स्तनों का अतिशय अलंकार
मेरे यथार्थ अस्तित्व का विष कब तक आवरणित कर पाएगा?
निरीह श्वेताम्बर कब तक पराजित करेगा रक्ताक्त व्रण?
पैतृक प्रणय-दंश सामगायन में अब नहीं डूबेगा...
संगीत का मायाजल नहीं,
स्रोतवाही करना ही है तो मुझे विस्फोटित ज्वालामुख करो।

अप्रिय है मुझे तुम्हारा यह द्वैत रूप
तुम गीता रहो, या बन जाओ काल-सर्पिणी!

अपने बीते हुए से क्षमा

प्राप्त कर लेना सम्भव नहीं है। क्योंकि, जल पर नहीं
पिघले हुए लोहों पर पड़ी हैं पाँवों की छाप।
नीचे रेत नहीं है, रुका हुआ समय है
ऊपर धुआँ नहीं है, बीते हुए की हवन-ज्वाला है।
मुझे मुक्ति नहीं मिलेगी
और नहीं मिलेगा कोई एकान्त कारावास...

अपने बीते हुए से क्षमा प्राप्त कर लेना असम्भव है। हम
आदमी हैं; और पृथ्वी पर वृक्ष की तरह उगते हैं;
मिट्टी चाहिए, और हमें वृष्टि चाहिए,
रेत नहीं, धुआँ नहीं।

प्रवंचक मुक्ति

प्रत्येक कंठ में मैंने तुम्हारा हलाहल ही सहा है
प्रत्येक स्वर में मैंने तुम्हें अमृत ही अमृत कहा है।
मैंने तुम्हें जागरण, स्वप्न, शय्या, पथ, उपवन, कारागार
    चाहा नहीं है कभी कहीं भी साथ
फिर भी, मेरी पूजा का अवशिष्ट प्रसाद, मेरा निर्माल्य
तुम्हारी ही भावसरिता में अस्तित्व-लुप्त होकर बहा है।

तुम बिताए गए पराए शरीर की उच्छिष्ट गन्ध बन कर
प्रत्येक पथ में बार-बार गाए गए गीत की कड़ी
प्रत्येक दुश्चिन्ता में बार-बार प्रतिफलित हुई आत्महत्या
प्रत्येक आत्मा में भूखी सोई हुई प्रेतकन्या
अपने ही मौन की मृत, सर्पीली घाटियों में भटकती हो।
तुम्हारी बस निरीह अवज्ञा की वेदना मैं नहीं स्वीकारूँगा
मैं अपना अमरत्व तुम्हारे विष से नहीं हारूँगा;
मैं तो शिव हूँ, मेरा क्या है
तुम क्षीर-सागर हो, मन्थन तुम्हारा देव-दानव करते ही रहेंगे।

फिर भी, प्रत्येक स्वर में मैंने तुम्हें अमृत ही कहा है
(कितनी प्रवंचक है यह मुक्ति भी!)
मैंने तो हलाहल ही सहा है।

[पूर्वी पुतियारी, कलकत्ता-33]

मृत हृदय में वसन्त-प्लावन

तुम्हारे पास जाने के लिए खाली कुर्सियों की कितनी कतारें तय करनी पड़ती थीं
अपनी बात कहने के लिए माइक्रोफोन से गूँजती कितनी आवाजें...
लोकगीत की धुन पर लिखे गए नए तराने
और, तीसरी पंचसाला योजनाओं पर गृह-मंत्रियों के पवित्र भाषण
और, मौसम के सही हाल-चाल;

और, विदेशी अधिनायक के स्वागत में ट्रैफिक बन्द है, दुकानें खुली हैं।

धीरे-धीरे सभी लोग शाम के सूने पार्कों में नींद ढूँढ़ने लगते हैं।

हाथ

लेकिन, वक्त के ताबूत में सिमट नहीं पाते हैं उसके स्याह हाथ।
काठ की दीवारों के बाहर रह जाते हैं...

सूखे हुए फूलों के साथ, सिकुड़ा हुआ है पूरा जिस्म
ताबूत के एक अँधेरे कोने में;
खासकर बुझी हुई पीली आँखें
खासकर टूटे हुए स्तूप जैसे स्तन
लेकिन, दोनों हाथ
ताबूत के बाहर थरथराते रहते हैं
जैसे बर्फ में सहमती हुई गुलाब की टहनियाँ
या, बरसाती रात में कोई चिट्ठियाँ।

निर्ममता

निर्ममता पृथ्वी की सीमाओं से
बहुत नीचे और बहुत गहराई में जा सकती है
पाताल तक।
जैसे अपने बिल में धीरे-धीरे तैरता हुआ साँप
और, उसकी मोटी गरदन में रुका हुआ
एक नन्हा-सा मेढक
बेहोश!

निर्ममता पृथ्वी की सीमाओं से
बहुत ऊपर और बहुत ऊँचाई में आ सकती है

आकाश तक।
जैसे खुले नीलेपन में तेजी से उड़ती हुई चील
और, उसके पंजों में बँधी हुई।
एक छोटी-सी बेनाम चिड़िया
मरी हुई

...अमृता के लिए कविताएँ

राजकमल चौधरी की हस्तलिपि में इस संकलन की पांडुलिपि इसी तरह प्राप्त हुई, इसलिए ये कविताएँ अलग से दी जा रही हैं। कवि ने इस संकलन की सारी कविताओं का शीर्षक कविता के अन्त में दिया है। **–सं.**

The knowledge of poetry is a part of philosophy,
and a part of science; the import
of poetry is the import of spirit...
The comedy of life or the tragedy of life
as the material of an art, and the mold of
life as the object of its creation are contemplated.

—Wallace Stevens
The Theory of Poetry

अमृता के लिए

बहुत अन्धी थीं मेरी प्रार्थनाएँ
मुस्कुराहटें मेरी विवश
किसी भी चन्द्रमा के चतुर्दिक उगा नहीं पाईं आकाशगंगा,
नहीं एक भी फूल...

बहुत अन्धी थीं मेरी प्रार्थनाएँ
मुस्कुराहटें मेरी विवश, नहीं कर पाईं तय के पदचिह्न
मेरे प्रति तुम्हारी राग-अस्थिरता ने
अपराध-आकांक्षा ने
विस्मय ने—काल के सीमाहीन मरुथल पर सजाया था
जिन्हें,
उस दिन, अकारण।

मेरी प्रार्थनाएँ तुम्हारे लिए नहीं बन सकीं गान
मुझे क्षमा करो।

Beauty is the marking-time, the stationary vibration, the feigned ecstacy of an arrested impulse unable to reach its natural end.

—T.E. Hulme Speculations

अब तो नहीं अज्ञात*

अब तो नहीं अज्ञात तुम्हें कोई प्रकृति-रहस्य
प्रश्न तुम्हारा एक भी अनुत्तरित नहीं।

वर्ण, गन्ध, ज्योति, लावण्य, धर्म, आकार–
इनका सुगठित समन्वय : व्यर्थ।
तुम्हें तो कुछ भी नहीं रह गया अलौकिक-असामान्य
निराश्रित हैं जड़-चेतन के समस्त अर्थ।

कितनी सरलता से हो जाती है समाप्त आयु-विडम्बना
वर्षा, मेघ, इन्द्रधनु, धूप, किरनें
नीली शून्यता में पक्षियों का पंख-उत्तोलन
नदी, निर्झर, फूल कलरव, ज्वालामुख, जल-प्लावन
आकाश का यह अनन्त परिताप : नीलापन
कितनी निरीहता से हो जाती है अस्वीकृत
क्षितिज-प्रार्थना...

नहीं है शायद, कहीं वह देव धर्मातीत–
नहीं होता है अवतरित स्वर्ण किरीटधारी देवदूत
रिक्त अंजलि रह जाती है आत्मा!
फूल, पत्तियाँ, धूप, झील, पगडंडी, मैदान, पहाड़ी और शहर
रंग-बिरंगे प्रश्न निरन्तर
–श्वेत एक उत्तर

[अचानक रात में नींद खुल जाने पर मसूरी हिल्स (1956) में देखे गए हिमपात की तात्कालिक प्रतिक्रिया–रा.क.चौधरी।]

* *यह कविता बिना शीर्षक की थी। सुविधा के लिए पहली पंक्ति के कुछ शब्दों से शीर्षक दे दिया गया। –सं.*

नीली झील

दूर फैले शहर की रोशनी कितनी अजनबी लगती है,
पास फैले इस अँधेरे में कितनी जलन है,
और, कितना अपनापन...

बेनाम पेड़ों के दागदार साये
और, तुम
जल की सतह को हिलाती हुई मछलियाँ
और, मैं
और, पास ही कहीं दूसरे की चीख
कौन छटपटा रहा है?

फिर भी, महाजाल की तरह हम-तुम
अँधेरे की नदी में
फैल जाते हैं...

कहाँ हैं मछलियाँ? और साँप?

प्यार

नहीं धुँधलके में अकेली चीखती हुई हंसिनी
नहीं नीलेपन में सफेद दाग
नहीं बिस्तरे पर सोई हुई बर्फीली नदी
नहीं जल पर निर्माल्य...

कैद हो गया है सारा उजाला, फिर भी,
रोशनी का सैलाब
अब तक, तुम्हारे पाँवों पर रुका हुआ।

बीता हुआ प्यार

बर्फ में दबे हुए, बीते फूल मुझे अब याद नहीं हैं।

मुझे मालूम नहीं रह गया है तुम्हारा नाम
या, वह कमरा जिसकी दीवारों पर

कोई कैलेंडर नहीं था..
नहीं थी मेरी कोई तस्वीर। और अब,
तुम्हें फिर से देखने के लिए आँखें
तुम्हें फिर से समझने के लिए दिमाग
मेरे पास नहीं रह गया है
मुझको रौशन करने के लिए जादूगर
अलादीन का चिराग...
और, कागज के घर में तुम रहना नहीं चाहोगी
शायद!

* *इस पांडुलिपि में यहाँ पर* 'अपनी ही बीवी के लिए', 'मुक्ति', 'धर्म', 'मछियारा', 'स्त्री' *कविताएँ संकलित हैं, किंतु ये कविताएँ पहले से* 'प्रारम्भ-1962' *पत्रिका में प्रकाशित हो गईं, जिन्हें* 'ऑडिट रिपोर्ट' *संकलन में शामिल गया। ये कविताएँ रचनावली के कविता खंड-2 में संकलित हैं।* **–सं.**

मतवाद

तब, शुरू हो गया एक नए सिलसिले से उजाला
आहिस्ता-आहिस्ता
सोए हुए हर जानवर की गरदन तक
आ पहुँचा...
जानवर पालतू हैं
जानवर फालतू हैं
किसी को किसी मौत की खबर नहीं होती है,
तवारीख को भी नहीं।

पत्नी

अन्त में उसी का नग्न शरीर
स्तूपों, स्तम्भों, स्मारकों की दीवारों पर
स्मृति-स्वरूप
लटका दिया गया–
जो, नहीं जानती थी
फिर भी, घर को मन्दिर और मन्दिर को घर
बनाने में ही अपना जीवन
सफल मानती थी।

जिन्दगी जनमकैद सहती है*

बन्द कमरे में हवा बन्द रहती है।

प्यास मेरी कैसे पहुँचेगी वहाँ तक? शीशों की लगातार
दीवार ही दीवार
नहीं कहीं बन्द भी दरवाजा। या तो टूटे हुए पैमाने
या, टूटी हुई तलवार...
बन्द बोतलों में दवा बन्द रहती है।

प्यास मेरी कैसे पहुँचेगी वहाँ तक? वह दिन-रात
दागदार उजालों में भटकती है
मेरे सिजदे के लिए खाली नहीं है कायनात।
या तो टूटी हुई तस्वीरें, या, टूटे हुए घर-बार...
बन्द बहार में वादे-सबा बन्द रहती है।

जिन्दगी जनमकैद सहती है।

* *यह कविता बिना शीर्षक की थी। अन्तिम पंक्ति को शीर्षक बना दिया गया। –सं.*

एब्स्ट्रैक्शंस-1961

शान्ता सिन्हा के लिए

नीले झाग में लिपटा हुआ और कोई वस्त्र नहीं
और कोई शस्त्र नहीं—दो आँखें
ऊँची खिड़की से मैं पूरी तस्वीर देखता हूँ।

लौट आए हैं पानी के जहाज, जहाँ से शुरू हुई थी यात्रा
और, उसकी
(अर्थात, वह मेरी ही प्रेयसी है)
निस्तब्धता में समुद्र का ज्वार टूटने लगा है।
अब भी हैं मेरे लिए रहस्यमय
रात के बन्दरगाह,
अब भी मुझे प्रिय है अपरिचित सागर का ज्वार!

किन्तु, अपने बन्द कमरे में
मेरा मौन
दीवारों पर, तस्वीरों पर, टेबल पर सोई हुई किताबों पर
रेशमी कीड़ा बन कर
रेंगता रह जाता है...

लौट आए हैं पानी के जहाज
निस्तब्धता में टूटने लगा है समुद्र...
सितारे और नौकाएँ और सूखे हुए पत्ते (भी) तैरते हैं
उदास हवा में—और,
अकारण, लहरों में गायब हो जाते हैं।
अब भी रहस्यमय हैं बन्दरगाह
अब भी रेलिंग के सहारे वह खड़ी है
चुपचाप!

अर्थात्, वह मेरी ही प्रेयसी नहीं है। और,
हल्के कोहरे में लिपटा हुआ पूरा शहर बेहोश है...
सिर्फ, खुली है मेरी एक
खिड़की...

अचानक मुझे लगता है, किसी ने पुकारा है बार-बार
मेरा ही नाम।
जाने-अनजाने शहर और लोगों के बेमेल चेहरे
और, आँखों में घृणा और निमंत्रण
सब दुबारा लौट आते हैं...

सिलाई-कलों पर झुकी हुई बूढ़ी लड़कियाँ
गोरिल्ला-युद्ध के ट्रेंचों में छिपे हुए पागल आदमी
आग में झुलसे हुए रबर के जंगल
आदमी के जंगल...
मगर, मुझे लगता है

जिन्दगी हर बार वापस लौट आती है
लौट आते हैं आदमी–
किसी ने पुकारा है मेरा ही नाम!
लौट आए हैं पानी के जहाज...
और, शतरंज के प्यादे शहंशाह बन रहे हैं
तूफान आया है।
सफेद कागज पर खींची गई लकीरें नागिन हैं
किश्तियाँ डूबती हैं।
निस्तब्धता में टूटने लगा है सागर का ज्वार...
और, मेरे ऊपर की खिड़की से
मांस का एक ताजा टुकड़ा
बीच सड़क पर गिरता है–
जुलूस की नदी में बहने लगता है। मगर
अब भी बन्दरगाह की रेलिंग के सहारे
वह खड़ी है चुपचाप।
इसके सिवा उसे कोई काम नहीं आता है;
नहीं आता है
जो एक बार चला जाता है।

मैं नीले झाग में लिपटा हुआ–
केवल, दो आँखें
इतिहास के डायल पर रुके हुए काँटे...

वक्त : तेजी से घायल पक्षी भागता है
किसी भी घोंसले की तरफ...
आदिम हविश फिर पंख फैलाती है
वह रेलिंग छोड़कर
मेरे पास चली आती है...
रह जाता है केवल अंग-संकेत
भाषा मृत है
शब्द मिथ्या।
ध्वनियों की वर्षा होती है
काल के जलते हुए मरु-खंड पर
प्रतिध्वनियों की वर्षा...

फल फिर से पुष्प। पुष्प फिर से पौधे। पौधे
फिर से बीज। और?
फिर से ढूँढ़ने लगता है धरती उर्वर
और जल।

लौट आए हुए जहाज : समुद्र
समुद्र के नीले दरपन में मुखड़ा देखती हुई : नदी
नदी नंगी होकर नहाती हुई : किरणें
किरणें अपना ब्याह रचाती हैं
और, बीज ढूँढ़ने लगता है धरती उर्वर
और, जल।

आदिम हविश फिर पंख फैलाती है–

छाया में उभरती है सृष्टि
छाया में उगता है पूरा बन्दरगाह...
वह सोई है
परितृप्त।

मैं सुनता हूँ, अपने सद्यःजात पुत्र का रुदन-स्वर
और, खिड़की पर खड़ा रहता हूँ।

क्या वह मुझसे परिचित है?
जानता है मेरा नाम?
और अब नीले सूनेपन में
फूलों की तरह अर्थहीन बिखरे हुए क्षण
शब्द अब तक डूबे हुए
निस्तब्धता में टूटा ही करता है
समुद्र।

वह सोई है परितृप्त। फिर,
घुटने मोड़ कर उठती हुई, कहती है–
बन्द कर दो खिड़कियाँ। देखा नहीं जाता है

इतना तेज बदलाव...
देखा नहीं जाता है नीलेपन का यह सैलाब।

मैं अपनी खिड़की पर खुला हुआ दरवाजा हूँ...
आप-ही-आप बन्द हो जाऊँगा।

[पूर्वी पुतियारी, कलकत्ता-33, 29 जुलाई, 1962]

राजकमल चौधरी की कविताएँ

1. **Cover** : A nude abstract of male-female by **Arun Chopra** in dark blue colour and whole page big lettering in sharp red
2. **Dedication** : For **Amrita Pritam, Krishna Sobti** or **Shanta Sinha.**
   दिमाग पर कोहरा फैल जाने के बाद की ये कविताएँ, रोशनी की हल्की-सी किरण पा लेने की कोशिश में हैं–इसीलिए, तुम्हारे ही लिए हैं।
3. **Preface** : By Surendra Choudhury **मेरे दोस्त की कविताएँ**
4. **Pages** :

Opening Page	1
Dedication	1
Preface	3
Poem	19
Pages	24

5. Photograph and about the poet on back cover
6. **Expenses** :

Paper	(For 500 copies) 3/4 ream @ Rs.60 per ream : Rs. 45
Cover Paper	Rs. 10
Binding	Rs. 75
Cover Printing	Rs. 15
Block	Rs. 45
Extra	Rs. 10
Total	Rs. 200

   A book of about 24 pages
7. Or dedicate the book to any son of a bitch Seth and get Rs.500 atleast from him.
8. Or, write to **Bharat Ratna Bhargav** about it. He may try to get money for you.
9. Or, ask Hem Goel to print it from any pres on his account and paper on credit—and then pay him off by selling it to all seths, etc. of Calcutta.

अमृता के लिए कविताएँ *शीर्षक से तैयार इस पांडुलिपि के अन्त में उसके प्रकाशन की योजना भी है। इसे यहाँ देखकर कवि के कविकर्म की जानकारी भले न मिले, पर कवि के सुनियोजन की जानकारी अवश्य मिलती है।*

कुछ फुटकर कविताएँ

नागरिका

अपने शीतल बिस्तरे पर पड़ी-पड़ी
या, धुँधले आईने के इर्द-गिर्द खड़ी
वह सुन सकती है
अपने पति के जूते की खट-खट आवाज
फुटपाथों पर चलते हुए
पति के जूते की खट-खट आवाज
किसी प्रेत की तरह मनहूस और भयावनी...

और, गई रात को लौटेगा वह, चुपचाप, गुमसुम
हाथ में पोर्टेबल बैग और चन्द हसीन फाइलें
भीतर से बन्द किवाड़
धुएँ की तरह सीढ़ियों से ऊपर चढ़ेगा
अपनी आँखों में लिखे आखर सुनेगा, पढ़ेगा

जबकि वह टेबल लैम्प की धुँधली रोशनी में
वह घर-परिवार जमाती है
जिसके लिए खरीदा गया (किराए पर) यह मकान

बरसाती मौसम के रेन-कोट की तरह भींगी हुई,
किसी कुर्सी की पीठ पर फेंकी हुई—वह,
खड़ी होती है
जरा झुककर खोलती है गिरह
रेशमी सलवार सहम कर नीचे उतर आता है
दो शरमीली, मगर बेचैन इच्छाओं की तरह
नंगे, उसके कदलिस्तम्भ पाँव, सिहरते हैं
और,
वस्त्र के अन्तिम टुकड़ों से भी वह होती है आजाद

यानी, शीतकालीन गुफाओं से निकलकर
धूप उगे मैदान में भागते हैं भेड़िये;
अपनी वस्त्रित सभ्यता की खंडित मूर्ति पर
उसने अँधेरे की चादर बिछा दी है
नंगी है वह!
वसन्त की सुगन्धित रात्रियों की रंगीन महक
उसकी त्वचा पर है

खिड़की के समीप जाकर वह देखती है
नीचे फैली हुई सड़कों की जिन्दगी
नीचे फैली हुई सड़कों की गन्दगी!
जैसे कोई गृहस्थ नारी, विधवा वेश्या को
नफरत से देखती है,
दया से...
अँधेरे में वहाँ, चन्द्रमा की अधखुली खिड़की
से आती हुई रोशनी में,
वह पहचान लेती है
पड़ोस के मकान के पीछे उगा हुआ ताड़
अकेला, फलहीन, उदास दरख्त!

फुटपाथों पर चलते हुए जूते की आवाज
नजदीक आ रही है
एक सम्मोहित प्रेत की तरह
सीढ़ियों से ऊपर चढ़ रही है
स्टोव जलानी होगी
पहले दो कप चाय बनानी होगी!

[5 जनवरी, 1959]

उलूकोवाचः

मैं ठहरा निर्विकार, निरानन्द, निष्कलंक योगी
प्यार नहीं करता हूँ
औरों को करने दो

(चूहे ने कहा) बिल्लियों को क्षमा, क्षमा, क्षमा ही करूँगा, प्रतिहिंसक
वार नहीं करता हूँ
औरों को लड़ने दो
मैं अन्धियारे से डरता हूँ
(और, हाय!) उजियारे से मरता हूँ
मुझको अब मरने दो

[18 अक्टूबर, 1959]

वापसी के बाद का गीत

काँटों के अपने घेरे से बाहर दूर-दूर तक आवारा जाने पर
व्यवहार विश्व का, वापस दे आता है...
बहुत कठिन अभिव्यक्ति रही है मुझको, हरदम
आकर पास (नियति के आलिंगन में, हाय!)
ताश के पत्तों-सा बिखर गया हूँ। अर्थहीन

अलग-अलग यों रहते-रहते
निरे अपरिचय का धुन्ध छा गया, घटाटोप
अगर तुम्हारी रात-रात जागी आँखों से
उठते हैं प्रश्न-बगूले। क्या उत्तर दें
मेरे भय, मेरे टूटे संस्कार?
गलियों में आवाज दबी-दुबकी है बिल्ली-सी

स्वीकार नहीं पाऊँगा मैं, जिसकी है तुम्हें प्रतीक्षा
आओ, हम एक-दूसरे को दे दें
अपनी अस्वीकृतियाँ, अपने संशय-भय
मैं चौराहे-चौराहे पर क्यों भूखे कुत्ते-सा भटकूँ
क्यों तुम अन्धी लैम्पपोस्ट-सी रुकी रहो?

नहीं पता है, तुम क्या हो! मुझको क्या हो!

...ये बर्फ गले-से हाथ-पाँव
फटी-फटी-सी नसें, चटखती साँसें
ठंडा गोश्त, फफोले...क्यों हैं
सिर्फ, जानता हूँ, जो कुछ यह सब है, मेरा है
मैं इनको जी लूँगा।

[पूर्वी पुतियारी, कलकत्ता-33, 18 अक्टूबर, 1959 (रविवार)]

अगले साल ही*

अगले साल ही ढक लेगी हमें कब्रों के इर्द-गिर्द की घास।
अभी हम जीवित हैं, मुस्कुराते हैं
आती-जाती हुई लड़कियों...पे...गीत गाते हैं
आलसी घोड़ों पे किस्मत बिछाते हैं
बिअर पीते हैं
अपने ही लहू पे जीते हैं
और हमें कुछ नहीं करना, और हमें कहीं नहीं रहना
हम करते नहीं, रहते नहीं
हम बन्द नालों में रुके हैं, समुन्दर में बहते नहीं!
दरअसल हम नहीं हैं,
हमारी लाशें हैं।

दोस्तो, हम अपने घर से निकाले गए आवारा लड़के
नींद में चलते हैं
अँधेरे और फिसलन और लहू के दागों से भरी गलियों में
हमारे गले पर नंगी छुरी है यह खामोश चौराहा
बुझी हुई आँखें हमें घूरती हैं (मगर देख नहीं पातीं)
आओ, हम उनमें जलाएँ नई मशाल!

[6 दिसम्बर, 1959]

* *यह कविता बिना शीर्षक की थी। पाठकों की सुविधा के लिए पहली पंक्ति के कुछ शब्दों से शीर्षक दे दिया गया।* **–सं.**

मेरी मजहबपरस्त बहन*

मेरी मजहबपरस्त बहन की उँगलियाँ थरथराईं
रुक गया थ्री एक्स रम का गिलास
कमल, उसने कहा,
(और, एक हसीन लड़की हमारी टेबल तक चली आई, शरमाई नहीं
मैंने चाहा और गिलास उसके हाथों में उठा।)
कमल, मैं एक ऐसी दास्तान कहूँगी तुमसे
जैसे किसी ने कभी किसी से कहीं कही ही नहीं।
(और, लड़की ने कहा, आज की रात मुझे फुरसत है
तुम चाहो तो तुम्हारे घर जा सकती हूँ, मुस्कुरा सकती हूँ!)
मैं तुम्हें अपनी दास्तान कहूँगी
जब मैं भगवान से मिली।
(और, मैंने लड़की से कहा, मुझे घर नहीं है, कहीं एक कमरा भी नहीं)
मगर, फिर भी...)
अचानक मेरी बाँहें पंख बन गईं और मैं आकाश में थी
जहाँ नहीं थी हवा, न रोशनी, न कोई आवाज
आकाश के अँधेरे में ईश्वर मेरे करीब आया और बोला
मेरी बेटी, तू घर वापस आ गई है!
(और, लड़की ने पूछा, फिर भी क्या?
और, मैंने कहा, यहीं रुकते और बातें करते रहते।)
मैं रोने लगी और उसने
मेरे इर्द-गिर्द अपनी बाँहें फैला दीं।
(किस चीज की बातें? क्या विषय?
बस, यों ही बातें...विषय कोई आवश्यक तो नहीं?)
मेरी मजहबपरस्त बहन ने कहा,
मेरा समूचा जिस्म बर्फीले कुहरे से ढक गया
और, आकाश उजाले से भर गया
और, एक आवाज ने कहा
कि मैं रोऊँ नहीं, रोऊँ नहीं।
(ऐसी क्या बातें करेंगे कि पूरी रात कट जाएगी?
मैंने कहा, मुझे मालूम नहीं!)

मेरी मजहबपरस्त बहन की उँगलियाँ थरथराईं
रुक गया थ्री एक्स रम का गिलास

मगर, वह रोई नहीं
बातें करते रहेंगे हम लोग सारी रात, और रात नहीं बीतेगी।

[6 दिसम्बर, 1959]

* *यह कविता बिना शीर्षक की थी। पाठकों की सुविधा के लिए पहली पंक्ति के कुछ शब्दों से शीर्षक दे दिया गया। –सं.*

अलौकिक अन्धकार

मैं वापस लौट कर सो जाता हूँ।
मुझसे पहले ही बहुत सारे लोगों ने
सूरज देख लिया है।

अपना कोई पालतू जानवर
अपनी कोई नदी
अपना कोई सामयिक समकालीन इतिहास
अपना कोई घर
समय ने ही नहीं दिया है मुझको
...
समय ने ही दिया है मेरे इस ब्रह्मांड को
यह अलौकिक अन्धकार

[धर्मयुग, 2, जुलाई]

* *इस पद्यांश का कोई शीर्षक नहीं था। सुविधा के लिए कविता की अन्तिम पंक्ति से शीर्षक बना दिया गया है। –सं.*

मसूरी में रात

पिघलने लगी हैं आवाजें
परत-परत खुलती है बर्फ...

हर राह कब्रगाह जाती है
हर रात जंगल से शहर आते हैं अजदहे
हर सुबह कोहरे में डूबी
डरी हुई।
सर्द हो गया है बैरोमीटर
वक्त की उँगलियाँ गल रही हैं
बाजू...बाँहें...ओठ...पलकें...
हर राह कब्रगाह जाती है
हमें आगोश में क्या बाँधेगा?
आँखें पत्थर हैं
बाँहें जड़ हैं!
किसके लिए बर्फानी झरने-सा दौड़ता हुआ आऊँगा?
किसलिए?
पर्त्त-पर्त्त खुलती है बर्फ। नदी बनती है।
पिघलने लगी हैं जमी हुई आवाजें। गीत बरसेगा।
एतबार करो–
हर राह कब्रगाह जाती है, मगर
एक राह लौट आती है।
लौट आएगी।

[10 फरवरी, 1960]

सोया हुआ लावारिस

खामोश शव की बारीकी मेरी आँखों में जमी रही
–स्याह बर्फ!
तूफान में टूटे हुए दरख्तों की हरी टहनियाँ
मेरे सीने पर आ लगीं
–सामने सपाट मैदान ही मैदान!

मैं सन्नाटे में लावारिस सोया रहा।

मेरी देह से चिपकी हुई काली तितलियाँ
मेरे पेट में दुबकी हुई भूखी बिल्ली

मेरी बाँहों में साँप—
कहाँ है रूह? कब तक है?

बर्फ का रंग बदलेगा
चिमनियाँ उगलेंगी धुआँ
रूह लौटेगी
—जब बजेगा सायरन। आओ,

मेरे साथ चले आओ
मैं नींद में भी रास्ते तय करता हूँ...
अवाम हूँ मैं!

[18 मार्च, 1960]

मैं एक सच्चाई थी

तुमने कभी मुझको पास अपने नहीं बुलाया।
उम्र की मखमली कालीनों पर हम साथ नहीं चले
हमने पाँवों से बहारों के फूल कभी नहीं कुचले
तुम बीमार रेगिस्ताँ में भटकते रहे, उगाते रहे जख्म,
सीने पे लगातार फफोले...
मैं नींद में डरती रही हर रात।

तुमने कभी मुझको कोई गीत गाने को नहीं कहा।
वक्त के सरगम पर हमने नए राग नहीं बोए-काटे
स्वर-लहरों से जीवन के सूखे सरोवर नहीं पाटे
हमारी आवाज से चमन तो क्या, काँपी नहीं वह डाल
जिस पर बैठे थे कभी...
तुमने खामोशी को इर्द-गिर्द लपेट लिया
मैं सिमटी हुई सोई रही।

तुमने गीत गाने नहीं कहा, कभी पास नहीं बुलाया।
क्योंकि मैं हरदम तुम्हारे साथ थी
क्योंकि हमसे बेहतर कोई गीत नहीं था

क्योंकि मैं तुम्हारा सपना नहीं थी
सच्चाई थी।

* *राजकमल चौधरी की यह कविता शशि चौधरी के नाम से 'लहर', अगस्त, 1960 के अंक में छपी थी।* **–सं.**

अन्तिम प्रणय का प्रथम गीत

हम स्वयं को सम्पूर्ण करते हैं
बाँहों के बीच का वह आकाश खोलकर
जिसमें बीते हुए क्षणों के धब्बे हैं
जिसमें शर्मिन्दगी है।
तुम्हारे शरीर की तपिश, मेरी ख्वाहिशों के बुखार
तुम्हारे स्तूप, मेरी कब्र के पास खड़े मीनार–
इनसे एक दुनिया कभी बनी थी
आकाश में
शारीरिक जड़ता की एक खास वहशियत में।

हम स्वयं को सम्पूर्ण करते हैं
मैं क्षितिज का रक्तस्राव झेलता हूँ
तुम पृथ्वी का गर्भधारण करती हो
यह प्रतिक्षण होता है।

हम स्वयं को सम्पूर्ण करते हैं
एक-दूसरे की अपूर्णताओं से।
जिनकी वहशियत की एक विशेष स्थिति में
तुम मुझे जन्म देती हो
और मैं तुम्हें उत्पन्न करता हूँ।
मेरी माँ और मेरी बच्ची बनकर
तुम मुझमें ही सो जाती हो
जब तक मैं जगाऊँ नहीं
या नहीं जग जाऊँ।

[11 अक्टूबर, 1960]

नींद में भटकता हुआ आदमी

नींद की एकान्त सड़कों पर भागते हुए आवारा सपने।
सेकेंड-शो से लौटती हुई बीमार टैक्सियाँ,
भोथरी छुरी जैसी चीखें
बेहोश औरत की ठहरी हुई आँखों की तरह रात।
बिजली के लगातार खम्भे पीछा करते हैं;
साए बहुत दूर छूट जाते हैं
साए टूट जाते हैं।

मैं अकेला हूँ।
मैं टैक्सियों में अकारण खिलखिलाता हूँ,
मैं चुपचाप फुटपाथ पर अँधेरे में अकारण खड़ा हूँ।
भोथरी छुरी जैसी चीखें
और आँधी में टूटते हुए खुले दरवाजों की तरह ठहाके
एक साथ
मेरे कलेजे से उभरते हैं
मैं अँधेरे में हूँ और चुपचाप हूँ।
सतमी के चाँद की नोक मेरी पीठ में धँस जाती है।
मेरे लहू से भींग जाते हैं टैक्सियों के आरामदेह गद्दे
फुटपाथ पर रेंगते रहते हैं सुर्ख-सुर्ख दाग।
किसी भी ऊँचे मकान की खिड़की से
नींद में बोझिल-बोझिल पलकें
नहीं झाँकती हैं।
किसी हरे पौधे की कोमल, नन्हीं शाखें,
शाखें और फूल,
फूल और सुगन्धियाँ
मेरी आत्मा में नहीं फैलती हैं।

टैक्सी में भी हूँ और फुटपाथ पर खड़ा भी हूँ।
मैं
सोए हुए शहर की नस-नस में
किसी मासूम बच्चे की तरह, जिसकी माँ खो गई है,
भटकता रहता हूँ;

(मेरी नई आजादी और मेरी नई मुसीबतें...उफ्!)
चीख और ठहाके
एक साथ मेरे कलेजे से उभरते हैं।

[नई कविता-5-6, 1960-1961]

दो शेर

जी हाँ, इन दिनों कॅरोना सिगार पीता हूँ
देख हर कश में तस्वीरे-यार, जीता हूँ
बड़ी फुरसत में हूँ प्यार धागा है, याद सुई है
चीर देते हैं वो बार-बार दिल, बार-बार सीता हूँ

[11 फरवरी, 1961]

स्तन-पर्वत, देह-नदी, वन, विटप, लता, एकान्त
स्पष्ट ज्वालामुखी, स्पष्ट जलवेग।
स्नानकन्या
मेघ

बहारे-वस्ले हुजूर मेरी इल्तजा कब थी
गुनाहे-तिश्नगी जिन्दगी की फिजा कब थी
मैंने माँगी थी चन्द किरनें, चन्द अल्फाज, एक गीत
शबे-गमे-जीस्त मेरी सजा कब थी

[11 फरवरी, 1961]

काव्य-प्रक्रिया

नहीं हुई वृष्टि
नहीं हुई सुन्दरी श्याममुखी सूर्यमुखी सृष्टि
किन्तु हुई सविता।

नहीं हुई सृष्टि
नहीं हुई वन-हिंसा नागरी लज्जामयी सज्जामयी कृष्टि
किन्तु हुई कविता।

कैसे हुई? किसने लिखी?
कैसे वन-मानव को यह राह दिखी?
अन्धकार कैसे बनी सविता?
शब्द-शब्द कैसे बने कविता?
मात्र भवितव्यता, मात्र पलायन, मात्र मुखर संयोग
सीखी किसी ने वेदना, सीखा किसी ने भोग।

[18 फरवरी, 1961]

कोहरा-डूबी सड़क पर

श्वेतगिरि के वक्ष पर सर्प-सी या समर्पित लता-सी लिपटी हुई
कोहरा-डूबी सड़क पर
स्वप्न में
उत्ताप में चलती गई वह। और, बोली।
फेर कर मुँह, मुस्कुराई, और बोली :
और आगे दृश्य अनुपम है
अचंचल प्रकृति है
निस्तब्धता है
चलो, खंडित करें उसको। अस्तित्व को...
हिमभार-कम्पित वायु अनजाने, होती गई मरु-उष्ण, ज्वालामय
कोहरा-डूबी सड़क पर
स्वप्न में
परिताप से होते गए हम परिचित
अनजान;
शायद, भस्म होता था कहीं वन-खंड।
श्वेतगिरि के वक्ष पर सर्प-सी भुजवल्लरी-सी लिपटी हुई
वह। उत्ताप में जलती गई। और, बोली।

फेर कर मुँह, मुस्कुराई, और बोली :
भस्म होता है कहीं वन-खंड
लौटोगे?
या चलोगे दिग्वलय के पार?
या रुके रह जाओगे
दिशा बन कर?

[18 फरवरी, 1961]

दिवा-सम्भोग

खाली दोपहर
धूप : जर्जर, वृद्ध, कांक्षाहीन।
स्वर्ण विगलित, क्षरित, तरलायित
नदी। डूबोगी?
स्वप्न विचलित; द्रवित, गरलायित
सदी (बन गया एकान्त)।
ऊबोगी?
या, दुहराओगी?
रूप : निर्झर, शान्त या जलहीन।
खाली दोपहर

आघात मन्थर...गति अनिश्चय...यति अनिर्णय
कूप : ऊसर में स्थापित वृक्ष।

बन्द कमरा दे न सकता रात्रि का आभास
जल रहा है कंठ...
जल से क्या बुझेगी प्यास!

[18 फरवरी, 1961]

सर्पदंश

पत्र-शय्या पर सिर झुकाए शब्द वृत्ताकार
नींद में बेहोश हैं। गर्व विगलित
 नवल हेम-प्रतिमा खंड-खंडित
 मरीचिकामय स्नेह। उच्छृंखल...
पत्र-शय्या पर सिर झुकाए, शब्द सोए हैं।
 फिर-फिर वही आघात पाता हूँ :
आत्मा-तरु पर चढ़ रही भय-वल्लरी
 नग्नता में मृत हुई स्वर-किन्नरी
 फिर-फिर वही जड़ मौन निर्मम
 फिर वही सन्ताप : मर्यादा-मरण
 वही अक्षर...अर्थ जर्जर
 लय का वही निरीह अवसान :
सृजन संशय है, विरति है, प्राण-क्षति है।
मौन की परिव्याप्ति में डूबा हुआ उत्ताप
 नहीं ज्वालामुखी बनेगा अभी...
 किरण-आतंकित निशा
 (अर्थात्, वह भयग्रस्त प्रेयसी)
 इतनी निष्कपट सरलता से नहीं
 विस्फारित करेगी गर्भमुख।
 नहीं निष्कासित करेगी
 सर्प। दग्धकामा उर्वशी है...
हर निशा कब अमृतधर्मा है, श्रेयसी है;
हर नायिका कब है अदिति...
सृजन तो है प्राण-क्षति।

[25 फरवरी, 1961]

वर्षान्त सन्ध्या

वर्षान्त सन्ध्या की तरह तुम तापहीन और विषण्ण
समीप आते ही मैं सिहर उठता हूँ

जीवन तो मेरे लिए शराब की जलती हुई भट्ठी है।
तुम स्वप्न हो (?) जिसे मैं
बनाना चाहता हूँ अपना एकमात्र यथार्थ
अस्तित्व का एकमात्र अर्थ।

रोशनी के टूटे हुए पुल पर हम बैठे हुए हैं
पीछे से कोई पुकारता है लेकर मेरा ही नाम
मैं उस आवाज से भयभीत होकर
पुल से गुजरती हुई भीड़ में मिल जाता हूँ
सोचता हूँ, तुम स्वप्न हो
जिसे मैं नींद खुलने पर कोई अर्थ नहीं दे पाऊँगा।

और, अब जहाँ तक दृष्टि जाती है
दिन और सूरज और गर्मी की बादशाहत है
हम भयानक अपराधियों की तरह जंजीरों में बँधे हुए
कठघरे में खड़े कर दिए जाते हैं।
वर्षान्त सन्ध्या कहाँ है?

[13 मार्च, 1962]

उपमा

मेरा क्रोध धागे की तरह तुममें
समा गया है। थरथराती हैं तुम्हारी उँगलियाँ,
आज रूमाल पर फूल नहीं उभरेगा
सिर्फ मेरा नाम।

[18 मार्च, 1962]

* *'परकीया' कविता में कुछ ऐसी ही पंक्तियाँ हैं।* **–सं.**

अपनी ही पत्नी के प्रति

तुम्हारे उतारे हुए कपड़े उठा कर देखता हूँ।
और, रोशनी जलाकर महसूस करता हूँ :

तुम्हारा नंगापन मेरा [illegible]न है
तुम्हारी लज्जा तुम्हारी है।

[18 मार्च, 1962]

* 'बेदाग दर्पण', 'अपनी ही बीवी के प्रति', 'अपनी ही बीवी के लिए' *कविताओं में भी ऐसी ही पंक्तियाँ हैं। —सं.*

असफल कवि

मैं आदमी हूँ, क्योंकि सोचता हूँ।
सोचता हूँ, और बादल के टुकड़े को
सिर पर उठाए, बेचने निकलता हूँ
भींगता हुआ।
जब कि सारी दुकानें बन्द हो गई हैं; और बादल
और फूल और बर्फानी पहाड़ियाँ
डस्टबिन में पिघल रही हैं।

[18 मार्च, 1962]

पूर्णविराम सर्वत्र

धूल के बवंडर, और तेजी से भागती हुईं ट्राम-बसें
वाकई, यह रात ही है

मैं भूल जाता हूँ सुबह, किरनों के तार पर झूलते हुए अन्धे पक्षी
मैं याद करता हूँ घुटन, कोहरे में ऊँघते हुए बीमार जानवर
भूल जाता हूँ बरसों से बन्द रखी गई खिड़कियाँ
याद करता हूँ हवा में पंख फड़फड़ाते हुए स्याह पर्दे
आँखें, दीवार, शोरोगुल,
छत से लटके हुए चुपचाप चमगादड़
मैं मुस्कुराहटों के फरिश्ते को भूल जाता हूँ
याद रह जाता है अन्त तक, केवल,
खाली मकानों का कब्रिस्तान
और सन्नाटा

जिसे कोई भी शीशा टूटकर नहीं तोड़ सकता है
तेजी से भागती हुई ट्राम-बसें, और धूल के बवंडर
मुझे यहाँ ले आते हैं
फिर, मैं अकेला, पैदल चलता हुआ, पार कर लेता हूँ
या उदास, और बदशक्ल पुल
जिसके नीचे अब कोई नदी नहीं है
शायद, कभी नहीं थी।

[19 मार्च, 1962]

* *कविता की ये सात टुकड़ियाँ बिना शीर्षक के प्राप्त हुईं। –सं.*

●

अगर तुम्हें बताने की ताकत हो
–क्यों अजनबी हो गया है
आदमी के लिए प्यार
मैं तुम्हें बता दूँगा कि क्यों
उस अजनबी औरत से
मुझे प्यार है।

●

सबसे बाद में मरता है साँप।
बिल्लियाँ राख की ढेर खोदती रहती हैं
लहूलुहान होते हैं पंजे;
शीशों पर धूल जमने लगती है।
बरसाती सड़क पर
तैरते रहते हैं बिजली के रौशन खम्भे
और, कोयले से लदे हुए ट्रक
प्रेम में मरे हुए बच्चे

सबसे बाद में मरता है साँप
क्योंकि सबके पहले जन्म लेता है।

●

रोशनी चमकती है–चिनगारियाँ
जैसे, आँखों में आदिम भूख
जैसे, अँधेरे में सर्पमणि!

●

औरत कभी नंगी नहीं होती है
उसकी देह ही है
उसका आवरण।

●

शाम का गुलदस्ता खुलता है—
बादल के टुकड़े
चाँद...।
मेरे लिखने की मेज पर
शाम का गुलदस्ता।

●

हम दोनों पार्क की एक अँधेरी झाड़ी में
सो गए थे।
अँधेरे ने कहा—'ध्वनियों को
जरा दम लेने दो!'
और, एक चित्र ने जन्म लिया।

●

ईश्वर अपना ही शव कन्धे पर रखे
भय से आतंकित, चीखता हुआ
दौड़ता-भागता रहा...
एक बच्चे ने उसे रोक लिया
मुस्कुराते हुए।
ईश्वर की नई जिन्दगी शुरू हुई

** ये सात शीर्षकविहीन Draft Poems राजकमल चौधरी ने 10 जुलाई, 1962 को लिखी थीं। —सं.*

देर तक नींद का नहीं आना

जगे रहना। सिगरेट के धुएँ में लिपटे हुए
बीते हुए सुबह के अखबार की लकीरों को सहलाते रहना
कुरेदते रहना धुआँ।

जगे रहना किसी की प्रतीक्षा में नहीं।
जगे रहना, और देखते रहना बन्द खिड़कियों के बाहर अन्धकार
नीला कोहरा कोई अजनबी चेहरा घेरे हुए
जैसे धुआँ
कुरेदते रहना—किसी की प्रतीक्षा में नहीं।

[13 दिसम्बर, 1962]

नौकरानियों की गोद में*

नौकरानियों की गोद में अजनबी माँओं के बीमार बच्चे रोते हैं
मुझे अकेला रहने दो
अब तो रात आ ही गई है
मुझे अकेले जाने दो
जो लोग मुझे यहाँ तक ले आए थे,
वे सभी मर चुके हैं। और,
अजनबी माँओं के बीमार बच्चे
रोते हैं।

[13 दिसम्बर, 1962]

* *यह कविता बिना शीर्षक की थी। सुविधा के लिए पहली पंक्ति के कुछ शब्दों से शीर्षक दे दिया गया। —सं.*

प्यार में डूबी हुई क्वारी लड़की

वह मुस्कुराती है। ऐसा पहले कभी नहीं हुआ है, और
वह मुस्कुराती है।
ऐसा कैसे होता है एक बार। इच्छा नहीं करके भी, फिर
कैसे होता है यह बार-बार। वह
नहीं जानती है। वह

ऊपर उठाती है अपनी थकी हुई बाँहें। घुटने मुड़े हुए। पिंडलियाँ
थरथराती हैं। स्तन पत्थर बन गए, आँखों में

जंगल। जंगल में आग। सुलगने लगता है
धीमे-धीमे अतीत...

फिर, वह मुस्कुराती है। हर बार, आग की हर शाम के बाद,
अपने ही घर आती है। इतनी जल्दी
कैसे बदल जाती है?

[पूर्वी पुतियारी, कलकत्ता-33, 13 दिसम्बर, 1962]

* इस शीर्षक से इसी तारीख को लिखी एक और कविता मिली। उसका मूल पाठ इस प्रकार है :

वह मुस्कुराती है। ऐसा पहले कभी नहीं हुआ है।
वह मुस्कुराती है। जानती है, ऐसा कैसे होता है एक बार।
वह बाँहें ऊपर उठाती है। घुटने मुड़े हुए। पिंडलियाँ थरथराती हैं।
स्तन पत्थर बन गए। आँखों में जंगल।
जंगल में आग। वह मुस्कुराती है।
इतनी जल्दी कैसे सँभल जाती है?

—सं.

पराजय

बहुत देर पहले ही हो चुकी थी सुबह। रात का चाँद, मगर,
मेरे कमरे में रुका ही रहा, इतना थका हुआ
गया नहीं!
और, मैं करना चाहता था बर्फीले जल में डूब कर स्नान
वह गन्ध, और वह पराजय
अगली रात के लिए भूल जाना चाहता था। मगर, मेरे ही कमरे में
रुका रहा रात का चाँद!

कितना पवित्र है यह मंगलप्रभात
जिसके लिए मन सारी रात करता रहता है करुण प्रार्थना
वह गन्ध और वह पराजय
कितनी विकलता से भूल जाना चाहता है...

[13 दिसम्बर, 1962]

मुक्ता

उसकी भाषा के मृत सागर में एक अर्थहीन शब्द
या, शब्द से टूट गया अक्षर है
मेरा अस्तित्व!

उसकी भाषा के सारे अर्थ समझती हैं बन्दी मत्स्य-कन्याएँ
और, डूबी हुई नौकाएँ,
रिक्त शंख-सीपियाँ...

मेरा अस्तित्व कारणहीन है, फिर भी, अंकित कर सकता है
मृत सागर की शंख-सीपियों में
मुक्ता!

[13 दिसम्बर, 1962]

मेरा वह गीत*

मेरा वह गीत, जो वाकई मेरा नहीं है
पैदा करता है मेरे गले में जख्म और मवाद
मेरा वह गीत, जो दरअसल किसी का नहीं है।
दूसरों के गले में पैदा करता है मीठा-मीठा स्वाद

[13 दिसम्बर, 1962]

* *यह कविता बिना शीर्षक की थी। सुविधा के लिए पहली पंक्ति के कुछ शब्दों से शीर्षक दे दिया गया।* **–सं.**

शहर! शहर! शहर*

चौड़े रास्तों पर कभी-कभी मोटरगाड़ियाँ चमकती हुईं
कभी-कभी जैसे उभरता हुआ दर्द!
और, भूख पुरानी

हम कुछ नहीं देते हैं। हम कुछ नहीं लेते हैं।
उदास होकर, यों ही,
भरा हुआ गिलास टेबल पर छोड़कर उठ आते हैं।
कभी-कभी उभरती है तस्वीर
मोटरगाड़ियों में बेहद मोटी औरतें और दुबले-पतले मर्द
सहमते हुए...

हम कुछ नहीं देते हैं। कुछ नहीं लेते हैं...
नशे में आकर, यों ही
फुटपाथ से कूदकर मोटरगाड़ियों के नीचे आ जाते हैं
कभी-कभी जब उभरता है दर्द।

[13 दिसम्बर, 1962]

* *थोड़े-से शब्दों के हेर-फेर के साथ इस कविता के दो ड्राफ्ट हैं। –***सं.**

दो शेर

इतनी बड़ी दुनिया को छोटा-सा नक्शा बना देती हैं
कविताएँ नहीं, शेयर बाजार की दरों के चढ़ाव-उतार
नियामक और निर्णायक है जीवन का अर्थतंत्र
नहीं कला, नहीं धर्म, नहीं नैतिकता, नहीं कभी प्यार

[13 दिसम्बर, 1962]

कारखाना-मुसाफिरखाना

सच्चे जासूस खबर लाते हैं कि भारी इंजीनियरिंग के
कारखाने में चीन और पाकिस्तान
मिलकर आगजनी करते हैं; मजदूरों का, अफसरों का
हृदय-हरण करते हैं।
अपने जासूसों पर हमें यकीन है,
उनके ही सहारे
यह सारा कारोबार चलता है।

आकाशवाणी के समाचार-एनाउन्सर हमेशा सच बोलेंगे।
ठीक वक्त दिया करेंगी घड़ियाँ;
हमारी कविता हर घड़ी
'निर्गुन' के गुन गाएगी, रासलीला सजाएगी;
स्कूलों-कॉलेजों के कारखानों से गढ़कर
हम दिन-रात निकालते रहेंगे
जमात किरानियों की!
हर शहर किरानियों का और बीमार नर्सों का शहर बन जाएगा,
और, इस धरती की हर किताब, हर पौध,
हर एक कविता बुझ जाएगी।

फिर भी, हम नहीं अपने-आप पर, अथवा दूसरे पर भी
नाराज होंगे। घृणा, स्नेह, दया,
सबके प्रति हम मूल्य-निरपेक्ष हैं परिव्राजक।
बुझ जाना ही जब हे अम्बपाली,
जीवन का है अन्त-सत्य;
तो फिर, क्यों नहीं हम कबूतरों को दाना चुगाएँ,
और, वक्त मिलते ही,
अँधेरा ओढ़कर सोने का बहाना करें??

अन्त-सत्य यह भी है, कि कारखाने को जो लोग
मुसाफिरखाना समझते हैं
कटते हैं सबसे पहले उन्हीं के हाथ-पाँव
—मशीनें
कभी माफ नहीं करती हैं!

[24 जुलाई, 1965]

तीसरी कविता

राजकमल चौधरी

(राजनीतिक कविताओं का संकलन)

1. कुल चार-पाँच कविताएँ
2. आधे पेज का वक्तव्य
3. दाढ़ी वाली तस्वीर का ब्लॉक
4. कुल पृष्ठ सोलह, 500 प्रति
5. कुल व्यय :

कागज	25.00
छपाई	35.00
कवर (कागज)	15.00
कवर (छपाई)	10.00
बँधाई	15.00
	100.00

Total cost of one thousand copies Rs.350.00
Price Rs. 2.00
Total Income from the sale of 800 copies - Rs.1600 only
Postage - V.P.P. 500.00
Letters - 50.00
Packing - 50.00
Other Expenses - 50.00
Cost of Production - 350.00

1000.00

* *'कारखाना-मुसाफिरखाना' कविता के पिछले पृष्ठ पर एक कविता संग्रह प्रकाशित कराने का बजट इस प्रकार बनाया हुआ है। जो राजकमल चौधरी को अराजक जीवन जीने वाला व्यक्ति कहते आए हैं, वे इस योजनाबद्ध शैली को देखकर उधेड़बुन में पड़ सकते हैं।* **—सं.**

कलकत्ता : लूप-सभ्यता का सर्प-युग

'शलभ' और छविनाथ मिश्र के लिए

1

हम लोग किसी भूख, गुस्से, या तमाशे के पागलपन में क्यों
लिखते हैं, एक-दूसरे के लिए,
        इतने सारे मजमून?
क्यों इसे लोग इतिहास और भविष्य में शामिल-शुमार
कर लेते हैं, हम लोगों से पूछे बगैर?
क्या प्रजाजन केवल सर्पाकृत वर्तमान में
जी नहीं सकते हैं?
जीवनानन्द दास कब ट्राम-लाइन पर कुचल गए...
कब कूद गई ऑक्टरलोनी-स्मारक की गुम्बद से, आँखें
बन्द करके, वह नीली औरत...
भीड़ ने कहा—''चलो, इन फुटपाथों से उठकर,
        मकबरों, और जनतंत्र की कब्रगाहों में
        सो जाएँ...''
भीड़ अब गेहूँ, और नींद के सिवा कुछ नहीं
कहती है।
ऑक्टरलोनी से मंजू मजुमदार नीचे कूद जाए, चाहे जितनी बार
नंगी होकर, चिथड़े-चिथड़े हो जाए; दिन-रात,
भीड़ अब कुछ नहीं कहती है।

2

लोग (इस शहर के) नींद, और गेहूँ, के वर्तमान में जीते हैं।
यही बताया है उन्हें समय ने;
डॉक्टर फ्रायड और डॉक्टर टी.एस. इलियट ने कहा है—
        ''कैथेड्रल की हत्या से
        मर जाती है आत्मा, और मन!
        प्रभु, हमारी आत्माओं को जीवित रखो;
        आदिम साँप की तरह फन मारता हुआ बना दो
        हमारा मन!''

लेकिन फर्क है लोगों में, और हम लोगों में–
हमें नहीं चाहिए कैथेड्रल का वर्तमान!
    कैथोलिक स्वीकृति अपराधों की,
    आत्म-हनन,
    वह 'मधुर' भाव, क्ली
    वत्व–
        हम लोगों को (जो मरने के वक्त भी
    नहीं करना चाहते हैं
        कोई वसीयत : कोई
    भविष्य नहीं!)
क्रिकेट-मैच और राशन की उम्रदराज 'क्यू' में खड़े रहें
वे लोग : 'शंकर' की 'चौरंगी', और
शंकर-जयकिशन के फरमाइशी संगीत में
डूब जाएँ, समाधिस्थ।
फिर भी,
हम लोगों का वर्तमान रामबगान की पीकदान वेश्याओं की
जाँघों पर बना कैलाशपति शिवशम्भू का चित्र
नहीं है...नहीं है सचिवालयों की
    फाइलों में कैद देशभक्ति;
डी.आई.आर., अथवा बालीगंज झील की सन्ध्या भी नहीं!
हम लोगों का यह अपाहिज वर्तमान, अब
केवल हम लोगों का वर्तमान है!

3

प्रजा-जनों का शब्दकोश, या अंडकोष, अपनी पाठ्यपुस्तकों में
हमने नहीं पढ़ा...वी.आई.पी., वामपन्थ,
    सखी-सम्प्रदाय, पी.एल. 480,
    वैजन्तीमाला,
    कॉपीराइट-एक्ट,
    501 साबुन सारी गन्दगी धोता है,
    प्रतिश्रुति, प्रतिबद्धता,
    मूल्य, और
    'सेंसर' की नैतिकता–

इन शब्दों का अर्थ, और सार्थकता हम लोग किसी दिन
सरकारी अदालतों से पूछने नहीं गए।
हमें नहीं चाहिए उन लोगों की शब्दावली, और
दैनिक आचार उनका!
देश का हर परिवार बीमा कम्पनी का
दफ्तर बन जाए;
सारी सड़कें समतल करते जाएँ प्रशासानिक 'बुलडोजर';
पढ़ा-लिखा हर आदमी निकाले अपना 'निजी'
अखबार, और
अखबार में अपने जवान लड़कियों की
विस्फोटक तस्वीरें!
फिर भी, हम लोग सूरज के सामने खड़े होकर कहेंगे—
'अन्न और जीवित नरमांस (नारीमांस?)
नहीं है हमारा ब्रह्म!
ब्रह्म है हमारा यह वर्तमान, जो हमारी
उँगलियों में कसे हुए धनुष का तनाव, और
हमारी आँखों की काली गुफा में
नीलम
की
चट्टानें
पैदा करता रहता है!'
'—गान्धारी' का कवि एक साँवली हिरनी के पीछे भागता हुआ,
अपना धनुष, इन्द्रधनुष ताने हुए,
नीलम की चट्टानों में छिप गया है; जानते हो?
मालूम है तुम्हें, परमहंस ने
'स्टार' थियेटर की उस नाचने वाली औरत से
क्यों कहा था, अनायास :
'दे जाओ तुम मुझे अपना सारा अपराध, पाप;
मैं उन्हें अपने कन्धों पर
ढोकर,
काल की मरुभूमि में ले जाऊँगा!
तुम पापमुक्त रहो'
परमहंस ने कहा था, केवल इसलिए भी, क्यों नहीं

हम मुक्त हो जाएँ?
मुक्ति शायद, अब तक नहीं बनी है
अपराध, अथवा 'अनकन्स्टीच्युशनल'!
कविता की साँवली हिरनी के पीछे भागते रहना लगातार;
अपना सामाजिक मुखौटा उतार लेना;
लोगों से कहना,–
"प्रजा-स्थानों में उपनिवेश बनाओ, हे प्रजा-जन,
किन्तु, हम कुछ लोग गर्भ कुंड में
रक्तश्लथ रहना नहीं चाहते!"

4

दरअसल मैं कहना चाहता था, कि यह कब्रगाह, शहर
दो अलग टुकड़ों में बँट गया है; और
एक ओर तुम लोग खड़े हो;
दूसरी ओर पब्लिक सेक्टर और प्राइवेट सेक्टर के जासूस हैं
'क्यू' में!
लूपधारिणी-महिलाएँ खिखिलाती हुईं,
हमारे आसपास से गुजर जाती हैं, बेवजह, बेमौसम!
सरकारी अखबारों में
कारखानों और नहरों की रंगीन तस्वीरें छपती हैं;
और, मुझे लगता है,
उनका वर्तमान हम लोगों के आत्मीय वर्तमान से अधिक
'तांत्रिक' और 'जन-तांत्रिक' है!
डॉक्टर फ्रायड के साँप बन गए हैं अब, साधिकार
'अज्ञेय' के साँप–
    रहते हैं शहर में
    गजल लिखते हैं, अब भी दरबारी
    बहर में!

[27 अगस्त, 1965]

अम्बपाली : जयपुर (1965) में

कृ.व. शर्मा के लिए

तुम्हारा शहर मैंने अब तक नहीं देखा, नींद में भी नहीं। तुमने
धानी चूनर उतार कर, वहाँ
प्लास्टिक का खोल चढ़ा तो लिया; किन्तु,
नहीं देखी मैंने झील
की
नीली सतह पर कुलाँचें भरती हुई, साँवली
हिरनी मैंने नहीं देखी। तुम्हारा शहर, लेकिन,
तुम्हारी ठंडी आँखों में नहीं था।
सफेद पत्थर की जालीदार खिड़कियों के उस पार कोई चेहरा नहीं;
मेरे भीतर कोई अजनबी बैठा है,
नंगा;
अपने जख्मी घुटनों पर, मलता हुआ
धूल, और बबूल!
मेरे भीतर खंडहर-खंडहर रेंग रहे हैं, इस तिलिस्म के
जादूगर, जासूस, और रखवाले-पहरेदार!
मैंने नहीं देखा अब तक तुम्हारा शहर; जब कि तुम
मेरे मुल्तवी प्यार को आहिस्ता छू रही हो,
दीवार पर टूटे हुए शीशे में
तुम्हारे बेडौल स्तन
टुकड़ों में बँट जाते हैं—कहीं,
कोई चोर-दरवाजा खुलता है, किसी खिड़की से गोश्त का एक टुकड़ा
उछलकर सड़क पर आ गिरता है।

जयपुर की अम्बपाली अब इस उजाड़ बंजर में आकर
प्लास्टिक पहनना,
और, प्लास्टिक उतारना बखूबी सीख चुकी है। बगल के
दरबे की बंगाली औरत कहती है :
रामकली कायदा-टा कोरते जाने
...जाने अभिसार! रामकाली कायदे से
करना जानती है।...जानती है
अभिसार!

जयपुर से कलकत्ते की दूरियाँ मीलों से नहीं,
नसों की चटख से नापी जाती हैं। कायदे पुराने पड़ गए हैं,
लेकिन, अब भी तुम्हारी आँखों में कारगर
वही नीली झील
कहीं-न-कहीं तुम अब भी
साँवरी
हिरनी हो...कायदे से भरती हो कुलाँचें!
नहीं, मुझे अलाउद्दीन खिलजी की कथा मत बताओ, रामकली,
मैं तुम्हारा शहर देखना नहीं चाहता।

तुम्हारा शहर अब नहीं है।

अब जादूगरों, जासूसों, और पहरेदारों का एक शहर है, शायद,
वहाँ वापस जाना तुमसे
होगा नहीं!

[27 अगस्त, 1965]

साइरन बजता है...

साइरन बजता है। जलती हुई हर एक रोशनी बुझाओ;
लेकिन, मेरे दोस्तो,
घरों की स्याही में, सड़कों के अँधेरे में
खो नहीं जाओ!
साइरन बजता है, तो जगे रहो!

अपने टूटे हुए पंजों में थरथराती हुई राइफलें थामे
हमलावर छतरी-धारी सिपाही
और, जासूस उतरते हैं—
जगे रहो!
पाँचवें दस्ते के शैतान बाँटते हैं अफवाहें,
झूठी खबरें फैलाते हैं—
जगे रहो!

हमारे लोकतंत्र के दुश्मनों के पास, और सब कुछ है,
केवल नहीं है देश प्रेम
केवल नहीं है हमारा अदम्य आत्म-बल;
इसलिए, मेरे दोस्तो,
जगे रहो–
अपने काम में अपनी तैयारियों में लगे रहो!
साइरन बजता है, तो दहशत में
बेहोश होकर सो नहीं जाओ–
जगे रहो!

साइरन बजता है। और, हमारी जाँबाज फौजी टुकड़ियाँ
हमलावर टैंकों की इस्पाती दीवारें तोड़ती हुई,
आगे बढ़ती हैं!
साइरन बजता है। और, हम अपने कारखानों में
उपजाते हैं पहले से अधिक मशीनें
पहले से अधिक हथियार
खेतों में पहले से अधिक अनाज
और, पहले से अधिक आत्म-विश्वास
अपने हृदय में!
देख लिया है हमने, क्या मिलता है अतिशय स्नेह,
जंगी जानवरों के प्रति अतिशय विनय में!
इसलिए, हम प्रस्तुत हैं–
युद्ध के लिए युद्ध
आक्रमण के लिए आक्रमण
उनके लिए, हम प्रस्तुत हैं! साइरन बजता है...

साइरन बजता है, और हम कसम खाते हैं
कि इस बार कोई वापसी नहीं;
कि इस बार कोई 'प्लेबिसाइट', कोई बन्दर-बाँट नहीं!
कि इस बार हम यह फैसला खुद करेंगे,
कि इस धरती पर
किसको है, जीने का पहला अधिकार
शान्तिप्रिय जनता को
या हमलावार जानवरों को!

—हम यह फैसला करेंगे...
और, आखिरी दम तक लड़ेंगे
अपने जनतंत्र, अपने राष्ट्रीय सम्मान की
रक्षा के लिए!

सायरन बजता है, और हम हर छन
पहले से अधिक बलशाली
अधिक दृढ़प्रतिज्ञ
होते जाते हैं!

[15 सितम्बर, 1965]

शाम है और टेबल पर ताजे फूल हैं
बाहर बहुत तेज बहती है
गंगाजल में भींगी हवा।
मगर, दीवार पर कायदे से टंगा है
टेम्प्रेचर का लम्बा ग्राफ...
हर दो घंटे पर कोई पीली दवा।
शाम है, और टेबल पर ताजे फूल हैं
और मैं इन्तजार करता हूँ।
बाहर बहुत तेज हवा बहती है,
शायद अभी पानी बरसेगा...
फिर भी किसी के आने का
एतबार करता हूँ

[राजेन्द्र सर्जिकल हॉस्पिटल, 20 मई, 1966]

अब वही कहो अब तक जिसे कहा नहीं
मन में नहीं वही दर्द सहो
अब तक जिसे सहा नहीं, अब वही कहो
अब तक जिसे कहा नहीं।

अब समय कहाँ, आँखों में शाम तो हुई
खत्म हुईं और सभी चिन्ताएँ
मेरे लिए तुम्हारी याद एक काम तो हुई,
दिशाएँ सो गईं धुँधलके में
पीला-सा चाँद जगा
नीले इस आईने में आकर तुम खड़ी हुईं
मुझको अभी ऐसा क्यों लगा?

मेरे गीत मेरे स्वर में दुहराए
ऐसा कोई रहा नहीं
अब वही कहो अब तक जिसे कहा नहीं

मैंने जब बुलाया तुम आ नहीं पाई थीं
आवश्यक था जब तुम्हें मेरा भी आना
तुम्हारी आवाज क्यों झिझकी, शरमाई थी
गहरी नींद से मैं जगा नहीं
अब भी मैं सोया हूँ
तुमसे मगर कौन कहे कितने अकेलेपन में
कितनी दफा रोया हूँ
आंसू का निर्झर जब बहा नहीं
अब वही कहो अब तक जिसे कहा नहीं
मन में नहीं वही दर्द सहो

[9 सितम्बर, 1966]

बेवफा अब नाज नहीं करते, नहीं करते
मौसम नजरअन्दाज नहीं करते।

गेसू बिखेरते हैं, रुख पे शबे-वस्ल
चाँद को अब बेताज नहीं करते।

आसमानों में क्यों खयाल के पंछी
अब कभी परवाज नहीं करते ।

मुस्कुरा दीजिए कि अब्रे-बहाराँ में आप
साज को बेआवाज नहीं करते ।

और सभी से कह देते हैं दर्द अपना
सिर्फ हमीं को हमराज नहीं करते।

अपनी वीरानियों से तंग आकर 'मासूम'
हम आपको नाराज नहीं करते।

हम फिर भी करेंगे आपके हुस्न का लिहाज
गो इश्क में लिहाज नहीं करते

[सहरसा, 26 सितम्बर, 1966]

तुम आईं नहीं तो गिला न हुआ मुझको
कजा लौट-लौट गई कि अब तक दौरे हंगामा
जिन्दगी का सिलसिला न हुआ मुझको

तुम्हारी निगाहों में बहार तो होगी
मुझे शक है पराए आगोश में भी बाँहें तेरी
इस काफिर के लिए बेकरार तो होगी

और क्या चाहिए तेरा दीदार चाहिए
इस तारीकी में मरम में, नींद की खामोशी में
दर चाहिए तेरा या फिर दार चाहिए

इश्क करती हो, वस्ल में शरम तो तोड़ो
मैं सच हूँ, तुम सच हो, पुरनूर माहताब,
इश्क करती हो, एक बार मरम तो जोड़ो

आ जाओ, साथ कहीं और चलते हैं
तुम अँधेरे से घबड़ाओ नहीं, जाने जहाँ
आ जाओ आँखों में चिराग जलते हैं

[29 सितम्बर, 1966]

शाम को और सभी रंग बुझ जाते हैं
नीली इस पहाड़ी में
सिर्फ एक रंग बचता है—नीलापन
पता नहीं क्यों, इस निर्जन घाटी में नीली झील बनकर
तुम्हारी आँखें हमेशा
मेरी परछाइयाँ देखती रहती हैं
और सभी रंग बुझ जाने के उपरान्त!

[सिन्धुपुर घाट, 3 अक्टूबर, 1966]

नींद के गलियारों में चलते हुए
रात के इस नंगे और बीभत्स सन्नाटे में
तुम्हारी स्मृति
एक काली और सख्त दीवार बनकर
मुझे रोक लेती है
सिर्फ मेरे इस अपराध के कारण
कि मैंने तुम्हें अपनी स्मृति से
कभी बेचैन
कभी गुनहगार
कभी बेहोश करने की चेष्टा नहीं की
अपने सुख के लिए

[सिन्धुपुर घाट, 3 अक्टूबर, 1966]

मेरी हर गजल आपके लिए एक दस्तावेज

दर्द इजहार किया न किया
घर को मजार किया न किया
क्या फर्क पड़ता है दीवाने को, परवाने को
तुमने एतबार किया, न किया

कभी आ गए, कभी बुला लिया, कभी भूल गए
कभी इन्तजार किया, न किया

क्या ताल्लुक है जो याद रह जाएगा तुम्हें
कब हमको बीमार किया न किया

क्यों बताएँ, किससे कहें, किसलिए हमने
चश्म अश्कबार किया, न किया।

नींद में मिलके भी हमसे आपने अपना दिल
क्यों बेअख्तियार किया, न किया

मौसमे-वस्ल में भी हमारे वीराने को ऐ 'मासूम'
तुमने नौबहार किया, न किया

[सिन्धुपुर घाट, 3 अक्टूबर, 1966]

* *यह गजल मासूम अजीमाबादी के नाम से लिखी।* –सं.

नीली पर्वत श्रृंखलाएँ निद्रामग्न नीरव शान्त
सघन चीड़ देवदारु वृक्षों में छिपा
    बर्मी बुद्ध मन्दिर
और निर्जन सान्ध्यकालिक परम एकान्त
चारों ओर फैली सोई हुई-सी नहीं, बाघमति
दो एक बिखरे नाव
    पर्वत-यात्रियों, शरणार्थियों के, क्लान्त
सारी दिशाएँ चुप, प्रतीक्षारत–

केवल तुम्हारे ही लिए
अलकनन्दा, जल रहे हैं इस पर्ण-वीथी में दीये

[सिन्धुपुर-घाट, 4 अक्टूबर, 1966]

शर्म आपको भी दीवार हुआ
मौत अब तो मेरा यार हुआ।
शबे-वस्ल बीत गई है तसव्वुर में और तब,
अहले-सुबह आपसे दीदार हुआ।
शामे-अफसाना में आपका नहीं आना, नहीं आना
दिल ही तो है बेजार हुआ।
क्या रफू करें दामने-शौको-हस्ती अपनी
उम्र भर के लिए तार-तार हुआ।
मेरी हर गजल है आपके लिए ही दस्तावेज
आपको अब भी न एतबार हुआ?
एक ही जुनून अलग-अलग मौसमे-रक्स में
आपके लिए हम पे बार-बार हुआ।
आपकी गुदाज बाँहों में बेखबर सो जाने की
हमने तमन्ना की तो गुनहगार हुआ?

[सिन्धुपुर घाट, 6 अक्टूबर, 1966]

एक जवाबी पैगाम

तुम्हें हक है कहीं भी मुकर जाने का
इश्क का अदब तुम्हें क्या मालूम

इश्क का अदब याद है आपको
इश्क का सबब याद है आपको
मेरा दिल मुझको एक आइना था फरेबे-हस्ती का
मेरा दिल फरियाद है आपको

इश्क का अदब याद है आपको
इश्क का सबब याद है आपको
मेरा इश्क गिरफ्तार था जमाने के पेंचो-खम में कभी
मेरा इश्क आबाद है आपको

इश्क का अदब याद है आपको
इश्क का सबब याद है आपको
मेरा दर्द आप हैं सिवा आपके कौन होगा मरहम
मेरा दर्द इमदाद है आपको

इश्क का अदब याद है आपको
इश्क का सबब याद है आपको
मेरा शौक नाशाद था मुझको पाबन्दिए-उसूले-मैकशी
मेरा शौक तो शाद है आपको

इश्क का अदब याद है आपको

[4 अक्टूबर, 1966]

बरसात की शाम और एक ताजा गजल

सितम आजमाने की उम्र आपकी है
यूँ ही मुस्कुराने की उम्र आपकी है

हर एक जाम पर गजल, हर शबे-महफिल में
नए इक फसाने की उम्र आपकी है

अब्रे-बहार पर, जुल्फें अपनी बिखर जाने की
तोहमत लगाने की उम्र आपकी है

बगैर दर्द बगैर आवाज बगैर उम्मीद बगैर मुलाकात
साज छेड़ जाने की उम्र आपकी है

दिल की ख्वाहिशों से भी दूर कभी, दिल की धड़कनों से
कभी पास आने की उम्र आपकी है

हम तलबगार न हों, फिर भी हम पे ऐ 'मासूम'
सब कुछ लुटाने की उम्र आपकी है

यूँ ही मुस्कुराने की उम्र आपकी है
कभी पास आने की उम्र आपकी है
कभी लौट जाने की उम्र आपकी है
हमारी उम्र है, कि आपके ख्वाब देखते हैं
सितम आजमाने की उम्र आपकी है।

[5 अक्टूबर, 1966]

अब कोई और पैगाम न दो
दिल को दूसरा अंजाम न दो

जो दे चुकी हो मुझे वायदे वफा वाकई
अब इश्क पे नया इल्जाम न दो

दर्द में जिन्दगी को रहने दो पुरनूर गजल
उसे फिर मौत का आराम न दो

तुम्हारे जुल्फों से गुजर कर आई है सबाए-सहर
रक्से-सुबह दो, रौनके-शाम न दो

चश्मे-साकी से पी रहा हूँ आबे-हयात अभी
टूटा हुआ अब मुझे तुम जाम न दो

देना ही है तो दे डालो सुकूने-आगोश मुझे
और यूँ ही दूर से फकत सलाम न दो

चाहिए तुमसे तल्खिये नौबहाराँ 'मासूम'
उसे अपना ये शीरीं कलाम न दो

[12 अक्टूबर, 1966]

साथ बैठेंगे कोई गजल गुनगुनाएँगे
आप जब कुछ और मेरे करीब आएँगे
अजनबी हूँ आपके शहर की तंग गलियों से
यारे-दिल की राह आप ही बताएँगे
साथ बैठेंगे, कोई गजल गुनगुनाएँगे
यह हमें मत पूछिए खिड़कियाँ क्यों बन्द हैं
सितारे अपना दर्दे-जहाँ सुना जाएँगे
साथ बैठेंगे कोई गजल...
आपसे मिलके हम ये इन्तजार करते हैं
बन्द दरवाजे कब कहाँ टूट जाएँगे
हम डूब जाएँगे सुरमई आँखों के सागर में
सिर झुका के जब आप मुस्कुराएँगे
और कोई बात दिल में है नहीं 'मासूम'
एक यही बात नहीं आप समझ पाएँगे
साथ बैठेंगे, कोई गजल...

[बनारस, 8 नवम्बर, 1966]

ये कैसी आशनाई है

***मासूम अजीमाबादी** के नाम से लिखी गई राजकमल चौधरी की कुछ गजलें*

ये कैसी आशनाई है
मुझको भरमाने के लिए शबे-फिराक में,
रुहे माह उतर आई है
ये कैसी आशनाई है
मैंने पूछा हाल, आपने सिर झुका लिया,

ये कैसी आशनाई है
आप तमाशा भी नहीं बनते हैं, जबकि
दुनिया तमाशाई है

क्या-क्या नहीं कहती हैं तन्हाइयाँ हमको
ये कैसी आशनाई है
हम जिन्दों में हैं, और आपके घर में
अब नौ बहार आई है

मुझको भरमाने के लिए शबे-फिराक में
रुहे माह उतर आई है
ये कैसी आशनाई है

ये आपका आना, और शरमा के लौट जाना
ये कैसी आशनाई है
आपका नहीं कुसूर, ये उम्रे-नीमे-बहाराँ तो
वैसे भी हरजाई है
क्या-क्या नहीं कहती है तन्हाइयाँ हमको,
ये कैसी आशनाई है
आप बोलते भी नहीं बन्द खिड़कियाँ खोलते भी नहीं
ये कैसी आशनाई है
खुद नहीं आए हैं, आपकी महफिल में, हमें
दर्दे-जहाँ खींच लाई है
ये कैसी आशनाई है
जो बात है हमारी ग़जल में अब तक 'मासूम'
वो बात कहाँ आई है
ये कैसी आशनाई है
हमें भरमाने के लिए शबे-फिराक में
रुहे माह उतर आई है

[मासूम]

इन्तजार की पहली गजल

कोई नया जख्म उतर आए
तो कुछ बात करें
दर्द की बात सँवर जाए
तो कुछ बात करें
कहीं बैठेंगे, और कोई बात भी कह देंगे उसे
साकिये-बहार इधर आए
तो कुछ बात करें
हमें देखते ही, चुपचाप गुजर जाना उनका
ये अदा ओ गुजर जाए
तो कुछ बात करें

सुनो, अंगड़ाइयों पे हमें एतबार नहीं
जुल्फ कन्धों पे बिखर आए
तो कुछ बात करें
कोई नया जख्म उतर आए
तो कुछ बात करें
कोई बुलाता ही नहीं, महफिले-गजल में हमें
शौक दिल से उतर जाए
तो कुछ बात करें

अभी यकीन है हमें उनके वादे पर 'मासूम'
अपनी बात मुकर जाए
तो कुछ बात करें
कोई नया जख्म उभर आए
तो कुछ बात करें
दर्द की बारात सँवर जाए
तो कुछ बात करें

इन्तजार की दूसरी गजल

कोई आवाज बुलाती ही नहीं
हम कहाँ जाएँ

कोई किरन अब जगाती ही नहीं
हम कहाँ जाएँ

जब गैर मुन्तजिर हों तेरी महफिल में, मेरी गजल
फसाना-ए-दर्द सुनाती ही नहीं
हम कहाँ जाएँ

इश्क ही मुकाम है फन का, ऐ दोस्त, शायरी
कहीं अलग से आती ही नहीं
हम कहाँ जाएँ
और कोई माशूक-ए-गजल गुजस्ता कारवाँ के लिए
वही लय गुनगुनाती ही नहीं
हम कहाँ जाएँ

समन्दरे-खयाल की लहर अब हमारी किश्ती को
साहिल तक ले आती ही नहीं
हम कहाँ जाएँ

क्या हुआ, जो ऐसा गुनाह हो गया हमसे 'मासूम'
आप जाम बढ़ाती ही नहीं
हम कहाँ जाएँ

मुलाकात की गजल

अब आप आ गए हैं
गजल गा लेंगे
रकीब मुँह की खा गए हैं
गजल गा लेंगे

धूप में सुलगती बर्फानी घाटियों की तरह वो
क्यों मुस्कुरा गए हैं
गजल गा लेंगे

सुना भी नहीं पाएँगे किस्सा-ए-हाल-ए-जमाना अपना
आप शरमा गए हैं
गजल गा लेंगे

कहकशाँ राहगुजर है, और मेरी राह नहीं बदली है
अभी वे दिन नहीं गए हैं
गजल गा लेंगे

अब झिझक कैसी जब खुद ही वे गैरों से 'मासूम'
इरादे बता गए हैं
गजल गा लेंगे

गजले-हुस्न

तड़पना सीख लेंगे जब
तड़पना भी आएगा
मेरी महफिल में हमको शम्मए-शौक
बन जाना भी आएगा

अगर बीती हुई रातों की यादें छेड़ देंगे वह कभी
हमें गुजरी हुई बातों को
दोहराना भी आएगा

कुछ अपनी बात कहकर हम सुनेंगे दास्ताँ उनकी
सुनके अपना नाम, उनसे
शरमाना भी आएगा

वे भरम से कह देंगे, बेवफाई हमने की है, तो
दो छन उदास होके हमें
भरमाना भी आएगा

तड़पना सीख लेंगे जब
तड़पाना भी आएगा
शमाँ आई है महफिल में
परवाना भी आएगा

वक्त आएगा, तो वक्त के खामोश बयाबाँ से
अपने शहर में उनको
ले आना भी आएगा

जो बार-बार पूछेंगे, क्या है तमन्ना 'मासूम'
हमें यों ही बहाना करके
सो जाना भी आएगा

एक अधूरी गजल

बात से बात निकल आती है
वोह परीजात निकल आती है
बात से बात निकल आती है
जुदाई में ये गुलशन करिए आबाद
फिजा में शबे-वस्ल गुजरने के बाद
कोई बारात निकल आती है
बात से बात निकल आती है
उसी निगाह के दमकते हुए सितारों में
इसी दर्द में डूबी हुई बहारों में
मेरी सौगात निकल आती है
बात से बात निकल आती है
वोह परीजात निकल आती है
जब भी हयात ने नग्मे सुनाए हैं
जुबाँ से जब भी वो सामने आए हैं
फिर वही बात निकल आती है
बात से बात निकल आती है

[मासूम अजीमाबादी]

नौबहार के आने में

बहार आने में
देर हुई है
उनको मनाने में
देर हुई है

मुस्कुराते थे कभी, कभी सहम जाते थे
कुछ बोलने के पहले, वो कभी थम जाते थे
बात आजमाने में
देर हुई है
सिर झुका के देर तक खामोश हो जाना
याद है, उनका सिसकते हुए सो जाना
जख्म सहलाने में
देर हुई है

तनहाइयों में कई बार इन्तजार किया
जो कहा भी नहीं, उस पे एतबार किया
गजल सुना आने में
देर हुई है

[मासूम अजीमाबादी]

शबे-फिराक

और कितनी देर तक शरमाइएगा
खंडहरों में फूल ताजा जी उठे हैं
और कब तक बेरुखी कर जाइएगा
और कितनी देर तक शरमाइएगा

यह शहर वीरान है क्यों आज तक
क्यों उभरता है नहीं कोई शफक
यह शहर वीरान है क्यों आज तक

क्यों हमें अब इस तरह बेकायदा
अपनी गली में रात भर भटकाइएगा

पूछते हैं फिक्रे-शब कैसे गुजरती है
करते हैं आप क्यों गलत वादे
सच बोलिए, फिक्र में कब आइएगा
और कितनी देर तक शरमाइएगा
और कब तक बेरुखी कर जाइएगा

दिले 'मासूम' परेशान है बहुत ज्यादा
बहुत शोर करते हैं बुतों को बेचने वाले
शेख-साहब उन्हें समझाइएगा

खंडहरों के फूल ताजा जी उठे हैं
और कब तक बेरुखी कर जाइएगा
और कितनी देर तक शरमाइएगा

तलाशे-नज्मे-इश्क

1

तुम सिर झुकाए हुए बैठी थीं
चुप थी हवाएँ,
कहीं से कोई आवाज नहीं
तुम सिर झुकाए हुए बैठी थीं,
इन्तजार में...
कि फूल अब मुस्कुराएँगे
सरगमे-बहार में!

2

चुप थी हवाएँ
कहीं से कोई आवाज नहीं;

कोई कमन्द नहीं अब लबे-बाम पर!
बयान में वो परवाज नहीं
बयान में वो आवाज नहीं
हम देख रहे थे, कब तुम्हारे सुर्ख होंठ
थरथराते हैं;
तुम सर झुकाए बैठी थीं,
इन्तजार में
कि फूल अब मुस्कुराएँगे सरगमे-बहार में
हम देख रहे थे, कब तुम्हारे सुर्ख होंठ
गर्म होते हैं, थरथराते हैं
खतों में किए गए वायदे
मंजूर किए गए इकरारो-इनकार
याद आते हैं, कब याद आते हैं
हम देख रहे थे...
सुर्ख होंठ कब थरथराते हैं

3

खतों में किए गए वायदे
मंजूर किए गए इकरारो-इनकार
जिनके सहारे जी उठा था
आखिरी नींद से
तहजीबो-तवारीख का एक बीमार
तुम्हें याद आए हैं
या नहीं आए हैं
अब तक निगाहों में उम्मीदों के नकूश
जगमगाए हैं
या, न जगमगाए हैं

मुझको मालूम नहीं
तुझे देख लिया और कोई बात अभी
मुझको मालूम नहीं
शामे-मुलाकात बीती नदी के मरमरी सीने पर

तुम सिर झुकाए बैठी थीं,
चुप थी हवाएँ
रात बीत रही थी हल्के-हल्के
हुस्न थक चुका था,
वक्त बर्फ की तरह जम चुका था
तुझे देख लिया, और कोई रात अभी
मुझको मालूम नहीं,
तुम सिर झुकाए हुए बैठी थीं,
इन्तजार में
कि फूल अब मुस्कुराएँगे
सरगमे-बहार में!

4

फूल अब मुस्कुराएँगे सरगमे बहार में
तुम इस इन्तजार में थीं
ख्याले नौबहार में थीं

5

हम अपना हाल क्या कहते, कब कहते...
और क्यों अनजामे-सुखन सहते
कायदे-जुबान-ए-अदब सीख ही जाओगी तुम
इस चमनजार में रहते-रहते
पहले अपनी ख्वाहिशों पर एतबार करो
हर बार क्या, पहले एक बार करो
कुछ ऐसा कर जाओ कि कुछ बात बने
पहले शरमाना सीखो
और कोई बात नहीं बनती हो 'मासूम'
आँखों में दो चिरागे-तमन्ना
जलाना सीखो
इस चमनजार में रहते-रहते
वो बात भी आ जाएगी

जब ख्वाब में भी कोई जाने बुलबुल
नालए-शौक सुना जाएगी
अभी तो सामने हकीकत है
यह वक्त, ये मौसम, ये गजले-बहार
हमारे लिए
एक नई वसीयत है
सामने हकीकत है

6

मैं तुम्हारे पास आया हूँ
चला आया हूँ
कुछ ऐसा कर जाओ कि कुछ बात बने
कुछ ऐसा कर जाओ
अपनी जुल्फे-परेशां की तरह शीरीं,
मेरे सीने पे बिखर जाओ

एक 'फर्ज अदायगी'

सुबह लीजिए, शाम लीजिए
इस दिल से कोई काम लीजिए
उबाल की तरह कहीं और बैठ जाएगा,
इस दिल से कोई काम लीजिए

जब भी वक्त मिल जाए ऐ 'मासूम'
उनसे मिल बैठिए
कुछ आराम लीजिए
उबाल की तरह कहीं और बैठ जाएगा
इस दिल से कोई काम लीजिए

गजले-नाकामी

आप जब्त करते हैं, हमसे नहीं होता
आप भी डरते हैं, हमसे नहीं होता

मौसमी फूलों से कब्रगाह, खंडहर, वीराने भी
कभी तो सँवरते हैं, हमसे नहीं होता

वो कोई और हैं; कैदे-हयात में जो लोग
खुदी से लड़ते हैं, हमसे नहीं होता
हंगामा-ए-फिक्र में हम दर्द की हद से अक्सर,
जब भी गुजरते हैं, हमसे नहीं होता

उन्हीं से होता है, जो एक ख्वाब में सौ बार
टूटते बिखरते हैं, हमसे नहीं होता

ऐसा कोहरा है कि ख्यालों के मकूश ऐ 'मासूम'
नींद में उभरते हैं, हमसे नहीं होता

हाले-दिल

दागदार है दिल, क्या कीजिएगा
गुनहगार है दिल, क्या कीजिएगा

आया नहीं अब तक मसीहा, कि जिसके लिए
इन्तजार है दिल, क्या कीजिएगा

वस्ल के मौसम में जब इर्द-गिर्द आपके भी
सौ हजार है दिल, क्या कीजिएगा

उम्र के दर्द से आपकी मुलाकातों में हुजूर
एक दीवार है दिल, क्या कीजिएगा

हयात के समन्दर में, भटकती हुई किश्ती की तरह
बेकार है दिल, क्या कीजिएगा

कुछ लम्हे तो बिक ही जाएँगे तेरे हाथों अब 'मासूम'
जब बाजार है दिल, क्या कीजिएगा

गजले-शिकवा

आप आ जाएँ, नहीं आएँ, नहीं आएँ
क्या हो जाएगा
आप रुठे रहें, या हमें मनाएँ
क्या हो जाएगा
हमने समझा ही नहीं वक्त के इशारों को
हमारी नींद में गुजरी हुई बहारों को
कोई बुला लाए, बुला लाए
क्या हो जाएगा
जिनकी गजल के लिए अल्फाज चुन रहा हूँ
महफिले-शौक है, कोई साज चुन रहा हूँ
वही मुँह फेर लें, सो जाएँ
क्या हो जाएगा
अपना नाम भूल जाऊँगा लिखना दीवार में
अँधेरा होगा इतना शामे इजहार में
सितारे उनकी खिड़कियाँ सजाएँ
क्या हो जाएगा

दो कतए

1

अब तो हसीन शिकवा है यह बहार भी
कितना खूबसूरत है आखिरी इन्तजार भी
गुलशन में आपके आने की खबर है हवाओं को
खुशबू से भर उठा है दामने तार भी

2

कहते हुए शरमाइए, क्या चाहिए
सुनते हुए डर जाइए, क्या चाहिए
चौराहे-चौराहे पे खड़े हैं शेखो-बरहमन
वे पूछें तो बतलाइए, क्या चाहिए

मासूम के बारे में

उसका क्या नाम लीजिए
उससे क्या काम लीजिए
अजब आदमी है यह 'मासूम'
पी के लड़खड़ाता है,
हाथ क्यों न थाम लीजिए
उसका क्या नाम लीजिए

पीता है तो समझता है गिलास को नशे में
दीद-ए-माशूक
छीन उसका जाम लीजिए
उसका क्या नाम लीजिए

क्या जाता है उसका, दे ही डालेगा सब कुछ
शबे-मुलाकात

जानो-दिल ईनाम लीजिए
उसका क्या नाम लीजिए

पी के लड़खड़ाता है
हाथ क्यों न थाम लीजिए
उसका क्या नाम लीजिए

आपके लिए ही तो हम कभी-कभी दर्द अपना
दोहराते हैं
गजले-सलाम लीजिए
उसका क्या नाम लीजिए
अजब आदमी है ये 'मासूम'
उससे क्या काम लीजिए

●

फिर कुछ इस दिल को बेकरारी है
सीना जो आए, जख्मकारी है
फिर जिगर को
वो ही सद रंग
वो ही सरगूना अश्कबारी है
बेखुदी बेसबब नहीं 'गालिब'
कुछ तो है जिसकी पर्दादारी है

तुम मुझे भूल जाना
पास आए तुम्हारे न रहबर कभी
हमें हमेशा रुलाया गया
प्यार पाना किसी का कठिन है बहुत

** ये सारी गजलें बनारस में 6 नवम्बर, 1966 से 11 नवम्बर, 1966 के बीच लिखी गईं।*
*ये सारी गजलें श्री राजेन्द्र आहुति ने उपलब्ध करवाईं। –**सं.***

कोई नया दर्द उभर आए
तो कुछ बात करें
शौक दिल में उतर जाए
तो कुछ बात करें।

हमें देखते ही चुपचाप गुजर जाना उनका
हल्के गुस्से से कुछ और सँवर जाना उनका
ये अदा और निखर आए
तो कुछ बात करें।
शौक दिल में उतर जाए
तो कुछ बात करें।

आपकी इन अँगड़ाइयों पे हमें एतबार नहीं
हमें चाहिए अब अदब की ये दीवार नहीं
जुल्फ कन्धों पे बिखर आए
तो कुछ बात करें
शौक दिल में उतर जाए...

[बनारस, 14 नवम्बर, 1966]

सारे गुलशन को हमारी मायूसियों से हमदर्दी तो है 'मासूम'
सिर्फ एक नरगिस की आँखों में आँसू नहीं

[महिषी, 3 दिसम्बर, 1966]

तुम नहीं आए चमन में, आई नहीं बहार, ऐ जाने-जिगर
अब हम चमन से चल दिए किसी कब्रगाह में...
उसी से पूछ लेना कि हम कहाँ गए, हमारा क्या हुआ था हाल
मिले जो गुलाब की टूटी हुई शाख राह में...

[महिषी, 6 दिसम्बर, 1966]

* *'मासूम अजीमाबादी' के नाम से राजकमल चौधरी ने कई गजलें और नज्में लिखी हैं।* —सं.

लॉर्ड हार्डिंज का पुनर्जन्म

एक सुधारवादी नए मिनिस्टर के साथ कई लोग
जिन्होंने
उसी आदमकद मूर्ति की बदशक्ल छाया में
प्यार किया था अथवा दो घंटे तक

अपने दोस्त अपनी स्त्री अपने बच्चे को
शाम के नीले एकान्त में
अपना अनुभव
और जीवन के बारे में कई बार ऐतिहासिक भाषण दिया था
... ...जंजीरों से बाँध डाली गई

लॉर्ड हार्डिंज की मूर्ति काले ब्रोंज की चमकती हुई
बन्द तलवार
आँखों में ईस्ट इंडिया कम्पनी की हुकूमत
जब कोई मूर्ति नदी-तालाब में बहा दी जाती है
जब कोई मूर्ति बन्द की जाएगी
वक्त के ताबूत में
जब कोई मूर्ति संविधान के सुरक्षा-अधिनियम के जंगल में
जब कोई मूर्ति...   ...जब कोई मूर्ति
जीन चाहती है
इतिहास के लोकभवन-सभाभवन से
अनिर्वासित... ...
लॉर्ड हार्डिंज की राजपूती मूँछों और कलगीदार टोप और
ब्रितानी अभ्यर्थनाओं से विभूषित
मूर्ति
जंजीरों से बँधकर ऊँचे क्रेन पर
झूलने लगती है
अधर में झूलने लगता है इतिहास क्योंकि राजनीति
अब प्रामाणिक मूर्तियों और प्रामाणिक
मर्यादाओं से अधिक
जनसाधारण के पुराने बीते हुए गुस्से को दुहराती है उसके
नए गुस्से उसकी नई भूख
और उसकी नई समझदारी
को
बहलाने-बरगलाने के लिए
लेकिन कब तक

[नागरिक मनःस्थितियों के कविता-चित्र, मार्च-अप्रैल, 1967]

मोहानी-मुहल्ले के पीर-फकीर

इलेक्शन बीत गया है अब हम क्या करें, जिन औरतों को
हमने अँधेरी कोठरियों से
निकालकर खड़ा किया था, आम चौराहों पर
चुनाव पिकेटिंग के लिए
अब हम क्या करें, सारी कुर्सियों पर हमने कोई-न-कोई बुत
जरूर बिठा दिया है, वे लोग अब भी
क्रॉच पर चलते हैं, उनके पाँव कटे हुए, उनकी
बाँहें उठती नहीं,
सिर्फ कन्धों के किनारे झूलती रहती हैं,
हम इन अपनी औरतों को कहाँ ले जाएँ, और उन रुपयों से
नई कुर्सियों पर रौगन के लिए,
कौन-सा इत्र खरीदें,
इस बवाल से बड़ा कोई सवाल नहीं है, कि
पाठ्य-पुस्तकों के अन्तिम परिच्छेद में
हमारा भी नाम
लिख दिया जाए, क्योंकि उस जुलूस में
हम भी खड़े थे जिस पर गोलियाँ चली थीं जिसने
चावल का गोदाम लूटा था
जिसने बच्चों और स्त्रियों और छात्रों से
बोगस मतदान करवाए

[नागरिक मनःस्थितियों के कविता-चित्र, मार्च-अप्रैल, 1967]

सितारे, नदी, फूल, हवा, मौसम, सभी मुस्कुराएँगे
आप जभी वस्ल की नौबहार महफिल में आएँगे
चाँदनी है, शौक के सभी तार अब एक साथ आजमाएँगे
मैं आपकी गुदाज बाँहों में डूब जाऊँगा
इस बार अगर आप यों हया में छिपके शरमाएँगे
सितारे, नदी, फूल, हवा, मौसम, सभी मुस्कुराएँगे
आप जभी वस्ल की नौबहार महफिल आएँगे

[13 अप्रैल, 1967]

प्रश्न कविता

प्रेमिका के लिए

प्रेमिका होते समय हर स्त्री अन्ततः एक बार, हिंस्रतम हो उठती है
स्त्री एक बार हो उठती है क्रुद्ध पशु;
—अन्धकार के जंगल की मादा जानवर!
अपने ही लहू से हाथ-मुँह धोकर,
अपनी ही छाया में बैठी पूरी रात रोती है...
जो कोई स्त्री प्रेम के वशीभूत एक बार स्त्री हो उठती है
प्रेमिका होते समय किसी पुरुष की अखंड निद्रा, अखंड शय्या में
अपना निश्चेत शरीर सौंपती है
अन्धकार के जंगल में तुम मेरे लिए कभी मादा जानवर हो उठती हो या नहीं—
मैं जानना चाहता हूँ
मैं अन्ततः एक बार...इसी बार...

[30 जनवरी, 1969]

* *यह कविता मूलतः बंगला में लिखी गई। इसका हिन्दी अनुवाद डॉ. व्रतीन दे* (नेशनल बुक ट्रस्ट, इंडिया के बंगला भाषा के सहायक सम्पादक) *ने किया है। मूल बंगला कविता इस तरह है।* —**सं.**

प्रेमिकार जन्य

प्रेमिका हॅबार समय स्त्री अन्तत ऐकबार, हिंस्रतम हॅये उठे
ऐक बार स्त्री हॅये उठे क्रुद्ध पशु;
—अन्ध अरण्येर मादा जानवर!
निजेर रक्ते हाथ-मुख धोय,
निजेर छामाय बसे सारा रात कान्दे...
बेंधे आसे निजेर शव जे कोनो पुरुषेर अखंड निद्राय, अखंड शय्याय
प्रेमिका हॅबार समय—
जे कोनो स्त्री अन्ततः ऐक बार स्त्री हॅये उठे
भालोबाशार जन्य।

अन्ध अरण्येर तुमि आमार मादा जानवर हॅये उठेछो कि ना,
—जानते चाई
आमि अन्ततः ऐक बार...एई बार...

[30 जनवरी, 1969]

विचित्रा

(परम्परा, प्रयोग, प्रगति)

कविता संग्रह

शशि, सावित्री और शुभी के लिए
सन्तोष के लिए

—**राजकमल चौधरी**

21 मार्च, 1956

खंड : एक

प्रतीक

प्रतीकों की बात करो
कविता की धरती पर बन्धु, उल्कापात करो
छन्दहीन गीतों से, शब्दहीन वाक्यों से
अर्थहीन शब्दों से, भावहीन व्यंग्यों से
स्वजनों के दिल पर आघात करो
पूरनमासी का चन्दा है
मक्खन लगा सोंधा-सा केक
लो सेंक
श्वेत श्याम नील तनु बादल
—पड़ोसिन का सतरंगी आँचल
उम्र की करो नहीं चिन्ता
नवयुग के बनो उग्र अभियन्ता
बदला है जीवन का दर्शन
छोड़ो मित्र, चिन्तन
झूठे हैं सब दार्शनिक सिद्धान्त
मन को न करो भ्रान्त
प्रेम-गीत लिख-लिखकर प्रात करो
प्रतीकों में बात करो
कि बात कोई बूझे ना
किसी को कभी कोई उत्तर भी सूझे ना
एजरा का, इलियट का नाम लो
हाँक दो आलोचना का छकड़ा
छूट जाएँगे छक्के
गर कोई सामने से भूल से भी अकड़ा

कल्पना का छलक रहा सागर
तुमको है अब क्या डर
साकी तुम्हारी है, मधुशाला सूनी है
हाथों में कविता का जाम लो
बागडोर
रवि ठाकुर की
निराला के हाथों से छूटी है
थाम लो;
बूढ़े हो गए साहित्य-शतरंज के खिलाड़ी
क्या हुआ जो तुम हो अनाड़ी
पलट दो बाजी
खुद बनो मुद्दई खुद ही बनो काजी
झट सबको मात करो
प्रतीकों में बात करो

[22 मार्च, 1956]

क्योंकि शीत के दिन डूबे हैं

बरफ की टूटती चट्टान : नीलाकाश
शान्त और मद्रास
अनगिनत चील उड़ते, दूर
बहुत ऊँचे, बहुत ही मजबूर
(आदत से!)
और, धरती :
बलात्कार की गई बालिका-सी
रक्त में सनी हुई
चित्त पड़ी हुई बेहोश, नंगी...

बढ़ी-बढ़ी-सी घास
नदी-तल : मरघट
फूलों का वन : सूनापन
आँसू की बड़ी-बड़ी बूँदें : शबनम

—पाप-शाप-सी बिखरी
—पात-पात पर बिखरी
फिर भी,
उपवन के पुष्पों की कलियाँ निखरी
क्योंकि, जड़ों के नीचे
उठ रही जिन्दगी कण-कण को सींचे
क्योंकि, शीत के दिन डूबे हैं
फूलों की मुस्कानों में जड़े हुए
नए-नए मनसूबे हैं
क्योंकि, उग रहा
नौबहार का रौशन सूरज
क्योंकि, जग रही हैं
किरनों की परियाँ
अँधियारे के बिस्तर को तज
क्योंकि, जिन्दगी आँक चुकी है
अपनी कीमत
क्योंकि, सवेरा ही है
धरती की जीनत...

जाग रही है
लेकर नवयुग की अँगड़ाई
नई दुल्हन बन—
बलात्कार की गई बालिका;
धरती!

[19 फरवरी, 1956]

अलि : एक आत्मरूपक

विपिन-विपिन
सुमन-सुमन
सु-मन मैं, गन्ध-गन्ध
भटका हूँ

गली-गली
कली-कली
बेकल मैं, रन्ध्र-रन्ध्र
अटका हूँ
अन्ध!

[24 जुलाई, 1955]

क्या लौट चलूँ

गुम-सुम उदास हूँ
बेदरदी सपने बहुत पास हैं
मासूम बहुत है दिल
मायूस बहुत है जीवन की महफिल
विरहिन-सी रातों की उसाँस हूँ
गुम-सुम उदास हूँ
इस फैले सूनेपन ने
गिरती दीवारों के क्रन्दन ने
मुझको घेरा है
फिर, फरियादों का, उपरागों का गीत
हृदय ने छेड़ा है
बन्धन की बाँहों को तोड़
परम्परा की राहों को छोड़
आज
प्राणों के एकाकीपन में कैद हुआ हूँ
जमकर भी खेल न पाया
पर, हारा सभी जुआ हूँ...
क्या लौट चलूँ
फिर अपने घर की ओर
सतजुग, त्रेता, द्वापर की ओर
बँधी हुई गति में चलते
निशि-वासर की ओर (?)
नहीं होगा...

मुझसे कभी नहीं होगा...
पर, लेकिन, किन्तु...

[30 जून, 1955]

प्रभात का एक चित्र

कमल का वन
श्वेत उषा का गगन
होता हुआ रक्ताभ
तम भी नहीं, नहीं घन
मन को महज
सौन्दर्य का ही लाभ

[13 जुलाई, 1955]

वापसी का सलाम

नरगिस के फूलों-सी सजी हुई
वायलिन की
नई-नई धुनों-सी मँजी हुई
टेनीसन के गीतों-सी
रैफेल के चित्रों-सी
महफिल;
कविताओं की बारातें
सद्यःस्नाता कल्पना की परियाँ
आशाओं से गूँथी हुई लड़ियाँ
हुस्ने-गुरूर की शम्माएँ
कलियों की हँसी
रंगीन बल्बों की चमक
बेंत की छड़ियों-सी लचक
घुटनों में, कमर में, पाँवों में;

सपनों के गाँवों में
डाला है पड़ाव
प्यारे, बाँध दी है नाव
नदी के किनारे;
नदी के किनारे
पार्वती का लास्य
शंकर का शिशु-सुलभ हास्य
फैला है
पर, मेरे अन्तस का आँचल ही मैला है
मैला है अन्तस का आँचल
और चेहरा है उदास
चार दिन से चाय नहीं पी है
आँखों पे उड़ रही है सब
कोशिश भी करूँ लाख
पर,
गा नहीं सकूँगा
दर्द कलेजे में उठ रहा है
दिखा नहीं सकूँगा
तुम्हारी महफिल में
मैं। 'फिट' नहीं आता हूँ
लो, मेरा सलाम लो
वीरान पलकों के
झुके हुए जिस्मों के
काँपती-थरथराती हुई सर्द रातों के
गाँव लौट आता हूँ
लो, मेरा सलाम लो!

[7 जुलाई, 1955]

कविता का भट्ठा*

साँवरी गगन की, मेघों के वसन
अनावृत नील वर्ण

विद्युत के दशन
नागरी विभावरी
भर रही है मोती से नीलम की झील
झील में तैरती है बावरी
चन्दा की पुत्री...
कि, कल्पना, उपमा, अलंकार, श्लेष
सब शेष धोबी पे चढ़ बैठा है मेष
रह-रह है रेंकता, उल्लू का पट्ठा
और लगी है आग, पकता है भट्ठा
कविता का...

[3 मई, 1955]

* *इसी शीर्षक से 'विवधा-1' में 1956 में यह कविता इस रूप में छपी थी। इसके आयोजन में रणधीर, राजेन्द्र, उमाकान्त और रामनरेश पाठक थे। 'राजकमलगाथा' शीर्षक रामनरेश पाठक के लेख में उद्धृत है, जो 'निवेदिता' (राजकमल विशेषांक), अंक 3-4 में प्रकाशित है। –सं.*

साँवरे गगन के मेघों के वसन
विद्युत के दशन
नए चित्रकार के ब्रश के दाग सितारे
एक ही नागरी के सैकड़ों चित्र उतारे
पागल है मन
कल्पना, कामना, उपमा, श्लेष
सब शेष
धोबी पर चढ़ बैठा है मेष
रह रह है रेंकता
दुलत्तियाँ है फेंकता...
कीचड़ में फँसा है
उल्लू का पट्ठा
लगी है आग, पकता है भट्ठा
कविता का...

या न करूँ

जिन्दगी से प्यार करूँ, या न करूँ
प्यार का इजहार करूँ, या न करूँ

चमन में आग लगी
फूलों की प्रीत जली
बुलबुल के गीत गए
आशियाँ बिखर गया
गुलो-गुलजार को अब याद करूँ, या न करूँ
प्यार का इजहार करूँ, या न करूँ
बिखरे बहार से फरियाद करूँ, या न करूँ
जिन्दगी से प्यार करूँ, या न करूँ

[5 मई, 1953]

पलायन

'शून्य में पंख फड़फाड़ाने वाला प्रभवहीन देवदूत'
देकर यह रुतबा
शेली पर
मैथ्यू अरनाल्ड ने कसा था करारा फतवा!
मैं शेली नहीं, मेरी कल्पना को पाँख नहीं
फिर फड़फड़ाऊँ क्या
पंखरहित, देहरहित, भावरहित शून्य में
कहो दत्त! आज उड़ जाऊँ
व्यथित मन करता है
लिहाफहीन इस जाड़े की रात में
बार-बार डरता है
यह ही ध्रुव सत्य है
आज सोच लेता हूँ
कल्पना के हाथों से याद के प्याज के
पतले-पतले छिलके नोच लेता हूँ...
आता है याद शशि का विमल रूप
याद आती है समुद्र की बात
जहाजों के काले सिलहाउट
शिमले की बर्फानी प्रात
फ्रांसीसी पर्यटकों के संग

नैनीताल से बागेश्वर जाते हुए
सुना था पेरिस-बाला को
पथरीली घाटियों में वायलिन बजाते हुए
बैजनाथ के बाद शाम में
नन्दा देवी का वह त्रिशूल
चट्टानों पे सँवारते हुए
घास के बरफ के फूल
हिमाचल की चमचम छाया
तिब्बत के पहरुओं की विशाल काया
पर्वतीय खेतों के छोटे-से मेड़
सीढ़ियों जैसे करीने से सजे पेड़
जंगली रस्तों की थकावट

अर्धनग्न युवतियों की क्रीत मुस्कुराहट
एक-एक कर सभी याद आते हैं
अतीत की कहानियाँ सुनाते हैं
पर, अचानक टूटता खेल
कुष्ठ-ग्रस्ता है बूढ़ी वासवदत्ता
अन्तस् पे बोझ आ बनी है
सत्य की इकाइयों की सत्ता
कि
स्मृति है विभीषिका
जीवन-युद्ध से पलायन है
जिन्दगी के बन्द कमरे का,
छोटा-सा वातायन है...
बरफ का श्वेत मुकुट लादे
पिघलते हैं बड़े-बड़े पहाड़
मटियामेट हो रहे हैं
सुर्ख होंठों और निगाहों के हार
सर्द आहें बिछा रही हैं
अपने झोंकों में हवाएँ
नदियों की कमन्द में छुड़ा रही हैं
अपने कन्धों से घटाएँ
धरती की उदार छाती पर

चट्टान फूटते हैं
संस्कृति की कट रही है मीनारें
स्वप्न कला के टूटते हैं...

[23 जुलाई, 1954]

एक ही मशीन के पुरजे

चाँद-तारे, तिरंगे, चक्र, चरखा, सूर्य
रंग-बिरंगे झंडे
जनतांत्रिक वोट के बैलेट-बक्स
मानसरोवर की हंसनी के अंडे
त्रिचक्र शोभित पेकार्ड कारें
लम्बोदर की राक्षसी मूर्ति
'महात्मा गांधी की जय' के जुलूस
बुधिनी से, परमेसरी से वासना की पूर्ति
तारा-मन्दिर की ठकुरानी के,
शिव-मठ के पुजारी के अशुद्ध मंत्र
अमेरिका से आए हुए
नए-नए यंत्र
देश है स्वतंत्र
कांग्रेस-दफ्तर में
लाइसेंस-परमिट के षड्यंत्र
...एक ही मशीन में
भिन्न-भिन्न पुरजे हैं
छिन्न-भिन्न पुरजे हैं
पर, वार करते हैं एक साथ
एक ही कबूतरखाने के भिन्न-भिन्न दरजे हैं
कंचनजंघा का शिखर
कविता के स्वर
वेद-मंत्रों की समवेत ध्वनि
आकाश और अवनि...
सब झूठ हैं, धोखा है, भ्रम है

व्यर्थ का श्रम है
पर, श्रमिक हूँ मैं भी
भावना के गीत का वणिक हूँ मैं भी!

[30 जुलाई, 1953]

फागुनी

फागुन की रात अब कटे नहीं
गोरी का तन
अल्हड़ यौवन
आँख हटाए भी हटे नहीं
कम्पित क्षण-क्षण
सिहरे वक्ष-धन
चंचल-सा आँचल भी सटे नहीं
यौवन-मद
अति स्वास्थ्यप्रद
गोरी तो चोली में अँटे नहीं
आलिंगन
परिरम्भण
चुम्बन से लालिमा घटे नहीं
रति-विलास
मुक्त केश-पाश
नागिन हैं, रहीं अब लटें नहीं
कसे भीड़
बढ़ी रसिक-भीड़
देखे बिन, लेखे बिन छँटे नहीं
फागुन की रात अब कटे नहीं

[17 फरवरी, 1950]

* *17 जुलाई, 1950 को रामपुर में लिखी एक कविता 'फागुन की रातें' पर इसकी छाया है। वह भी आगे संकलित है। –**सं.***

रात आती है...

रात आती है तेरी याद लिए आती है
नींद भी ख्वाब में बरबाद हुई जाती है
जब प्यार की चादर को ओढ़ लेता हूँ,
तो मेरे गीत की गहराइयाँ डूब जाती हैं

यह बात न समझोगे, मुझे भूल, चले जाओगे
'फूल' की कद्र न की, धूल से घबड़ाओगे
ये गीत तुमको सुनाने को नहीं लिखे हैं,
प्यार की बात बिना लिखे समझ जाओगे

[25 अप्रैल, 1950]

मान न टूटा

रात चली पर मान न टूटा
बेदरदी ने (बेरहमी से) मुफ्त में लूटा
रात ढली...
बहुत हृदय में उठी कसक, पर
अंग-अंग में बसी लचक, पर
मुझको भूल, गए सौतिन-गृह
बिखरा आशाओं का गुल-बूटा
रात ढली...
रात ढली पर मान न टूटा
तनी रहूँ--यह लत ना छूटा

[14 मई, 1951]

चार पंक्तियाँ

रक्त अधरों पर मुस्कान की मद्धिम रेखाएँ
मेरी तन्द्रा में रह-रहके झिझकती हैं

अचानक ही समुद्रों का स्वप्न आता है
एक याद तरंगों में सिसकती है

रात के स्वप्न उजाले में कहूँ कैसे
स्वप्न के गीत को स्वर नहीं मिलता है
मैं सत्य के मन्दिर में फूल चढ़ाता हूँ
प्यार का दीप गगन में जलता है

[27 जुलाई, 1954]

पनघट

कड़ा पाँव में बजे
गगरिया गलबाँही पा झूमे
छजे नागरी
लजे नागरी
नयनों में साजन घूमे
छलके पायल
मन-मन घायल
कड़ा पाँव में बजे
गगरिया गलबाँही पा झूमे

[1 नवम्बर, 1953]

पार्क की शाम

पार्क की मिट्टी
कि जिस पर जम रही है दूब
कि जिस पर उग रही हैं पाँव की परछाइयाँ
कि जिस पर सो रही है शान्ति
जिस पर चित पड़ी, बेहोश-सी
एकस्वरा,

लेटी हुई है—मिस ब्राउन
कि जिसकी जिन्दगी पर जम रही है दूब
कि जिसकी पिंडलियों पर उग रही हैं
पाँव की परछाइयाँ
कि जिस पर सो रही है शान्ति!

[23 जुलाई, 1954]

भाष्यकार कहते हैं

अन्तहीन मन्वन्तर में
वेदों के सम्मोहक स्वर में
भाष्यकार कहते हैं
रहस् है जीवन
एकान्त, गोपस्थल, अभिज्ञात, सम्मोहन
वैधानिक रहस्यों का बन्धन है जीवन
भष्यकार सहते हैं जीवन का क्रन्दन
सामूहिक भयदाह में
देवशास्त्र, फलित कर्म, धर्म की उछाँह में
पलता है, फूलता-फलता है जीवन
है छाया का आँगन
भाष्यकार सहते हैं आँगन का क्रन्दन
भाष्यकार कहते हैं :
विराट का एक अंश है जीवन
सापेक्ष है, विधेय है
(मानो चाय-सा मधुर पेय है!)
संयोगिनी अभिधा का सम निनाद
निसर्ग का नियमापवाद
प्रज्ञा का प्रमाद है जीवन
इन्हीं से विकसता है जीवन का हर क्षण
भाष्यकार सहते हैं क्षण-क्षण का क्रन्दन
भाष्यकार कहते हैं :
"यतो वायो निवतंते अप्राप्य मनसा सहः"

कहता है शिलालेख...
पढ़ पढ़ के भाष्य ये विवादग्रस्त
बहस लोग करते हैं,
मेष, वृष, मिथुन, कर्क
कुक्कुट का कटु, कूट तर्क
ईषावास्य, तैत्तरीय, सांख्य-अर्क
सभी जन पीते हैं
इनके ही पैसों पर
हर युग के भाष्यकार जीते हैं
गुदड़ी को सीते हैं...

[2 अक्टूबर, 1955]

निशा-निमंत्रण

गीत तुम्हें मैं सुना चुका हूँ
तुम पायल छलकाओ
क्यों दिख रही गीतसि, उदास हो
रंगमहल में आओ...
पतझड़ की वीणा पर मैंने
गीत सिंगार के गाए
सूने आकाश के उपवन हैं
जगमग फूल बिछाए
निज केश-पाश बिखराकर अब
तुम बादल बन जाओ
गीत तुम्हें मैं सुना चुका हूँ
रंगमहल में आओ...
सावन की बरखा बनकर
जीवन की धरती पर बरसो
सूखे मुरझाए पौधों का
तुम अंग-अंग प्रिय, सरसो
झरनों की मधु-हँसी बनो तुम
फूल-फूल मुस्काओ

गीत तुम्हें मैं सुना चुका हूँ
रंगमहल में आओ...
इस उजड़े हुए चमन में रानी,
फिर वसन्त सरसाओ...
तुम पायल छलकाओ

[11 अक्टूबर, 1953]

चनक

हो, हो, सुनो रे, सुनो रे, सुनो रे...
सजना, सजना...
दूर का सोना लाने न जाओ
अपनी सजनि को नहीं रुलाओ
अपनी ही बगिया के फूल चुनो रे, चुनो रे,
सजना, सजना...
हो, हो, सुनो रे, सुनो रे, सुनो रे...

रात बहुत मैं डरी-डरी, जो बिजली ठनकी
बार-बार ये नई चूड़ियाँ खनकीं
जल-जलकर बुझ गया दिया
जल-जलकर बुझ गया दिया
अंग-अंग वसन्त ने जला दिया
याद आ गई बीते अल्हड़पन की
बार-बार ये नई चूड़ियाँ चनकीं
काजर की रेख भी
बह-बहकर डोर बनी
चेहरे पे बिछ गई
बादल की छाँव घनी
पिया मुझे छोड़ गए, कैसे थे सनकी
बार-बार ये नई चूड़ियाँ चनकीं
बार-बार मन का विश्वास
डगमगा गया

पछिया का झोंका पागलपन
जगा गया
न लाज रही, न सुध ही रही तन की
बार-बार ये नई चूड़ियाँ चनकीं

[21 अप्रैल, 1951]

शान्ति : मेरी बहन के लिए

मुझे शान्ति चाहिए
अमन का गीत चाहिए
मुझे चाहिए कि युद्ध न हो
देश देश में प्रीत चाहिए

मुझे शान्ति चाहिए अपनी बहन के लिए
जिसकी निगाहों की लाज में
जिसकी लजीली आवाज में
हिन्दुस्तान की सभ्यता का इतिहास है
जिसकी पायल की झनक में
जिसकी चूड़ियों की खनक में
जीवन की बेगुनाही का आवास है
जिसके मुखड़े में चाँद पूनम का
जिसके चेहरे पे आभास नहीं गम का
जिसका हृदय ही यह आकाश है
मुझे शान्ति चाहिए बहन के लिए
मुझे शान्ति चाहिए अपने चमन के लिए
मेरी बहन जिसकी एक फूल है
मुझे शान्ति चाहिए अपने चमन के लिए
मुझे शान्ति चाहिए अपने वतन के लिए
मुझे शान्ति चाहिए...

[12 जनवरी, 1952]

एक क्लर्क की स्मृति

तुम आती हो याद
स्मृति की दुनिया है आबाद
एक दिन खो जाऊँ
अपने अन्तर्मन में सो जाऊँ...

है याद आ रहा...
गोबर से पुते हुए आँगन के
पूरब-कोने पर तुलसी चौरा
और अल्पना के रंगीन चित्र पर
आम्र-पल्लवयुक्त घड़ा
पिठार से रंजित-सज्जित उजली पीढ़ी
गीत-नाद...
विद्यापति-जयदेव सभी के गीत...
मधुर स्वर में मंत्रोच्चार...
फिर,
मिट्टी के, वर्षा से भींगे गृह में
टिमटिम करता लघु-दीप एक...
दीप की तरह तुम्हारा रूप
पसीने से भींगे अंग-अंग
बन्द सीप जैसे नयन
भीति से भरे,
कुछ डरे-डरे से...
ननकिलाट की रँगी हुई साड़ी में
छिपा हुआ-सा, बँधा हुआ-सा
रूप तुम्हारा, देह तुम्हारी!
फिर, बहुत देर के बाद
अस्फुट स्वर में
बोले गए हुए दो शब्द...
'बुझा दीजिए दीप
मुझे शरम आती है...'
ऐसा ही बहुत,
बहुत कुछ आता है याद मुझे

पर,
कोई चारा है नहीं रानी,
कि क्लर्की छोड़
कि राजधानी का नगर यह छोड़
अपने गाँव जाऊँ लौट
हो तुम जहाँ
यह लौटना ही है असम्भव
क्लर्क हूँ मैं
फिर मुझे छुट्टी कहाँ!

[27 जुलाई, 1955]

रात्रि संघर्ष

वासना की नागिन के संग
विकलांग-सा मैं
अनवलाप रोदन, शाप-शयन
रात-भर करता रहा
दारुण इस गर्मी में सड़ता रहा

प्राणों का पथ पावन था
ताप धावन था
बहुत बरस बाद आज तन पर भी मन पर भी
छाया हुआ सावन था
अन्तर में लेकिन, पुण्य-पाप
अवगुंठन था
शूल भी
धर्म का, अधर्म का
कर्म का, अकर्म का
कल्पना के झोंकों का
उसके उरोजों का
पीठ में, प्राणों में, देर तलक, दूर तलक
गड़ता रहा
दारुण इस गर्मी में सड़ता रहा

तपस्वी हूँ
अनासक्त, वैरागी, मनस्वी हूँ...
है बात यह सही नहीं
शून्य की आसक्ति
मन को अब तनिक भी रही नहीं
पुराण-उपनिषदों की धारा भी
कानों में, प्राणों में कभी बही नहीं
किन्तु हाय,
होकर असहाय, निरुपाय
अपने-आप से
धर्म से, पाप से
उसमें पलते हुए शाप से
पूजा से, पाठ से, हवन से, जाप से
रात भर
रुक-रुक कर, थम-थम कर
लड़ता रहा
दारुण इस गर्मी में सड़ता रहा

[20 नवम्बर, 1955]

सावन की बिरहिन का गीत

सुन री,
ओ कोयल बिरहिन, सुन री,
आज करूँगी बात तुम्हीं से
इस रजनी को प्रात करूँगी
बैठ, बिछाती हूँ चुनरी
ओ कोयल बिरहिन, सुन री
तू बोल तनिक तो
बिरहा का रस घोल तनिक तो
अरी ओ, आमों के उपवन की रानी,
मीराँ दीवानी
बोल तनिक तो बैन

चैन रैन भर मैं पाऊँ
अपना मन समझाऊँ
झूठ सही पर कह भी दे
लौट सजनवाँ घर आएँगे
तिरछी-बाँकी-टेढ़ी गलियाँ
कलकतवा की छोड़
सजनवाँ घर आएँगे...

तेरे पंखों पर सपनों की झिलमिल-झिलमिल
झालरवाली, गोटेवाली, बूटेवाली
पहना दूँगी लाल ओढ़नी
पहले-पहल खेत काटकर
धान लाएँगे जब भैया
तुझको गोदी में बैठाकर रोज खिलाऊँगी
मैं दूध-भात,
अपने हाथों से भरकर जल
तुझे पिलाऊँगी चाँदी की नई कटोरी में
सोने का पिंजरा बनवा दूँगी
बाँधूँगी रेशम की डोरी में
लाज-लाज में कटी जा रही
नई वय की डोर
शोर होता है मन में
कोई रोता है मन में
झूठ सही, पर कह भी दे...
लौट सजनवाँ घर आएँगे

देख कोयलिया
मैं नई गुजरिया, नई उमरिया
रस्ता भूल ही जाऊँगी
नहीं सकी जो रोक देह को, मन को
तो जीवन भर पछताऊँगी
पर, कैसे सकूँ सँभाल
हृदय के रस को
तू बता, कौन है राह, भला

मुझ बेबस को
पगली,
तू क्या जाने, क्या पहचाने
मन की भूख किसे कहते हैं
(मैं तो जल-भुन जी लेती हूँ,
जाने वे कैसे रहते हैं)
तुझको तो आमों का रस मिलता है
गाती है रसमय गीत
कि जिसका जस मिलता है
तू क्या जाने, क्या पहचाने
ये बौराए, छाए बादल,
यह दुबली-पतली बिजली चंचल
इस बहती नदिया का जल
यह नए बाँस की कोंपल
नई पौध से भरती हुई धरती का आँचल
मदमाते फूलों की कलियाँ कोमल
उड़ती-गाती चिड़ियों के दल-का-दल
तिस पर,
काली रात, घनी बरसात
देखकर किसका क्या-क्या मन करता है,
जीना बहुत कठिन करता है
यह अलबेला मौसम...
भूल गई हूँ लाज-शरम
भूल गई हूँ अधरम-धरम
भूल गई हूँ कि नई ब्याहता हूँ
मुझको
घूँघट में ही आँसू रखना है
सिर पर आँचर ढकना है
कोई न देखे, कोई न जाने
इतनी छिपकर रोना और कल्पना है,
री कोयल,
इस मौसम में
सावन के झूले के सरगम में
कैसे कोई धीरज बाँधे

कैसे कोई तन-मन को साधे
बहुत नशे में डूबी इन फूहियों का ताना
बरसाती सिहकी का आँचल को
भीतर से छू-छू जाना
आधी रात गए दीपक की बाती का
अनजाने ही शरमा जाना
जिसके पाहुन आए हैं उस सखि का
झूठी लाज में भींग, लजाना
आमों के जंगल में तेरा छन-छन गाना,
मुझे खिझाना, मुझे रुलाना...
और, किसी की याद, लिए अवसाद
मेरा मन पागल करती
मैं डरती हूँ
मैं जंजीरों में जकड़ी हूँ, मरती हूँ
नहीं तो जाती भाग गाँव से गिरती-पड़ती
टीसन जाकर,
कलकतवे का टिकट कटाकर
मैं भी पिया की जोगन बनती
गली में मारी चलती
लेती उनका नाम...
कह तो, कोयलिया
सब दुख सहना, कुछ भी न कहना
अपने मन को मारे रहना
ऐसा कब तक चल सकता है
झूठी आशा के पलने पर
हिरदय क्योंकर पल सकता है
बिना तेल का दीपक
आखिर कब तक जल सकता है
पिया बसे परदेस न उसकी पाती आए
न कोई संग-संघाती आए
कुछ भी खबर ना...
उनको मेरे दुख का असर ना...
जीना कठिन है
सुन री, कोयल

जीना कठिन है
झूठ सही, पर कह भी दे
लौट सजनवाँ घर आएँगे
कलकतवा की छोड़ के गलियाँ
मेरे सजनवाँ घर आएँगे...

[31 मार्च, 1950]

'निलि' : चित्राभरण (1)

मेरे मन में
नयनों के आँगन में
बिखरी अलकें
मद्धिम दीपक-सी जलती पलकें
इन्तजार में वहशी आँखें
बिछुड़ी हुई चातकी : पाँखें
धीरे-धीरे ढलक आ रहा नयनों से जल
भींग-भींगकर फैला काजल
जैसे श्यामल, नील झील में
हौले-हौले बरस रहे हों
बरखा की बूँदों से भारी कारे-कजरारे बादल
उन्हीं बादलों का पलंग, मेरा मन
नयनों का आँगल
दिन-रात उमड़ जाते हैं भावों के सावन
उन्मन-उन्मन
क्योंकि
तुम्हारा रूप
बना है सावन की धूप...

[6 जनवरी, 1954]

'निलि' : चित्राभरण (2)

अलजेबरे के फैक्टर-सी तुम्हारी छवि
अबूझ, अनजान
जैसे रेगिस्तान में झहरी हुई बरखा
जैसे ईथर की लहर
जैसे चाँदनी की हसीन रात
तुम : साँवली पर द्युतिमान
कवि ने आज द्युति को है परखा
द्युति की सिहरती हुई लहर
निष्पाप शिशुओं-सी सितारों की जमात
तुम : सितारों-सी खूबसूरत
मैं : पिघलते हुए बर्फ का मूरत!

[3 मई, 1954]

गोरी-गोरी रात

अल्हड़-सी अज्ञात, कामिनी गोरी-गोरी
गोरी-गोरी रात, चाँदनी गोरी-गोरी

नील-सिन्धु में तिरती जाती कागज की एक नाव
जादू का है पाल, उसकी नीलम की है छाँव
जिस पर चढ़कर, विकल पिया के मिलन
चन्दनियाँ के कानन में गई,
चोरी-चोरी रात, चाँदनी गोरी-गोरी

गई निशा में दूर कहीं बाँसुरिया के स्वर धीमे
कसक उठी अनजान, राधिका धड़क उठी जी में
उलझी अलकों ने उन पलकों से
कर ली उल्फत की,
थोड़ी-थोड़ी बात, चाँदनी गोरी-गोरी

आवारा बादल उमड़े चाँद-कुड़ी के सघन बाल
श्वेत सितारों ने बुन डाला, उस पर शतरंजों का जाल
हरसिंगार के झरने झरकर
दुल्हन इसे बना रहे
फूल-भरा है गात, चाँदनी गोरी-गोरी

अँधियारा चीर, और पगडंडी की श्वेत किनरिया
रैन दुपहरिया नई गुजरिया नाची बीच डगरिया
झुकी, झूमकर डोल
खोलकर बोल गीत के गा रही
मस्त, मुदित बरसात, चाँदनी गोरी-गोरी
गोरी-गोरी रात, चाँदनी गोरी-गोरी

[19 सितम्बर, 1954]

एक्सीडेंट

यही सब अर्थहीन रहा था सोच
प्याज के छिलके रहा था नोच...
अपच के मारे नींद नहीं आती है
रात क्या
जिन्दगी बरबाद हुई जाती है
नहीं साथ में है सिगरेट
एकदम ही खाली है टेंट
पिऊँ क्या खाक!
जिन्दगी तर है आँसुओं से, अरमानों से
जिऊँ क्या खाक!
देखा सड़क की ओर
हो रहा था शोर
क्रमबद्ध;
खट् खट् खटाक्, खट् खट्...
गुजर रहा है हवलदार
शहर में कर्फ्यू है
बज रहा है बारह

नींद नहीं आती है
आती है, रूठ, चली जाती है
और टैबलेट मार्फिया का
तीन आने को एक (सो भी ब्लैक से)
खट् खट् खटाक्...
इतने में, गरज उठा हवलदार...
'कौन है?'
'चलो सरउ, थाने पर!'
'पीके करता है लोफरई!'
उत्तर में ध्वनि,
नशे में प्रमत्त सर्वहारा वाणी–
'अब नहीं पिऊँगा सरकार!
गलती को माफ करो...'
चन्द सिक्कों की आवाज
खन-खन
फिर
'क्यों बे, फकत दस आने'
और फिर,
खट् खट् खटाक्, खट्, खट्...
चल रहा है जीवन का क्रम;
यों ही है ढील ढाल
यों ही है शासन
पुराने असामियों पर निढाल
यही जनतंत्र

फिर,
चौराहे पर गदहा रेंका
कुत्ते भूँके
काली कुतिया बगल काटकर
घर से भागी
मैडम ग्रीनिच...
भरर्-भरर्-भर ब्यूक रुकी
मिस्टर चौरसिया के दरवाजे,
शायद, खत्म हो गया डांस...

नकली मेमों की कठहँसियाँ गूँजीं
बेयरों ने मारे सलाम
टिप,
ओठ-ओठ पर मक्खनमय मुस्कान
रात के वादे...
राज्यपाल का जन्म दिवस था
समारोह!
चार मिनट फिर बीते,
सड़क हो गया मौन
मैं,
सिगरेट के टोंटे चुनकर लगा जलाने
दिल सुलगाने
कई तरह के खयालात
लगे हृदय में रस बरसाने...
इतने में
घिसे-घिसे चप्पल की
आवाज जनाना...
मरदाने जूते की ठाँय-ठपर,
फिर, टूटे-फूटे वाक्य–
'कल मिलती हो ना'
'धत्, मैया से डर लगता है!'
'ना, ना, कल चलो 'हुसन का चोर' देखने'
'वो तो तुम हो'
'तनिक आओ ना पास...'
'रहने भी दो...रस्ते-रस्ते...'
फिर,
चप्पल के रुकने की ध्वनि
जूते के बढ़ने की ध्वनि
बाँहों के मिलने की ध्वनि
यौवन की ध्वनि
...ध्वनियों का समारोह
और,
सामने से लम्बी ट्रक
अकबक-अकबक...

धुत शराब में पंजाबी ड्राइवर
झरिया से चोरी का कोयला लाता है,
आँखें बोझिल हैं
थके-थके हैं अंग
राह में तंग करते हैं बहुत पुलिस के बेटे!
इसीलिए
भों-भों भोंपू...
पों-पों पें-पें...
फिर, चिल्लाहट
चीख जोर की...
'गे मइया...मर गई हाय!'
फिर भाग दौड़,
आहत क्रौंच का स्वर
फिर शान्ति
जयति जय, सर्वमंगला शान्ति
लहना सिंह,
एक्सीडेंट होगा...
रुक मत हैंडिल मार
यार, गाड़ी लेकर भाग
नहीं तो लोग जाएँगे जाग...

[23 अक्टूबर, 1954]

खोलो खिड़की के रुद्ध द्वार

यह नीला आकाश भई है, बहन धरा है
इन दोनों के बीच
प्राणी के जल से कण-कण को सींच
जिन्दगी की पौध उगाने वाली जनता अमर है

...यह अमरबेलि की लता
उजाड़कर फेंक सकोगे, बोलो

ओ युद्धों के देव, अगर ताकत हो तो
लड़ने को अपने जर्जर कर तोलो
जंगी वायु-जहाजों से
यह सुषुमित आकाश जला पाओगे

पूँजी के ढहते हुए किलों के वासी, सुन लो
आज शान्ति का बीज
विश्व के जन-जन के मन में अँकुरा है
फूलों की मुस्कान बना है, निखरा है
यह नीला आकाश, भाई है, बहन धरा है

धनखेतों, खानों फैक्टरियों से
स्नेह-शान्ति के गीत नए जागे हैं
अन्धकार के दूत
नए रवि की किरणों के भय से भागे हैं
देश-देश में लहर ले रही,
गूँज रही है विश्व-बन्धुता की वाणी
ऐक्य, मित्रता सद्भावों की
बहती है युग-गंगा कल्याणी
(अब भी देख रहे क्या सपने
युद्धों के—है नादानी!)
खोलों खिड़की के रुद्ध द्वार, देखो तो
हँसती है फूलों की टोली
नवयुग नया विहान विश्व के कण-कण में बिखरा है
नवजीवन की सुगन्धि से सारा चमन भरा है
यह नीला आकाश भाई है, बहन धरा है

[3 मई, 1956]

वसन्ती

वसन्त मुस्कुराएगा
अल्हड़-से कोकिल के गीतों में
पागल से बादल के गीतों में

नदियों की कलकल के गीतों में
नया जीवन बल खाएगा
वसन्त मुस्कुराएगा...

हर एक डाल फूलों से लद जाएगी
खेतों की मेड़ों पे घूमती
गेहूँ की बालियों में झूमी
सुन्दरियों के आँचल को छू-छूकर
नई हवा थिरकेगी, गुनगुनाएगी
प्राण-पवन हरसाएगा
वसन्त मुस्कुराएगा...

धरती का नया रूप छलकेगा
मुझको युग की बातों पर है यकीन
जो बोती है मेहनत से यह जमीन
और, अम्बर को बाँधती है मुट्ठी में,
नए अम्बर से अमृत-नव ढलकेगा
पृथ्वी पे बिखर जाएगा
वसन्त मुस्कुराएगा...

मेहनत की छाती, पसीने के फूल
खिल जाएँगे, खुलेंगी रोज राहें नई
पूँजी के राक्षस का, श्रम होगा जयी
यौवन के रंगों से, खुशियों से, सुख से,
हर मजूरिन का रँग जाएगा दुकूल
गोदी का मुन्ना मचल जाएगा
वसन्त मुस्कुराएगा...

वसन्त मुस्कुराएगा नए फूल-पातों में
वसन्त मुस्कुराएगा नई बरसातों में
वसन्त मुस्कुराएगा कटनी (अगहन) की रातों में
नया गीत गुनगुनाएगा
वसन्त मुस्कुराएगा...

[19 मई, 1956]

क्रम जाल

आँखों में मुस्कुराहट की हल्की-सी लकीर
तन के स्वप्न बनाती है
रात के वादों के लिए सिंगार
करती है सत्यभामा
रात के जंगलों में भरमाती है
नींद आ गई है गिरिधर को,
व्यथित है दग्धकामा
मौत!
बनैले सूअर
निगल जाते हैं अपने साथी को
नहीं निकलेगा अब कोई स्वर
जला दो हारमोनियम की भाथी को
गुलों की सुगन्धि
पुल पर जमुना के तिरती हुई बँसरी
बुलबुल की पाँखें
पहले सिगरेट का तिक्त धूम
लो बादलों को चूम
फिर, रात के वादे
शतरंज की रानी और प्यादे
परियों की कहानी के शहजादे
तुम और हम...
बीच में प्यार की उजड़ी हुई रेखा
सिन्दूर का लेखा
काजल के डोरे
रानी को लेके उड़ते हुए श्वेतवर्ण घोड़े
उपसंहार
ईरानी-होटल के रेडियो का गीत
वायज की थकी-थकी आवाज
पायल-पद-चाप
रुन-झुन-झुन...
दाम्पत्य

एक माँ को दिए गए वचन
एक बन्धन
एक क्रमबद्ध जीवन
चिन्ताएँ...
ओवर टाइम, बड़ा बाबू, फाइलें
तस्वीरों की रीलें
बहुत दूर चलना है
जिन्दगी की बरफ में हीं गलना है!

[29 मई, 1956]

उर्वशी की लाश पर

मेरे आलिंगन में
मरी हुई, स्याह पड़ी हुई
सोई है उर्वशी
बासी गोश्त की तरह ठंडी!
अँधेरा है
मौत की निद्रा में किसने (?)
शहनाई का स्वर छेड़ा है
आँसुओं से घेरा है
किसने पूरा यह आसमान

रेशमी डोरों से कौन (?)
बाँधना चाहता है तूफान

उर्वशियों की लाश पर
खिलखिला रहे हैं फूल
बदन से झाड़कर पत्ते, धूल
उठ गई है
लॉन में सोई हुई भैंस
खेलते हैं बच्चे

धूप में नए-नए खेल
चलती है रेल
कभी नहीं, कहीं नहीं रुकती है...

[29 मई, 1956]

रात : एक तस्वीर

ये ही हैं क्षण
जब खुल जाते हैं मन के व्रण
सन्ध्या अपनी पाँखों से
ढकती है आकाश
गर्म घोंसले में प्यार से
कोयल सेती है अंडे
छत से बरस जाए ढेर-ढेर रुपया
मिस माला पड़ोस की
खिड़की से, कमरे में फिसल आए
पोर्टिको में खड़ी हो
अपनी हो ब्यूक कार...

हाँगकाँग-होटल में
खुल रहे हैं नई-नई बोतलों के कार्क
नाचती है सोनपरी सलोनी
बेचती है तन-मन की आग उठते हैं राग
मन-ही-मन दर्शकगण गाते हैं
आलाप
टेबलों पे थाप
सीटी, सिसकियाँ
हँसी, मुस्कान, किलकारियाँ
बेचारे केबिनों में चादर बिछाते हैं
हौवा की बेटियों को पकड़-पकड़ लाते हैं
प्यार से बिठाते हैं!

बीतती जाती है रात
सो रही है चाँदनी, ढल गया है यौवन,
झुक गई है कमर, उजड़ी-सी देह
सूखी रोटी-सा दिखता है चन्दा का गात

[30 मई, 1956]

रात का तीसरा पहर

निर्झरों की गीत कहाँ तक छलके
बेबसी : नींद से बोझिल पलकें
उदासी रात की, उठता हुआ दर्द
स्वप्न ही स्वप्न कहाँ तक झलके

ओस की बरखा हुई वातायन पर
व्यंग्य : इस रात के दरपन पर
ब्रश के दाग : गगन के तारे
सैकड़ों चित्र उभर आए हैं मन पर

रात आँचल को समेटे हुए ठहरी है
नींद आँखों में हुई और भी गहरी है
प्रात की किरनें बहुत दूर हैं अब तक
चाँदनी फूल बनी है, झहरी है

याद की बदली तो कभी फट जाएगी
मेरी रानी मेरे पास कभी आएगी
मेरे स्वप्न कभी सत्य बनेंगे आखिर
यह रात कभी जिस्म को भाएगी

[19 नवम्बर, 1955]

इच्छा

बहुत काम है
किन्तु एक छन नदी किनारे
तेरे छलके आँचल की छाया में
तनिक बैठ लेने का मन करता है
बहुत दिनों से पास बैठकर
चुपके-चुपके
मद्धिम नजरों से
देखा नहीं तुम्हारा मुखड़ा
कभी नहीं कह पाया तुमसे
मन की उलझन, जी का दुखड़ा
लेकिन नहीं कहा जाता है
कहने में भी मन डरता है

बहुत दिनों के बाद
आज
छाया है सावन, घिरी घटाएँ
मन पर, ओस गगन पर
बही पुरबिया, मस्त हवाएँ
रस से
जी के कसमस से
बहकी-बहकी दसों दिशाएँ
फैल रही है हल्की सिहकी
अंकिम-बंकिम
टेढ़ी तिरछी गलियारों में
अटक रहा है
भटक रहा है मेरा मन
अँधियारों में
किन्तु
तुम्हारे चेहरे के दरपन में
अपना चेहरा
आज देख लूँ, अभी देख लूँ–
पागल मेरा मन कहता है!

[10 जून, 1954]

रूपा

खुली फूल बाँहें
हटे लाज आँचल
उठे नैन जालिम
हँसी रेख काजल
नितम्बिनी सजनि ने
थके अंग मोड़े
नए गीत सरजे
नए राग जोड़े
सजी दीप तन की
मिलन आरती-सी
सुमंगलि झुकी
आम्रफल रसवती-सी!

यह शरत की रात

गर्म कम्बल में लिपटकर
सो गई है यह शरत की रात
रूप तन बन सुजन करने
सेज पिय की,
हुलस रखने बात...
भुज-मिलन तन गन्ध सुरभित
नेह दीपित नयन वल्लरि बाँह
अलसित
मिलन की सुधि से सलोनी
हो गई है
यह शरत की रात!

[13 जनवरी, 1954]

तन-यौवन

खुला तन दीपित चीर
बहा जो विकल समीर
कामिनी का कम्पित तन छूने
रक्त कपोल रंगीन हो गए दूने

यौवन गन्ध भरे भुजबन्ध
फैला नवल कबन्ध
फूल-सा मन
अनजाने में किया पाप
तन को तोड़ दिया बन्धन

मसले मलय दुकूल
हवा में फहरा आँचल
टूट गए सोने के कनफूल
हरसे रतनारे नैन
बहके-बहके, तिरते-तिरते बैन
हटाए जब घुँघराले बाल
देख लिए नव अंग
कामिनी हुई लाज से लाल

[26 नवम्बर, 1955]

शायद

सरदी की शाम
पार्क में
घने कुहासे की परछाईं में
किसी झाड़ के बीच
किसी पेड़ के नीचे
उन्मादों से तन-मन सींचे
नित्य

किसी परछाईं का परछाईं से
मिलना
घुल-मिल जाना
बहुत भला लगता है तुमको
हम सबको
शायद...

क्योंकि
अँधेरे से हम सबको बहुत प्रेम है
हेम-क्षेम
कि,
क्योंकि अन्ध हम
क्योंकि पिता हम सबका है तम
क्योंकि उजाले से हम सब डरते हैं
छिपकर पाप सभी करते हैं
लाज एक बन्धन है तुमको
हम सबको
शायद

कवि मित्र के प्रति

भावुकता का नाटक
महाकाव्य का त्राटक
करो, मित्र
रेशमी आँचल पर रचा करो नित भित्ति चित्र
पत्नी-प्रेयसी का रूपक
गभिनाई गायों का रूपक
कलकतिया आशिक का रूपक
फिल्मी उल्फत का रूपक
कवि बनना है आसान
किसी कविता-कामिनी को वरो, मित्र
ताड़ी का अद्धा

ठर्रे की बोतल
गाँजे की चिलमें
बीड़ी का कश-पर-कश
फ्लश का पत्ता
खेलो खेल बड़ा अलबत्ता
अँधियारी गलियों का रस्ता धरो, मित्र
जाने दो, मेरी मत पूछो
मैं तो जीवन का गद्य
समझ नहीं पाता हूँ कोई पद्य
राह मेरी है वही पुरानी आटा-दाल-नमक
तरकारी!

[21 जुलाई, 1952]

मिस स्वर सविता

स्वर सविता तो गई
गई तो जाने दो
विदा का गीत तो सुनाने दो
पर,
नई यह बात थी
बेवजह नैनों में उसके
जमी हुई बरसात थी
मुँदी थीं पलकें
अमावस की रात-सी अलकें
बिखरी-सी
कल्पलता निखरी-सी
विभ्रान्ति...
सोच नहीं पाया था
मन में कब समाया था
कि सावन है अपावन
कि सीता को हर लेगा रावण
किष्किन्धा में

रोएगा राम
विधि होगा वाम
सम्भ्रम है
पर जीवन का
ये ही तो क्रम है!

[3 जनवरी, 1954]

नन्ही-सी दूब

अक्षत नक्षत्र में आँख खुली
धुली
चार बूँदों की देरी
जैसे साँवरिया ने दूर कहीं मुरली-सी टेरी
वह आई
अभिसारिका-सी मधुर मन्द मुस्काई
तरुणाई

ऊँचे उड़ उखड़े जब पंछी के पंख
ऊँचे उठ टूटी जब शालों की शाख
दूरागत जब पंथी के थके-थके पाँव
लहरों में सिहरी जब तिरती-सी नाव
वह नरम-नरम जियरा कुछ सिहरी
काँपी स्वर-लहरी
उस झंझामय संझा को ताक
पूर्ण परिपाक
आँसू भर आँचल में ऊदी निशि
चतुर्दिशि
मूँद नयन, बेसुध बन
श्याम तन
शशि-सीकर के दूध में नहाई
सोई पुरवाई
झिल्ली-रव लोरी, जयवन्ती चुमकार

सपनों के पंख
अन्धकार परिव्याप्त आर-पार
सोई-सी
पथवाह भूल, खोई-सी

पुलकित कर पवन
जागी जब ओत-प्रोत परस प्रात-सवन
मोती पर हंस
अधम उतरा पत्र धरता अवतंस
कौन चुगा रहा चारा
मूर्ख बेचारा!

वर्षा की झड़ी ने फिर माँग भरी
फिर सपनों की
धरती पर नाच चली सब्ज परी
तब उसने
ललक पलक-पाँवड़े बिछाए
शायद, वे आए
पर आए नहीं
कोई अब बिरहिन को मनाए नहीं
पतझर के खड़क रहे खर-पात
रह-रह वह जियरा भी धड़के दिन-रात!

[1 जनवरी, 1953]

बरखा

पानी नहीं बरसा
फिर भी घन छाए देख, आया मन
    हरसा
काजल के हीले नभ नीले में
दौड़ी द्युति-दामिनी पट गीले में
नया रंग, नई दमक नीले में, पीले में

मुख से सुख घूँघट खुल
   विमल रूप दरसा
गमन मराली, मटियाली धुन
नदिया पे नैया, हियो-हयूया सुन
फूलों की खिलखिलाहट, कलियों की हँसी चुन
लहरों के ताल, पाल-पाल
   पवन परसा
भीजे बिन, भारी दिन दुगने कर
सन्ध्या तक प्राण पलट आएँ घर
घरनी की आशाओं को पूरा कर
दोनों कर पाएँ भर
   दरस-परस सरसा
हाय, पानी नहीं बरसा!

[10 जून, 1950]

मूर्खता

पत्थर पर जोंक की तरह
सर्दी की हवा आवारा
(दिल बीमार था बेचारा)
आकर मुझसे लिपट गई
प्यार की ठंडी और बेहरम छुरी
मेरी आत्मा के निकट गई
मैं काँप गया
आसमाँ पे उठता हुआ चाँद
मेरी इस कमजोरी को भाँप गया
पत्थर ने देखी वह नकल
वह कला-मूर्ति
जो मुझ योगी नहीं, रोगी से
सम्हाले बिन टूट गई
फिर उसकी कभी कमी
हुई नहीं पूर्ति

चाँदनी रात क्या
चन्दनिया भी रूठ गई
और
मैं काँप गया
आसमाँ पे हँसता हुआ चाँद
मेरी इस मूर्खता को भाँप गया

जीवन : एक भाष्य

पैराम्बुलेटर नहीं है जीवन
कि जिसमें बैठकर अनुक्षण
घूम आया जाए आया के साथ
साँझ की मद्धिम छाया के साथ
माँ की ममता-माया के साथ
शहराहों पर
चौराहों, तिराहों, दुराहों पर
दोस्त, अपना जीवन तो खंडहर है
या, हवड़ा-टेसन का बड़ा टिकटघर है
लगाकर जहाँ कतारें
बेचकर चौरंगी की रात की बहारें
छोड़कर वो निगाहें वो चंचल इशारे
मिलता है हमें घर का टिकट
बन्धु, जीवन की राह है विकट

कनकाचल डोले

मधु-वसन्त रस-जीवन घोले
युगल अचल कनकाचल डोले
बिखरा लट, उलझा पट
पनघट तट पर देख नवल घट

प्रियतम आए, पाँव दबाए
तन-मन सिहरा
बिजली हँस दी, बादल घहरा
निडर पवन पट-घूँघट खोले
कनकाचल डोले!

[18 सितम्बर, 1951]

प्रान न आए

रात चली पर प्रान न आए
सपनों के यजमान न आए
रात ढली...
गले फूल और जल गईं कलियाँ
जल बिन तड़पीं बहुत मछलियाँ
धुला महावर, काजर धुल गए
मन रोया, मेहमान न आए
रात ढली...
रात ढली पर प्रान न आए
प्रानों के अरमान न आए

[14 मई, 1951]

श्यामा

चन्द्र किरण, कामद वन, कोमल तन
निरख, परख
श्यामा, अभिरामा मधुर मन्द मुस्काई
आई!

श्वेत शिथिल सलज गात
कुन्तल में कुसुम जाल

चंचल चल विकल चाल
नील वसन, नीलम तप
चन्द्रिका की शारदीय उत्तरीय पहन
छमक-छमक छहर रही रात–
फूलों के मोल बिकी
बादल के कुंजों में छिपी-छिपी
दे रही है वामा को श्यामा विदाई
श्यामा अभिरामा मधुर मन्द मुस्काई

सोनजुही आत्म-सम्मोहिता विमोहिता
(वीणा के तारों की स्वर अवरोहिता)
प्रणय-प्रेम, हृदय-श्रेय, पाटल-पट
सरका के, सहका के झट
चली अभिसार को
चन्दन के उपवन में मोती के व्यापार को
सपनों के सिंगार को;
पर प्रकट हुए सूर्य
बज उठा कामना का तूर्य
रश्मि–
स्वर्ण रेशम की डोरी
सजीं पुरबा की, पछवा की गोरी
यौवन की गागर में जीवन का सागर भर
प्राणों को पावन कर, हरसा कर
पायल को पागल कर
साजन से सावन में थोड़ी शरमाई
श्यामा अभिराम मधुर मन्द मुस्काई

गिरि-तट आँचल के कानन में
कामा के मन के मरु आँगन में
बजी विकल विह वेणु
सिर पर चढ़ बैठी कटु कल्प-रेणु
कलप-कलप रोई
आँचल से ढाँप मुख कल्प-लता सोई
दिवि का है दूर दरस

रवि का है कठिन परस
कुसुमायुध कायर है
और कामा है हरजाई
श्यामा अभिरामा मधुर मंद मुस्काई

आदमी नहीं बिकेगा

हीरा मोती, पन्ना पुखराज, लाल
दौलत हो या शोहरत का इन्द्रजाल
कामिनी का कुसुमित सुवर्ण वक्ष
या, संसद की इन्द्रसभा का कक्ष
इनके बदले
या, इन सबके झूठे सपनों के बदले
बीसवीं सदी का अब
आदमी नहीं बिकेगा

कीड़ों के बम का भीषण आतंक
डॉलर की बुढ़िया नागिन का डंक
एक्ट, पैक्ट, लेक्चरबाजी, मीटिंगें
एशिया भर को सर करने की डींगें
आज खोखली
यू.एन.ओ. की फटी ओखली
कागजी मूसल के डर से
आदमी नहीं झुकेगा

तुम किए जाओ नित नए-नए भूदान-यज्ञ
लेकिन जनता अब नहीं अज्ञ
बना प्लान तुम प्लेनों पर घूमो
अमेरिकन-एजेंटों के फूल-भरे सीने चूमो
समझ रहे हैं चाल
बना दोगे हम सबको कंगाल
(बिछाकर आयोगों का जाल)

तुम्हारे वादों पर लेकिन
आदमी नहीं रुकेगा

मुँह नोच रहा अपना अमेरिका
पड़ गया रंग पूँजी का फीका
एक सूत्र में सँवर रही है देशों की माला
जनम रही है नई क्रान्ति की ज्वाला
जलते हैं शैतान,
जीत रहा है अपना हक इन्सान
झूठे स्वार्थों की खातिर
आदमी नहीं बँटेगा

बाजारों के लिए न होगी जंग
देश-देश की शान्ति न होगी भंग
लेकर खूनी बिल्ले, तमगे, क्रॉस
मानव न करेगा अपना ही नाश
चन्द ठीकरे पाकर
आजादी का दीया बुझाकर
बकरे-भेड़ों की तरह
आदमी नहीं कटेगा!

याद के छिलके

'शून्य में पंख फड़फड़ाने वाला प्रभवहीन देवदूत'
देकर यह रुतबा
शेली पर
मैथ्यू अर्नाल्ड ने कसा था फतवा...

मैं शेली नहीं, मेरे तो पंख नहीं
फिर फड़फड़ाऊँ क्या
पंखरहित, देहरहित, भावरहित शून्य में
कहो मित्र, आज उड़ जाऊँ क्या

धरा को छोड़ भाग जाने का
आज मेरा व्यथित मन करता है
प्रियविहीन इस बरसाती रात में
बिजली चमकती है, मेरा मन डरता है
यह डर ही ध्रुव सत्य है
आज सोच लेता हूँ
कल्पना के हाथों से, याद के प्याज के
पतले-पतले छिलके नोच लेता हूँ...

उस रोज शशि के साथ
नाव पर बैठकर हो रहा था पार
मन था आनन्द-मग्न
नाच रही थी तीव्रगति कोसी की धार
लगी भावना उड़ानें भरने
सूनी पहाड़ियों पे चढ़ने
मन से अनुरोध-विरोध करने
शशि लगी एक एक गीत-से सँवरने
देख उसका विमल रूप–
याद आ गई समुद्र की बात
जहाजों के काले-काले सिल्यूत
याद आई शिमले की बर्फानी प्रात
फ्रांसीसी पर्यटकों के संग
नैनीताल से बागेश्वर जाते हुए
जहाँ सुना था एक पेरिस-बाला को
पथरीली घाटियों में वायलिन बजाते हुए...

और,
याद से परे मन जाने लगा
प्रियविहीन, उदास इस रात में
चाँद आसमान से मुझे समझाने लगा
'मूर्ख कहीं याद से
इन आँसुओं की विकल फरियाद से
मिली कभी शान्ति है

भ्रमर को,
जले हुए चमन बरबाद से'
प्यार है विभीषिका
जीवन से पलायन है
और जीवन

'यह सब एक विराट व्यंग्य है
मैं सच हूँ और चा' की प्याली'–
माचवे की लाइन है!
बर्फ की श्वेत मुकुट लादे
पिघलते जा रहे हैं बड़े पहाड़
मटियामेट हो रहे हैं
सूर्ख शोलों और उमंगों के हार
सर्द आहें छिपा रही हैं
अपने झोंकों में हवाएँ
नदियों की कमन्दें छुड़ा रही हैं
अपने कन्धों से घटाएँ
धरती की उदार छाती पर
चट्टान फूटते हैं
संस्कृति की मीनारें फट रही हैं
कला के स्वप्न टूटते हैं...

इसलिए,
इस अकेली रात में
मैं सोचता हूँ
कल्पना के हाथों से प्याज के
छिलके नोचता हूँ
कि कंचनजंघा का शिखर
और, राजगृह की गुफाएँ
और, वेदमंत्रों का संगीतमय स्वर
सब झूठ है, धोखा है, पागलपन है
सच है केवल फरियाद
सच है

केवल कदलिजंघा की स्मृति
सच है विस्मृति
इसी से करता हूँ
बार-बार उसी को याद,

[6 अप्रैल, 1953]

* *23 जुलाई, 1954 को लिखी गई कविता 'पलायन' और 23 जुलाई, 1954 को ही लिखी गई दूसरी कविता 'याद के छिलके' (जो आगे के पृष्ठों में संकलित है) को यदि इस 'याद के छिलके' के साथ मिलाकर पढ़ा जाए तो यह किसी उस्ताद रसोइए द्वारा पकाए गए एक ही आलू के तीन व्यंजन लगते हैं।* **—सं.**

वक्त की आवाज

तेरी आवाज से हम फुटपाथ के वासी
एक नए दीप के जलने की चमक पाते हैं
आज की रात अँधेरी है तो क्या होगा
एक नए सूरज के निकलने की झलक पाते हैं

तेरी आवाज में आकाश के सपने ही नहीं
धरती का उबलता हुआ सीना है बुलन्द
आकाश को जीतेंगे हम फुटपाथ के बेटे
तारों पर लगाएँगे हम बाँहों की कमन्द

किसमें ताकत है कि आवाज हमारी रोके
कौन थामेगा कि ये दीवार नहीं टूटेगी
हमको खुद पे भरोसा है, ऐ सदा-ए-वक्त,
रात के बाद उजाले की किरन फूटेगी

हमसफरो, वक्त के तूफान की आवाज सुनो
वक्त बदलने के लिए शमशीर पे चलना होगा
जिन्दगी जुल्म की नागिन से नहीं डरती है
इस नागिन के हर एक फन को कुचलना होगा

—संसार को यह वक्त की ललकार सुना दो, साथी!
—एक नया युग, नया संसार बना दो, साथी!

[14 जून, 1956]

सुनो जी, पंछी तान सुनाए!

बैठ पेड़ की डाल, शीत कण भींजी
पुष्पों की मधुगन्ध, सुगन्ध किए जी
कोमल स्वर अम्बर फैलाए
पंछी गान सुनाए
सुनो जी, पंछी तान सुनाए

पीला-पीला मधुमय उपवन, उजरे-नीले फूल
इन्द्रधनुष मुस्कान, प्रान मधु बेदरदी से शूल
मृत अजगर-सी सित पगडंडी, कुसुम सुवासित धूल
अब कोई अँगड़ाई लेकर हल्के से मुस्काए
सुनो जी, पंछी तान सुनाए!

जैसे सोई-सी कलियों पर हिमकण गए पसीज
गोरी उसकी मांसल बाँहें गईं पसीने भीज
अल्हड़ बचपन की देहरी पर ये यौवन के बीज
फिर-फिर निज तपन, देखके दरपन, गोरी बहुत लजाए
सुनो जी, पंछी तान सुनाए!

धीमी नैया, थिरथिर नदिया, सटे पटे से घाट
उत्कट नैनों, अटपट बैनों से मुखरित जल भरने की बाट
नए-नए अस नाविक के मन, अरमानों की हाट
पर उड़ते पाल, पवन हठधर्मी, नाव भँवर ले जाए
सुनो जी, पंछी तान सुनाए!

[7 अक्टूबर, 1955]

हंस और समन्दर का नाच

उस दिन आकर कहा प्रिया ने
चलो देख आएँ
जहाँ बसता है रूप
रात को चमकती है धूप
विहँसता है सोना, हँसती है काँच
ताजमहल होटल में बैले है—
हंस और समन्दर का नाच!

मैंने सोचकर कहा—नहीं जाऊँगा!
कृत्रिमता में, भीड़-भाड़, शोरोगुल, हलचल में
तनिक भी चैन नहीं पाऊँगा
फिर,
बात भी असंगत है, शायद असम्भव है
महज, प्रोपेगैंडा है, ट्रिक है, विज्ञापन है,
बाजारू हथकंडा है
हंस कैसे नाचेंगे, समन्दर कैसे नाचेंगे
महाभारतकार व्यास नहीं हैं आज के नर्तक
जो इत्ता बड़ा झूठ बाँचेंगे!

सुनकर प्रिया तो रंज हुई
बात नहीं सह गई
क्रोध के बहाव में, उभार में
मुस्कुराके जाते-जाते कह गई—
निलि तुम्हारी हंस है
और समन्दर हो तुम!
और नाचता है प्यार
नाचता है वासना का आवारा सिंगार
और नाचती है वह
और नाचते हो तुम!

जब निलि चली गई
और मुझे हँसी आ गई

मन के श्वेत आसमान पर
साँवली-सी घटा एक छा गई–
प्यार सच में खेल है
नाच हंस और समन्दर का
चट्‌टान और रबर का
प्यार सच में मेल है
जो कि व्यावहारिक नहीं है, है असम्भव
दार्शनिकों ने कहा है
मैंने किया अनुभव
तभी तो साबित हूँ मैं चट्‌टान की तरह
दोस्ती कैसे करूँ रबर के साथ
यौवन के सागर का तूफान हूँ
निभेगी नहीं जल के भँवर के साथ
वह करती नहीं है अधिकार
माँगती है भीख उल्फत की
नाचती है कोमल हँसी की तरह
विरह की मधुर वंशी की तरह
मेरी जिन्दगी है एक आग वहशत की
दम घुट रहा है उसका
मर जाएगी वह अँधेरे में
साहस नहीं उसे कमजोर है, डरती है
कैसे रहेगी उजड़े हुए बसेरे में
क्या कर लूँ मैं सौदा
प्यार के मनुहार का, रूप की अँगड़ाई का

क्या मरण के त्यौहार में
मैं ब्याह रच दूँ श्रृंगार की शहनाई का

मैं उसके पास जाऊँ
वह नाचकर बाँहों में आ गिरेगी
वह आकाश पर जिन्दगी के
रिएक्शन की घटा बनके आ घिरेगी
अब प्यार का रिहर्सल
अभिसार का रिहर्सल

मैं नहीं करूँगा
यह राह तो गलत है, यह भूल जिन्दगी है
फिर से नहीं वरूँगा
ओर, यह प्यार तो असंगत है
महल प्रोपेगेंडा है
बीसवीं सदी की मामूली-सी ट्रिक
हथकंडा है!

हंस नहीं नाचते हैं
नाचते हैं रुपए, नाचते हैं पैसे
यह सब अदना-सा खेल है पूँजी का
इस पर विश्वास करूँ कैसे

नहीं जाऊँगा ताजमहल होटल
नहीं देखूँगा बैले का छल
जहाँ झनकती है काँच
होता है
हंस और समन्दर का नाच!

[11 मई, 1954]

दुविधा

अब और कितनी दूर तक
संसार के व्यवहार के पीछे फिरूँ

इस भयाकुल-सी भयावह भीड़ का एक अंग बनकर
क्लान्ति में डूबा करूँ नित
भ्रान्ति में फूला करूँ नित
चींटियों के इस अगोचर, जड़ अचेतन-सी
कतार के पीछे फिरूँ
संसार के पीछे फिरूँ

आज खींचे जा रही है रात मुझको
सजल-सी यह नेह की बरसात मुझको
लाजवन्तिनी का मृदुल, मधुमय, मनोहर
गात मुझको

जा रहा हूँ रश्मि-रथ पर, वायु-पथ पर
कामना के स्वर्ण श्री प्रासाद में
क्या अब भी रहूँ अवसाद में

आज बिजली बाँह में बादल की छिपने आ रही है

क्यों न गाऊँ

क्यों न अपनी सेज तारों से सजाऊँ

अब और कितनी दूर तक मैं
मानिनी के प्यार के इनकार के पीछे फिरूँ

संसार के पीछे फिरूँ

किन्तु,
उठता प्रश्न मेरे विकल मन में
प्रश्न उठता है गगन में—
क्या इस निपट अन्धी रात में
मरु, कटु, विकल-सी वासना का
परितोष पाना है असम्भव

कनकवल्लरि सच बता दो सुख कहाँ है
धरा के आँसुओं को पोंछने में
या मधु-कलश में

कोई अन्तर में महानिर्घोष करता, बोलता है
अग्नि के तारुण्य का,
क्रान्ति के वैकल्य का,
ज्योति के लावण्य का,

सूर्य के जाज्वल्य का
कमल के क्षत पत्र-पुट में छिप भ्रमर-सा
सन्तोष पाना है असम्भव!
पाया नहीं आनन्द विष की वासना में
प्यास भी मन की बुझा पाया नहीं
एक छन भी स्वप्न की दुनिया बसा पाया नहीं
अब और कितनी दूर तक मैं
रूप के, लावण्य के, शृंगार के पीछे फिरूँ

संसार के पीछे फिरूँ

रक्तवर्णा नागकन्या मौन
पाँतर में कहीं बैठी हुई थी
क्लान्त मन, अतिखिन्न
वासना मुझको वहीं पर ले गई
प्यास होंठों में नई-सी दे गई
जिन्दगी को आग जैसे दे गई
फन गिराए सो रही थी आलोकधन्वी
अग्नि के स्फुल्लिंग बिखरे थे चतुर्दिक
और
उसके ज्वलित मुख पर
कौन जाने
किस सिन्धु का था फेन रक्तिम
देख मुझको जब उठी वह
कह उठी वह–
आ गए तुम!
लो निकट आओ

दर्द की बात

कितनी थी भूख
कैसी थी प्यास

कि एक युग तक
खाता रहा अपनी ही आत्मा की आग
पीता रहा जिगर का खारा जल
गाता रहा होके बेफिकर
अनजाना, अनबूझा राग...
प्यार का...
झूठे इन्तजार का...
झूठी प्रिया की मनुहार का...
मान का, इनकार का...
हालाँकि,
मालूम ही बात
स्वतः सिद्ध था सत्य
कि बादलों की छाँव नहीं है,
जो छाया है अँधेरा
घनी है रात...
मेरे अव्यवस्थित जीवन में
तेल कम-सी बिखरी
शारदीय सन्ध्या सी निखरी
आई वह
वीरानी-ए-दिल में कुछ खुशियाँ, बहारें
लाई वह
प्यार बहुत भीना हो महका
जीवन में, प्राणों में अनजाने
आग कुछ दहका
यों तो जीवन का स्वर सभी शान्त था
क्लान्त था,
बेचारा मन पथभ्रान्त था
किन्तु, हाय, झटके से
गीत एक
अन्तर के ताल पर बहका
सतह दिल का हिला-डुला
उठा-गिरा बुलबुला
दो छन
फिर हो गया मन उन्मन

फिर अब तो कथा सूनी है
बात दर्द की है
व्यथा दूनी है
अस्तु,
एक प्राणेच्छा अब भी है
तृप्ति की, विह्वला
कि आएगी प्राणों की शकुन्तला
गौरव से फूलेगा
आत्मा का दुष्यन्त
दुविधा का तभी होगा अन्त
किन्तु
अभी...
अभी बात दर्द की है
रात है...

इन्तजार अच्छा था

तुमसे कुछ कहना भी है
याद ही नहीं आता
बरसात की रात की इस तन्हाई में
हाथ में जाम है
पीने का मगर होश नहीं मुझको
ऐसा डूबा हूँ तेरी आँखों की गहराई में

तू न थी तो ऐ जान-ए-जहाँ
तेरी यादों का उजाला
तैरता रहता था मेरी स्याह रातों में
ढूँढ़ती रहती थी
मेरी कल्पना की बाँहें तुझको
चाँद की महफिल, सितारों की बारातों में

तू आई है तो अब
मुझको कोई खुशी नहीं
इन्तजार अच्छा था कि एक उम्मीद तो थी
सपने नहीं थे
मेरी आँखों में सही,
सब्र की रात थी और नींद तो थी
तेरी आँखें नम हैं
कि सुबह बिछड़ जाएँगे शायद
मेरा चेहरा उदास है, विसाल-शौक क्या है
तू नहीं होगी
तो फिर होना क्या है

खंड : दो

इस खंड की तमाम कविताएँ एक ही डायरी में मिलीं। इस डायरी को उपलब्ध कराने का श्रेय डॉ. संजय मिश्र, प्रवक्ता, मैथिली विभाग; रमेश झा, महिला महाविद्यालय, सहरसा, बिहार को जाता है। डॉ. संजय राजकमल चौधरी के परम भक्त और उनके साहित्य के आग्रही अध्येता हैं। उन्होंने राजकमल चौधरी के कथा-साहित्य पर डॉक्टरेट की उपाधि, मिथिला विश्वविद्यालय, दरभंगा से प्राप्त की है। **–सं.**

याद के छिलके

'शून्य में पंख फड़फड़ाने वाला प्रभावहीन देवदूत'
देकर यह रुतबा
शेली पर
मैथ्यू अर्नाल्ड ने कसा था फतवा...

मैं शेली नहीं, मेरे तो पंख नहीं
फिर फड़फड़ाऊँ क्या
पंखरहित, देहरहित, भावरहित शून्य में
कहो मित्र, आज उड़ जाऊँ क्या
धरा को छोड़ भाग जाने का
आज मेरा व्यथित मन करता है
प्रियविहीन इस बरसाती रात में
बिजली चमकती है, मेरा मन डरता है
यह डर ही ध्रुव सत्य है
आज सोच लेता हूँ
कल्पना के हाथों से, याद के प्याज के
पतले-पतले छिलके नोच लेता हूँ...
उस रोज शशि के साथ
नाव पर बैठकर हो रहा था पार
मन था आनन्द-मग्न
नाच रही थी तीव्रगति कोसी की धार
लगी भावना उड़ानें भरने
सूनी पहाड़ियों पे चढ़ने

मन से अनुरोध-विरोध करने
शशि लगी एक एक गीत-से सँवरने
देख उसका विमल रूप–
याद आ गई समुद्र की बात
जहाजों के काले सिलहाउट
याद आई शिमले की बर्फानी प्रात
फ्रांसीसी पर्यटकों के संग
नैनीताल से बागेश्वर जाते हुए
जहाँ सुना था एक पेरिस-बाला को
पथरीली घाटियों में वायलिन बजाते हुए...
बैजनाथ के बाद शाम में
देख बुआ नन्दा देवी का त्रिशूल
असीम सौन्दर्य वह–
अभी दे रहा मन को शूल
हिमाचल की चकमक छाया
प्रकृति के वैभव की जादूगरनी माया
देखकर चकित था–
तिब्बत के पहरुओं की विशाल काया;
याद आए
पहाड़ी खेतों के छोटे-से मेड़
आ गए याद
चाय-बगानों के सीढ़ियों जैसे सजे-सजे पेड़;
और,
याद से परे मन जाने लगा
प्रियविहीन, उदास इस रात में
चाँद आसमान से मुझे समझाने लगा
'मूर्ख, कहीं याद से
इन आँसुओं की विकल फरियाद से
मिली कभी शान्ति है
भ्रमर को, जले हुए चमन बरबाद से'
अरे, जीवन सृजन नहीं है कविता का,
बादलों को शशि की लटें समझने का बहाना है
मर चुका है प्लेटोनिक प्यार,

चाँद में खोने का यह जमाना नहीं है!
प्यार है विभीषिका, जीवन से पलायन है,
और जीवन?

'यह सब एक विराट व्यंग्य है,
मैं सच हूँ और चा' की प्याली'
—है माचवे की लाइन!
बरफ की श्वेत मुकुट लादे
पिघलते जा रहे हैं बड़े पहाड़
मटियामेट हो रहे हैं
सूर्ख शोलों और उमंगों के हार,
सर्द आहें छिपा रही हैं
अपने झोंकों में हवाएँ
नदियों की कमन्दें छुड़ा रही हैं
अपने कन्धों से घटाएँ;
जल रहा है समन्दर
अपने फेन और झाग में
शायद लग रही है आग
अमन के पवित्र राग में;
धरती की उदार छाती पर
चट्टान फूटते हैं
संस्कृति की मीनारें फट रही हैं
कला के स्वप्न टूटते हैं!
इसलिए, इस अकेली रात में
मैं सोचता हूँ
कल्पना के हाथों से प्याज के
छिलके नोचता हूँ—
कि,
तिरंगे, या तारों वाले, या चक्रोंवाले,
या, 'ऊँ मणिपद्मे हुं' के झंडे
या, प्रजातांत्रिक वोट के बैलट-बक्स,
या, मानसरोवर की हँसिनी के अंडे;
या, मिनिस्टरों की पेकार्ड-कारें

या, चावल की बनी लम्बोदर की राक्षसी मूर्ति
या, कविया से
या, बुधिनी या, सविया से वासना की पूर्ति;
या, सिद्ध गुरु गोरखनाथ की जय-जय
या, गांधी की मूर्ति के नीचे सेठ पँचकौड़ी की विनय
या, तारा-मन्दिर की ठकुरानी के अशुद्ध मंत्र
या, अमेरिका से आए हुए नए-नए यंत्र
या, यह नारा कि 'देश है स्वतंत्र'
या, कांग्रेस ऑफिस में लाइसेंस-परमिट के षड्यंत्र
...सब एक ही मशीन के पुर्जे हैं
एक ही कबूतरखाने के भिन्न-भिन्न दर्जे हैं;
इसी से सोचता हूँ मित्र दत्त!
कंचनजंघा का शिखर
और, राजगृह की गुफाएँ
और, वेदमंत्रों का संगीतमय स्वर
सब झूठ है, धोखा है, पागलपन है
सच है केवल याद,
सच है केवल कदलिजंघा की स्मृति
सच है केवल विस्मृति,
इसी से करता हूँ फरियाद!
चम्पा

[23 जुलाई, 1954]

एक प्याला और

मैं नहीं हूँ ताश का पत्ता की दुनिया खेले मुझसे,
फेंक दे कूड़े में मुझको
उस अँधेरी-सी गली में;
मैं नहीं हूँ वायु का झोंका कि फूँके-से हमेशा
गा उठूँगा दर्द के स्वर
बाँस की थोथी नली में;

संगिनी, मैं हूँ शराबी, उम्र भर पीता रहा हूँ,
माँगता हरदम रहा हूँ–
फिर चले यह दौर, साकी! एक प्याला और!

आज जीवन के जुए में, चल, सभी पूँजी लगाऊँ,
राजपथ पर खेल रच दूँ ताश के
रंगीन ये पत्ते बिछाकर
विकल लहरें उठ रही हैं, प्रीति-सागर ज्वारमय है
चल, विहँसकर पार कर लूँ
नाव कागज की बहाकर
क्या डरूँ, मैं तो स्वयं तूफान यौवन का, भयंकर,
क्या करेगी ज्वार मेरा–
क्या करेगा भौंर, साकी! एक प्याला और!

रात के भूले हुए राही अकेलेपन में, गम में,
रो रहे हैं क्षुब्ध होकर, दग्ध होकर
प्रीत के हित;
यह नहीं उनको पता है, इस जगह बिछुड़ा किए हैं,
अनगिनत, लाखों, करोड़ों, प्राण प्रियतम,
मीत तो नित;
देखकर यह खेल रानी, सोचता हूँ ठीक ही मैं
एक छूटा मीत तो बस–
ढूँढ़ लेना और, साकी! एक प्याला और!

जिन्दगी बेबस बनी है, जिन्दगी आँस-सनी है,
प्यार एक सपना सुनहरा, टूटता है
तोड़ सब कुछ–
श्रेष्ठ है रहना अकेला, गीत गाना प्रलय, वेला,
अन्त में लाते रहे हैं मनुज से मुँह
मोड़ सब कुछ–
एक कतरा ओस का बस, विश्व है यह,
विश्व है सीमित कहानी–
क्या करे मन और, साकी! एक प्याला और!

प्यार से आँचल छुड़ाकर भोग लूँगा इस धरा को,
शक्ति है जीवन अगर तो प्रेम
कमजोरी नहीं है

आ गए मँझधार में नौका लिए अपनी अगर,
तो भय अरे क्यों, राह क्या
थोड़ी नहीं है

कर ले हिम्मत, पार हो जा, भय किए मँझधार खोजा,
प्राणवन्तिनि, इस जगत का–
है तरीका, और है या तौर, साकी! एक प्याला और!

कल्पना में कवि विकल है, ढूँढ़ने को दुनिया नई,
जिसमें न गूँजे वासनामय
प्रणय का मरु राग;
'सेक्स' की ही साधना में मस्त है सारी धरा यह,
मनुज-मन से नग्नता की, वासना की
जल रही है आग;
आ...सजनि री, दूर चल दें, विश्व की इस वासना से,
तू बने मेरी सुहागिन, शीश का तब
मैं बनूँ सिरमौर, साकी!
एक प्याला और!

[जुगनू, गया चौक, 15 अगस्त, 1952]

फागुन की रातें

फागुन की रातें
कट नहीं रही हैं!
गोरी का तन
अल्हड़ यौवन
मस्ती-छलकन
आँख हटाता हूँ तो,

हट नहीं रही है!
फागुन की रातें
कट नहीं रही हैं!

प्यासी सिहरन
सिहरे वक्ष-धन
कम्पित क्षण-क्षण
आँचल उसके तन से
सट नहीं रही है
फागुन की रातें
कट नहीं रही हैं!

यौवन-मद प्रबल
वयस अति चंचल
गोरी तो चोली में,
अँट नहीं रही है
फागुन की रातें
कट नहीं रही हैं!
चोली-बन्द खुले
गीत के छन्द खुले
अधर-अधर मिले
चुम्बन से लालिमा,
घट नहीं रही है!
फागुन की रातें
कट नहीं रही हैं!

रति-क्रीड़ा-विलास
अलस-प्राण, मन्द श्वास
खुले केश-पाश
नागिन बनी है अब,
लट नहीं रही है!
फागुन की रातें
कट नहीं रही हैं!

नग्न देह, नग्न वक्ष
सुख ही अभि-लक्ष्य
दोनों दक्ष, समकक्ष
तन में तो कहीं पर,
पट नहीं रही है!
फागुन की रातें
विकट नहीं रही हैं

[रामपुर, 17 अक्टूबर, 1950]

मालती का पत्र

मिल गया एक पुराना कागज
आज सुबह
फाइल में रखा था बरसों से
एक पत्र!
है यह प्रेम-पत्र जैसा कुछ
स्नेह-भरा, शृंगार-भरा;
जो मुझको लिखा था
बड़े काम से
सात बरस पहले, भावुक होकर
चन्दो की बड़ी बहन ने!
मैं नहीं भेज सका जिसका उत्तर
थी छुट्टी ही नहीं उन दिनों
मुझे कोर्स-बुकों से, इम्तहान से!
और इसी से
रख दिया पत्र
चुपके से था
मैंने दराज में
डरकर अपनी माताजी से!
पत्र बहुत छोटा है
रखा है मेरे सम्मुख
पढ़ता हूँ—

'मेरे प्रियतम,
तुम रूठ गए हो
जान रही हूँ;
किन्तु अगर
अब देर करोगे, देने में दर्शन–
जी न सकूँगी
धँस जाऊँगी या गंगा में
मर जाऊँगी बिना टिकट मेल-ट्रेन में।
क्योंकि,
बिना तुम्हारे
यह जीवन है–
खाली हॉल सिनेमा का!
आज-रात में ठीक दस बजे
आ जाओ दीवार फाँदकर
चोरी-चोरी
मेरे स्टडी रूम में।
छन-छन जिसको है इन्तजार
प्रणय मिलन का,
वही-मालती।'

और चन्दो की बहिन मालती
अब तो अम्माँ है,
लाजो, लड्डू, ललिता की;
रहती है अब भी
मेरे घर के पिछवाड़े में।
साड़ी में पैवन्द लगाए
तीन साल से विधवा है वह
मन से
याद पिरोए एक क्लर्क की
जो टी.बी. से मर गया–शोक!
तीन साल पहल–
और ललिता है डेढ़ बरस की!
किन्तु,
अभी मैं सोच रहा हूँ

आज इसी कारण
क्या मालती को,
ललिता की अम्माँ को
दे दूँ इसके इस
प्रेम-पत्र का जवाब

क्या होगा यह उचित,
चला जाऊँ
दीवार फाँदकर
चोरी-चोरी
उसके स्टडी-रूम में
प्रणय-मिलन को

[पुष्पतीर्थ, नवादा, 7 नवम्बर, 1951]

बुझेगी प्यास क्या मेरी

तुम्हारे सुर्ख होंठों से बुझेगी प्यास क्या मेरी!

तुम्हारे रूप के सौदे बड़े भद्दे, बड़े सस्ते
बड़ी मैली तेरी आँखें बड़े गन्दे तेरे रस्ते
तेरी बेकार रानों से मिटेगी आस क्या मेरी!

मैं कूचे-मौत का राही, तेरा साया कफन मेरा
कहो क्या नर्म बाँहों से किया होगा दफन मेरा!
परेशाँ तेरी जुल्फों से बँधेगी लाश क्या मेरी!

तुम्हें उल्फत है दौलत से, मुझे उल्फत ही दौलत है
तुम्हें नफरत है काँटों से, मुझे फूलों से नफरत है
तेरी उफ्-उफ् कराहों से, बढ़ेगी साँस क्या मेरी
—बुझेगी प्यास क्या मेरी!

[टेम्पुल, चटगाँव, 7 दिसम्बर, 1951]

अभिलाषा

मुझे नहीं रोमांस चाहिए
और न चाहिए प्रेम!
मुझे मनुज का मांस चाहिए
दो-चार प्लेट
और गदहे का आमलेट
बन्दूक एक
सिर्फ आदमी जिससे मरें
मेरे महाउदर को भरें
क्योंकि,
मैं आदमखोर जानवर
मुझे नहीं है दुनिया का डर।

मुझे प्यार से क्या करना है
मुझे जगत से क्या डरना है
अजी, चाहिए रक्त कि जिसको
पान करूँ नित
ढाल चांय की प्याली में
खाऊँ केक श्वान के मुख का
काट खप्परों की थाली में
मुझे सड़ी-सी लाश चाहिए,
मुझे नहीं रोमांस चाहिए!

लाश चाहिए मुर्दा औरत साठ बरस की,
मैं उससे शादी रचा लूँगा
सुन्दरियों के कामालिंगन से बच लूँगा
और गवाही में रख लूँगा
धरती भर के हर वकील को
जिससे वह सठिया बकरी भी न कहीं
अपनी खाल छोड़कर भाग जाए,
मुझको उसका विरह सताए
हो जाए दगा, खा जाऊँ धोखा
बादल न कहीं बन जाए पनसोखा;

मुझे जर्जरा मरण-दुलारी का
मोहक-सा डांस चाहिए,
मुझे नहीं रोमांस चाहिए!

जघन जानु, उन्नत उरोज, नत नैन,
पिकी से स्वर क्या होंगे

लचक कमर की, गीत प्रणय के,
मधु के ये निर्झर क्या होंगे

साकी की मधुशाला भी क्या
देगी हमें बराबर हिस्सा

जिसकी लाठी, भैंस है उसकी,
साकी उसकी, भैंस है साकी,
सुनते आए हैं हम किस्सा!
इसीलिए तो,
मुझे भैंस का मांस चाहिए,
मुझे नहीं रोमांस चाहिए!

मैं शोषक बनकर चूसूँगा
सारे जग को;
बन जाऊँगा मोटा हाथी,
जिसका होगा राज
वॉल स्ट्रीट से टी-सी-क्याँग तक
जिसके होंगे ताबेदार
श्री आइक से श्री च्याँग तक
फिर तो कोई युद्ध न होगा
मानव कोई बुद्ध न होगा
हो जाएँगी 'कॉमन-वेल्थ'
दुनिया-भर की सुन्दर परियाँ
बीतेंगी प्रणय-रति-परिरम्भण में
मानव के जीवन की घड़ियाँ;
इसीलिए,

मुझको दुनिया का डिक्टेटर बनने का
एक अनोखा चांस चाहिए,
मुझे नहीं रोमांस चाहिए!

[वेटिंग रूम, दिल्ली, 27 नवम्बर, 1952]

नाव सँभालो

लो, देखो तो
फिर एक उठा तूफान...
नाविक रे, नाव सँभालो

यह समुद्र का शोर
जहरों की धमाचौकड़ी
उत्ताल तरंगें,
बढ़ा आ रहा ज्वार–
नाविक! हँस लो,
खेल रचा लो!
नाव सँभालो!

यह समुद्र का हृदय
तुम्हारे मन से
मिलता-जुलता है
तुममें भी है
ऐसा ही हाहाकार–
किन्तु,
न खो जाओ इनमें
अपनी भूख, जलन और सिहरन
को मत और बढ़ा लो!
नाव सँभालो!

आँसू, प्रेम, विरह, आलिंगन
एकान्त-मिलन

और प्रणय-व्यापार–
भूल बुर्जुआ भावुकता
की कल्पित उड़ान...
जीवन के महान सत्यों के
नवगीत सुना लो!
नाव सँभालो!

[धनु पुष्प, सन्दल, 23 अक्टूबर, 1952]

चमन जल जाएगा

चमन जल जाएगा!
रत होगी, खिलेंगे चाँदनी के फूल
मुँद जाएँगे कमल
गड़ेगा भ्रमर हृदय को शूल
मैं पास हो जाऊँगा तरी ले
लौटूँगा नहीं
प्रतीक्षा करता रहेगा कूल–
प्यार का मनुहार फिर
कौन कर पाएगा!
चमन जल जाएगा!

फिर ओढ़ लेना कोमल, मधुर प्रात
ओस-कण का जाल
गगन काँप जाएगा, रोएगा,
छिन्न-भिन्न हो जाएगी तारकों की माल
छिपा कुहासे के आँचल से मुँह
चल देगी चुपके से साकी
बिखरे-बिखरे काले केश सँभाल–
और, मेरे मन का नेह
टूट, बिखर जाएगा!
चमन जल जाएगा।

जल उठेगी सारी धरा
फैलेगी जो दोपहरी की ज्वलन्त आग
गरम वायु बे-शरम तवायफ
छेड़ देगी
तपन, जलन के भीषण राग
छोड़ यह कमरा अकेला
खोज में उनकी, हाँ, उन्हीं की,
मैं चलूँगा भाग–
मेरे हृदय का दाग
और सँवर जाएगा!
चमन जल जाएगा!

[राजगृह, 1 सितम्बर, 1951]

अव्यक्त ध्वनिर आलो

प्रकाश फूटता है!
हृदय की अजान गहराई से
जीवन की अदम्य तरुणाई से
चेतनता का प्रकाश फूटता है!
हो कितना अभूतपूर्व
कि अन्त न हो इस तन्मयता का
दूर-दूर की यह बर्फ सिमट मन में
साम्राज्य बन जाए एकरसता का;
मेरे मन की ऊष्मा में
बड़े एकाग्र का स्रोत
चमक उठे यौवन की शिराओं में
ज्ञान-सूर्य की प्रखर जोत;
पर किसी मायाविनी का स्मरण
वासना का कोई अज्ञात बन्धन
मेरे मानव को लूटता है;
प्रकाश फूटता है!

बृहस्पति की भीम-मेधा
हरक्यूलीज की महाशक्ति
करती है मुझे आवाहन
ध्रुव की सत्य की अनुरक्ति;
फिर भी क्यों टूटते रहे हैं
मेरे पावन, पवित्र स्वप्न के प्रभाव
क्यों तैर रहे हैं अंगारे,
रुकता रहा है जीवन का बहाव
'अव्यक्त ध्वनिर आलो' का महास्वर
रवीन्द्र के दर्शन का गीत प्रखर
इस अकेलेपन में टूटता है,
प्रकाश फूटता है!

[सैंडिश-कम्पाउंड, 30 अगस्त, 1950]

गर्मी के दिन-एनॉलिसिस

गर्मी के दिन हैं,
बहारों की, बरसातों की रातें
अभी बहुत, कमसिन हैं!

चलने लगी है लू
ऊष्ण धरा है, जलता है आसमान
शराबी सूरज ने चढ़ा ली है
अग्नि की लाल लपटों की कमान;
जिन्दगी जैसे पक रही है
किसी बड़े तेज भट्ठे में
चिनगारियाँ उसन दी गई हैं
जैसे अंगारों के मट्ठे में;
लगता है मुझको
कि हम धरती-माई के बेटे,
सच में हैं,
दुनिया के भट्ठे की नई-नई दीवारें

हम गुलाम ईंटों से
सजा लेता है अपनी शाहाना बहारें;
बैठे हुए हैं चन्द भेड़िए
पर्वत की खोह में
घनघोर बरसात है, वे सब हैं भूखे
किसी जानवर की टोह में
सो गया जो कोई इन्हीं में
सब मिलकर टूट पड़ेंगे उस पर
चबा जाएँगे चीर-फाड़कर
हर युग में बातें होती हैं यही अक्सर!
पर भेड़िए
प्यार भी किया करते हैं—
अपने मन की आहों को,
अजीब बीभत्स स्वरों में भरा करते हैं;
गर्म और ठंडक का चढ़ाव-उतार
यह प्रकृति का बेहिसाब फर्क
नहीं बना सकेगा भाटा प्रेम के ज्वार को,
झूठे भी स्वर्ग को नहीं बनाएगा नर्क
ऊष्णता कम नहीं होती है
हममें भरा करती है अपना दर्द
और किसी भावुक उन्माद का
यौवन की गलियों में उड़ता है गर्द
और,
न फूटता है प्रकाश
न चाँद लेता है अंगड़ाई
न बादलों के घेरे में छुपकर
होती है आशनाई
न तारों का, मौन इशारों का खेल
होता अभी पल-छिन है
बहारों की, बरसातों की रातें
अभी बहुत कमसिन हैं!
गर्मी के दिन हैं!

[पैलेस-होटल, गया, 2 जुलाई, 1952]

मदालसा आँखें

मदालसा आँखें, बैलून-सी छातियाँ,
गुदाज पिंडलियों में थिरकन समाए;
लड़की रुकी,
ब्लाउज से फिर देख निकालकर
नोट थे दस रुपयों के,
उसे पर्स में झट रखा सँभालकर
फिर मुस्कुराई
फिर चली गई सड़क के पार
यही थी बिनियाँ
जो खुल के खेलती है, बेचती है यौवन का उभार!
पूछा था मैंने बिनियाँ से–'क्यों यह सब करती हो
छोड़कर जीवन की सीधी राहें
क्यों यह गली अँधेरी धरती हो?'
बोली थी–'माँ का कहना नहीं मानती
तो खाती लात, तमाचे, हंटर
और भूखे रह शहराहों की खाक छानती!'
और, बोली उसकी माँ–'थानेदार को क्या कहती मैं,
जो बिनियाँ को ले गए उठाकर मोटर में
उन सेठों से क्या लड़ती मैं?'
बोला पति उसका–'जीने की खातिर सब कुछ होता है
अरे, हम गरीब क्या कर सकते हैं
ईश्वर ही जब खिलाफ होता है!'

[पार्क, भागलपुर, 28 जनवरी, 1951]

रिक्वेस्ट

घूँघट के पट खोल

आज यह प्रथम मिलन की रात
खोल दे वेणी के सब फूल

खोल दे कंचुकी के बँध कठोर,
खोल दे उत्तरीय-दुकूल
चंचल नयनों में नमित पराग
हँसी, लाज की मोहक धूप
सरस अधर पर दशन मनोहर,
शशि का सुन्दर रूप
अब भी तो लज्जा त्याग चन्द्र-मणि
ला अधरों पर मधु-बोल
घूँघट के पट खोल!

[ट्रेन, किऊल, 7 फरवरी, 1950]

शून्य

शून्य है अनुराग का दर्शन
शून्य है वसुधा के संख्य-भाव
जप-तप, पाठ-पूजा और नेम;

यह चाँदनी अन्धकार है
हर भावना मन का विकार है
सत्य है केवल कर्म
कर्म का फल ही साकार है;

ढल जाते रहे हैं सलोने साँझ
चीखता रहा है दर्द प्राणों में
सब झूठ है, मिथ्या है, प्रतारणा है,
सत्य नहीं है सत्यता के प्रमाणों में;

कहते हैं पूर्व के दार्शनिक
प्रेम में एक मौन आनन्द है
किन्तु मैं देखता हूँ स्नेह में
यौवन की राहें ही बन्द हैं;

क्षण-भर में ही मृत्यु
सभी सम्बन्ध नष्ट कर देती है
जीवन के तन्तु काटने को
यह प्रेम भी एक रेती है;

[घाट, रामपुर, 29 जुलाई, 1950]

खत्म करो ये बूचड़खाने

घनन-घनन चल रहा हथौड़ा
बजा रहा जीवन का डंका
अजी, आज बस, अभी जलेगी
अमेरिकी डॉलर की लंका
दोस्त, माँग लो मौत से जीवन
रह न सकेंगी अब दो राहें
कुचले चूसे गए विश्व की
साफ-साफ कह रही निगाहें
खत्म करो ये बूचड़खाने
जेल, सेल, फाँसी के तख्ते
जबड़े चहर जंगखोरों के
तोड़ो हत्यारों के दस्ते!

[रेड हाउस, गया, 26 मार्च, 1953]

ब्याह की यह शाम

ब्याह की यह शाम,
आधी रात को पायल बजेंगे
और खुलते अधखुले घूँघट खुलेंगे
आज अन्तिम क्षण विरह का
आज आकर्षण मिलन का
किन्तु कैसे धुल सकेगा—

दाग जो दिल पर जलन का
दाग को निज अश्रु से धो लूँ जरा मैं,
आज भर रो लूँ जरा मैं!

गूँजती शहनाइयाँ
हैं मुस्कुराते बँसरी के धुन निराले
छलक जाते गीत के, खुशियों के प्याले
तेज लय में चीखते जाते खुशी के गीत
बन्द नयनों को किए चुपचाप

'स्व' दर्शन

मरी और बुझी हुई क्रान्ति से गुजरा हुआ है,
क्षीण आवरण सहस्र सन्ध्याओं का
प्रणय के रंगों के अमिट प्रस्फुटन से परे है
स्थान नरम, प्राणहीन इच्छाओं का;
उठती है टूटे हृदय की शिराओं से
मर्म भेदी स्वरों की आहत-सी आवाज
विषैली गन्ध किसी स्मृति की बन जाती है
सन्निपातग्रस्त चेतनता की परवाज;

और मेरा अस्तित्व
नहीं मानता है प्रकाश की सीमा का आग्रह
प्रकाश संकीर्णता है, क्षुद्रता है, नीचता है,
प्रकाश है जीवन का पूर्ण अवग्रह;
इसके घेरे में किसी तरह
मैं रह नहीं सकता हूँ
प्रकाश की किरन, सूर्य की जलन
मैं सह नहीं सकता हूँ
विषाद-जन्म कल्पना से बेबस
किसी मृत शून्य को केन्द्र बनाकर
अज्ञात के चतुर्दिक कठिन है भागना

सिर्फ पलायन को अपनाकर;
इतिहास विगत दिनों का,
बचपन की वासनाएँ
प्रवहमान धमनियों में
अज्ञात कामनाएँ
उन्हें आज ढूँढ़ता हूँ,
अक्सर संज्ञा में एकान्त की
किन्तु मर चुकी हैं इच्छाएँ
मेरे मन उद्भ्रान्त की;
छाया और ज्योति के प्रेम-चक्र में
मेरी आत्मा पिस रही है
प्रतिभाएँ मेरी पैसे के सिल पर
धीरे-धीरे घिस रही हैं

[रामपुर, 24 अप्रैल, 1950]

पीछे फिरूँ

भयावह प्रीति तुमको दे रही हूँ,
आज अपना प्रणय...
मुस्कुराया मैं, हँसी वह
और मेरे उर बसी वह
और, आलिंगन में जकड़कर
सो गए दोनों वही पर
शान्त पाँतर में;
कहो फिर,
अब और कितनी दूर तक विश्व की इन नारियों के प्रणय के
अभिसार के पीछे फिरूँ

अब और कितनी दूर तक संसार के पीछे फिरूँ

[पाहीटोल, 10 जून, 1954]

प्रान न आए

रात ढली पर प्रान न आए—

गले फूल और जल गई कंचन-कलियाँ
ढला सिंगार, हार, मोती की लड़ियाँ
बीत गईं सूनेपन में यौवन की घड़ियाँ,
धुला महावर, काजल धुल गए
मन रोया, मेहमान न आए,
रात ढली पर प्रान न आए!

रात ढली और ढले ओस, पर मान न टूटा
बेदरदी ने, बेरहमी से, मुफ्त में लूटा
बिखर गया आशाओं का गुल-बूटा
टूटे बन्धन, आशा टूटी,
भव भूला, भगवान न आए,
रात ढली पर प्रान न आए!

रात ढली तो गई रात की रानी वन में
और कसक उठी कामिनी के तन में
टीस उठी अज्ञात, कुचों के बन्धन में,
शबनम बनकर तारे बिखरे
तारों के अरमान न आए,
रात ढली पर प्रान न आए!

[ककोलत-फॉल्स, 14 मई, 1951]

* *यह कविता 'मान न टूटा' (14 मई, 51) तथा 'प्राण न आए' (14 मई, 1951) का मिला-जुला और परिवर्तित रूप लगता है। —सं.*

यदि

यदि,
सोई हो तो—
कभी न गरजना
धीमे बरसना,

उस विरहिन पर
तनिक न हँसना
रे बादल,
ओ विद्युत-दशना

['बोसेस', भागलपुर, 4 जून, 1950]

अभिसारिका

रात के निकुंज में बजा रही है बाँसुरी
बज रही है बाँसुरी–
गुप्त अभिसार को सज रही है सुन्दरी
लज रही है सुन्दरी
टूटते हैं अंग-अंग चोली के बन्द री,
यौवन के छन्द री,
रूप-रति प्रभाव से गति अलस-मन्द री,
रति मन्द-मन्द री,
गन्ध-रस-सुवास में मुग्ध ज्यों मंजरी
लुब्ध मधु-मंजरी,

गहन अन्धकार में जा रही है साँवरी
गा रही है साँवरी,
मिलन-मद, मत्त अब हो रही है बावरी
खो रही है बावरी,
रात के निकुंज में बज रही है बाँसुरी!

[चाँदपुर, 20 जनवरी, 1951]

कवि से

वीणा के कोमलतम तारों के सहारे
पनघट-तट पर, या यमुना के किनारे

अब प्रणय के गीत मत गाओ
ओ जगत के मीत, मत गाओ!

जन्म से रोते रहे हो
जो जहर पीते रहे हो युग-युगों से
बोझ जो ढोते रहे हो जिन्दगी का
लाश बन सड़ते रहे जो
तंग गलियों की अँधेरी नालियों में;
सह रहे जो अपमान, पीड़ा, कष्ट सदियों से
उन्हें अब आग के सुर में पिरोकर
विश्व को साथी, सुनाओ!

ध्वंस का कटु गीत गाता है जमाना–
आज पूँजीवाद की यह चरम परिणति
भेड़िए भी रक्त पीना चाहते हैं
धरित्री के सभी इन्सान का
मनु के सभी सन्तान का;
चाहती है शीश यह सबका झुकाना
डॉलरों की स्वर्ण प्रतिभा के आगे,
किन्तु यह तो असम्भव!
आज झुकना है असम्भव,
चेतनामय, शक्तिमय, बढ़ते हुए इन्सान का
सत्य, जीवन, शान्ति, सुख और स्नेह के
विश्वास का, ईमान का!

मजहबों की आड़ लेकर
क्राइस्ट की, बुद्धि की, राम की तस्वीर टाँगे
क्रॉस के झंडे लगाकर
धर्म के मेल बसाकर
नाच रही है ता-ता-थैया
यह राक्षसी सभ्यता, महाजनी सभ्यता
दुनिया-भर में
टी.बी. के कीड़े फैलाती है!

इसलिए कवि
यह तिलिस्म भस्म करने को
यह षड्‌यंत्र नष्ट करने को,
तुम मुक्तिमय रचना करो
तुम शान्तिमय रचना करो
तुम स्नेहमय, सद्‌भावमय, सत्कारमय,
शृंगारमय रचना करो–
शृंगार, वह जो जिन्दगी का मान है;
वह नहीं जो
वासना के बोझ से दबकर महज
बीभत्सता बनती रही हो!

रचना करो ऐसे जगत की
जिसमें सभी मानव विहँसकर बाँट लें
सुख-दुख, विभव-अभाव, पीड़ा-सख्य,
अपनी स्वतः उद्‌भूत इच्छा से!
रचना करो ऐसे जगत की
कि जिसमें
जोया जैसे शिशु न कुचले जाएँ
जिसमें
बाजारों की खातिर, सोने के टुकड़ों की खातिर
कोई युद्ध न हो;
जिसमें
कभी न पैदा हो कीड़ों के बम बरसाने वाले;
जिसमें
रोजनबर्गों के बालक अबोध
काल-कोठरियों में कभी न ठूँसे जाएँ;
जिसमें
अमन-चैन के खाक, दमन-चक्र में
सरमाए के कभी न पीसे जाएँ!

बढ़ रहे शान्ति के शाश्वत पथ पर
युवक विश्व के
कवि,

तुम उनका साथ निभाओ!
दानव-दल का रिश्ता तोड़ो
सँकरी गलियों का बन्धन तोड़ो
अन्यायों की कारा तोड़ो
करो बुलन्द अमर का नारा
कि गूँज उठे यह सारी धरती
जाग उठें जग के सारे मानव
एक हो उठें!

भ्रम-वादी आध्यात्मिक दर्शन
अरविन्दो का योगासन या प्रेम-स्पर्शन,
भैरवी-चक्र, प्लैंचेट,
या,
युद्धों के भ्रामक, भयदायक प्रचार
ये न्यूज-रील–
पूँजीवाद के सभी भयानक जादू-टोनों
से मुँह मोड़ो!

वीणा के कोमलतम तारों के सहारे
भावुकता का कल्पित संसार सँवारे, अब प्रणय के गीत मत गाओ
ओ जगत के मीत,
मत गाओ!

[पुष्पतीर्थ, नवादा, 28 नवम्बर, 1953]

एक गजल

जिन्दगी का कारवाँ नहीं मिलता
हुस्न अब मेहरबाँ नहीं मिलता!

कैसे सुनाएँ शबे-गम का हाल,
तर्ज है, तर्जुमा नहीं मिलता!

भूल जाता हूँ राहें जीवन की,
अन्धी रात है, शमाँ नहीं मिलता!

उठ-उठ के डगमगाते हैं कदम
अब उनका नक्शे-पा नहीं मिलता!

हर चिराग बुझता जाता है
रोशनी-ए-आसमाँ नहीं मिलता!

[कलकत्ता, 31 अक्टूबर, 1952; इंडिया टुडे, 2000]

बीत गई है रात

'गोयटे' के 'इन्फार्नो' की धरती से
लगता है, अभी लौटा हूँ, जर्जर होकर
भावुकता का नीलांचल खोकर;
टूट गई है सपनों वाली नींद
खुली हैं आँखें
कट गई कल्पना की सतरंगी पाँखें
बीत गई है रात सितारों वाली
न जाने आज अचानक कैसे!

लो, नए-नए बादल घिर आए
फैला है तम गहरा-गहरा
है गम का सागर चुप, शान्त और ठहरा-ठहरा;
पिछली यादें मिट गईं
प्यार की धरती जलती है!
चाँद, फूल, मधु, गीतों, प्रीतों, हिरनों, किरनों,
सुर-धनुषों के घायल सीनों पर
लोहे की चादर ढलती है
सोने-चाँदी की दीवारें उठती हैं!

देख रहा हूँ राक्षसी-वृत्ति का, दानवता का
यह खेल भयानक कैसे,
न जाने आज अचानक कैसे,
सितारोंवाली बीत गई है रात!

सच के अनुसन्धानों की फैक्टरियों में
न्याय-अमन की कचहरियों में
यू.एन.ओ. में, यूनेस्को में
शैतान अड़ा है, पाँव जमाए!
बड़े-बड़े बम बाँट रहे हैं दौलतवाले
डॉलर का दानव चला आ रहा है मुँह बाए!
द्रुपद-सुताएँ बेच रही हैं लाज
आज गान्धारी पायलट बनती हैं,
गांधी-टोपी की ऑल-प्रूफ नावें
काले-बाजारों में तिरती हैं
चलती है रायफल ठाँय-ठाँय,
ठप-ठप बन्द हो रही हैं यूनिवर्सिटियाँ
और कुलपति दुर्वासा हैं रास रचाए!

सभ्यता, जन-जन की दीवानी
सभ्यता, गाँवों-नगरों की महारानी
लोहे के दुर्गों में चुनी जा रही;
संस्कृति की अस्मत फुटपाथ पर धुनी जा रही
रुई की तरह
और नेता-गण दे रहे तरह!
और भेड़िए नाच रहे हैं तांडव
बर्मा, वियतनाम, कोरिया और मलाया में
फ्रेंच कह रहे एशिया हमारा
अमेरिका ने भी है ललकारा
ब्रिटेन में भी ढूँढ़ रहा है आज सहारा
एटम-हाइड्रोजन बम की छाया में!
किन्तु, अभी दम है
जोश नहीं कुछ कम है, लहू गरम है
युगों-युगों से अन्यायों के खिलाफ लड़ रहे

मानवता की छाया में!
टूटेगी अन्यायों की कारा—
दे रहा संदेश अमन का हरकारा
अब क्या ताकत है इस बुढ़ी डॉलरी
डायन की माया में!
मानवता जिन्दा है
छोटे-छोटे बच्चों की उत्सुक आँखों में
शान्ति के प्रतीक
सलोने उस शान्त कबूतर की पाँखों में!
गोयटे का इन्फार्नो झूठा है,
टूट सकेगा यह शान्ति-कथानक कैसे

न जाने आज अचानक कैसे
सितारों वाली बीत गई है रात!

[जैन मन्दिर, नवादा, 13 दिसम्बर, 1953]

मौत क्या है चीज

वेश्याओं के रंगीन, रुपहले सिंगारदानों में
हुस्न के हरमों, शानदार काशानों में
शहराज-परियों के मयखानों में;
रात की तुच्छ गलियों में
टूटती हुई, कच्ची अनार की कलियों में
तानसेन की सस्ती गलियों में;
पाव भर, माशे, तोले, रत्तियों में
चौराहे पर म्यूनिसिपल की बत्तियों में;
फ्लश, रमी, ब्रिज की नई पत्तियों में;
ईरानी चायखानों में
मुर्दा खेतों में, टीलों में खदानों में
वीरान मकानों में, जलते मैदानों में;
ऑफिस की टाइपराइटरों में

जनतांत्रिक-चुनावों के भक्कू वोटरों में
सूअरों की माँद जैसे क्वार्टरों में
हम,
जिन्दा हैं;
जिन्दा होने का फख्र करते हैं!
न जीते हैं, न मरते हैं,
ब्लैक की कमाई से
बीवी, बहन, बेटियों की अस्मत-गँवाई से
सिर, कमर, हड्डियों की गलाई से,
अपना घर और पेट भरते हैं!
और
त्रिशंकु की तरह,
मारीच की तरह, पांडु की तरह
वृहन्नला की तरह, शिखंडी की तरह,
लटके हैं सारे जहान में
लटक रहे हैं आसमान में
कोकशास्त्र के फटे-पुराने पन्ने बनकर
धूल, पीव, कीचड़, कादो में सनकर;
इस सदी बीसवीं के
चूड़ामणि, हुस्नपरस्त इन्सान
वैज्ञानिक, साहित्यिक, दार्शनिक
पूँजीपतियों के पोषक भगवान!
पूछ रहे हैं
किन्तु, हम सभी--
मौत क्या है चीज

फ्रायड के मनोविश्लेषण से
डार्विन के विकासवाद के दर्शन से
मैथेमेटीशियन, आइंसटीन से
धर्म के पंडों से, हजरते-दीन से,
नीत्शे के सिद्धान्त से
हिटलर के प्राणान्त से,
शैली की शायरी से
बनार्ड शॉ की डायरी से

विवेकानन्द के लेक्चरों से
शेक्सपीयरिन-थियेटरों से
हाइड्रोजन-बम से
लुव्र के म्यूजियम से
अजन्ता की कलात्मक मूर्तियों से
मानव की वासना की पूर्तियों से
पिकासो के चित्रों से
देवताओं के अनगिनत मित्रों से
मगर,
कहीं मिलता नहीं है उत्तर
मौत से डरकर चुप रह जाते हैं सभी पत्थर
तब,
उठता है एक बुड्ढा हाथ,
करोड़ों हाथ उठ जाते हैं जिसके साथ,
धरा हिलती है, आसमान डोलता है
लो, मेरा कवि बोलता है—
जोर चल सकता नहीं
शमशीर का चट्टान से
मौत अब क्या लड़ सकेगी;
इस नए इन्सान से
मौत महज वहम है, धोखा है, डर है,
जो अब काम नहीं कर सकता
मौत मर जाएगी एक दिन,
इन्सान नहीं मर सकता!

[सोडा-फाउंटेन, पटना, 12 फरवरी, 1954]

इशारा

भींगी हुई रात
चाँद के किरनों की श्वेत-सी बरसात
सब्ज-सख्त घासों की नर्म-नर्म सेज
रूप के विवाह में यौवन का दहेज

दो काँपते हुए, सहमे हुए मन
अभिसारिका की गर्म बाँहें, गर्म आहें, गर्म तन
रूप के सागर का छलकता हुआ जाम
यमुना के लहरों पे' खिलती हुई शाम
गोरी-गोरी बाँहों में नीले आसमानों की शाम
बढ़ता हुआ दौर
प्यासे होंठों का इशारा–
कि बस, एक प्याला और!

पनघट का प्रात, छलछलाती हुई उमंग
पनहारिन गोरियाँ, छलकता हुआ अंग, अंग-अंग से अब
झनझनाती हुई चूड़ियाँ, बजता हुआ जलतरंग
झमझमाती हुई गागरें, झमकते पायलों के संग
उड़ते हुए आँचल, यौवन का छल,
उठते हुए गीत, उमड़ती हुई घटाएँ चंचल
धमकते प्रात का इशारा–
कि अँधेरी रात में गोरी मिलो
बाँसों के झुरमुट में, अकेली, चोरी-चोरी मिलो

खुला वातायन
घूँघटों की शरम-भरी ओट से नयनों का मिलन
नया-नया प्यार, नए-नए मीत
उल्फत के सागर में बहुत हुए नए-नए गीत,
नए सपनों के माध्यम से बातें हुईं,
बीत गए होंठों के माध्यम से रातें गईं,
नए वादों की उन्मत्त महफिल
और फिर बिछुड़ते हुए, तड़पते हुए दिल,
नयनों का इशारा–
कि, रानी पास आओ,
ओ जीवन के स्वर्णिम, मधुर हास आओ,
ओ शशि-प्रकाश आओ!

[ककोलत-फॉल, 9 नवम्बर, 1951]

आशा

मौत से भी भयानक फौलादी सलाखें
जिसमें फँसी हुई है
मुर्दा किसी चिड़िया की रंगीन पाँखें
पत्थरों का रक्त पीते हुए
किसी पिशाच के स्याह-स्याह दाँत
और भूख से जर्जर
किसी गरीब विधवा की जलती हुई आँत

ऐसे ही में देखता हूँ
सामने है—
मेरे कॉलेज की लाल टीन से रँगी हुई छत
चारों और बालू की बिखरी हुई परत
जैसे अंगारों का शामियाना बिछा हुआ हो

महबूबा से

आती है, और तेरी याद लिए आती है
नींद भी ख्वाब में बरबाद हुई जाती है
याद की सतरंगी चादर को ओढ़ लेता हूँ
रूप में गीत की गहराइयाँ डूब जाती हैं,

इश्क मेरा मौत के फन को कुचल देता है
जुल्म की हर सरकार को लड़ के बदल देता है
उगते हुए सूरज को कोई रोक सकता है—बोलो

ये इन्कलाब मेरी इन बाँहों को बल देता है,

—यह बात न समझोगे तुम, दूर चले जाओगे
'फूल' की कद्र न की, धूल से घबराओगे

गीत ये, प्यार जताने को नहीं लिखे हैं
प्यार की बात बिना लिखे समझ जाओगे!

[पुष्पतीर्थ, नवादा, 25 अप्रैल 1950]

* *इसी तारीख को लिखी गई यह कविता पूर्व के किसी पृष्ठ पर भी 'रात आती है' शीर्षक से थोड़े परिवर्तन के साथ है। –सं.*

परकीया

इस कुहासे से मेरी, बादल-दल से घिरी निशा में
आज का फ्रायडवादी नर,
घेरे हुए है
नियम में शिव के, आवरण में सत्य के,
सुन्दर की कल्पना में
शिव-सत्य-सुन्दर की वासना में
अस्तित्व उसका!
जप रहा है आज का जग नाम उसका!
–जिसे उच्चारते ये होंठ आतुर
सहम, जाते, झिझक जाते हैं...

कहा शेक्सपियर ने
महज कमजोरियाँ हैं न;
बोल उट्ठा रूसो
कि वह है समाज की जिम्मेदारी
किसी ने प्रेरणा, किसी ने धर्म,
किसी ने माना उसको आदि-शक्ति;
और
उपनिषद गरज उठे–
'अंतकः पवनो मृत्युः पातालं बड़वा मुखंम्'
गाया कबीर ने–
'कामिनी सुन्दर सर्पिनी, जेहि छेड़े तेहि खाए'
उसी रहस्यमयी से मैंने पूछा–
...क्या पास आओगी

हृदय को एक क्षण आराम दोगी
स्नेह दोगी, विश्वास दोगी
तो बोलो, फिर क्या दाम माँगोगी
बस,
रात भर के पाँच पैसे?
और सब सुख, स्नेह, मिलन, सम्भोग, सेवा
बहुत सस्ता हुआ सौदा,
मंत्रों से, लिख डाला प्रणय-मसौदा,
चादर बँध गई साड़ी के आँचल से
दरवाजे बन्द हुए मजहब की साँकल से,
....
खुश हुआ मन,
फड़क उठा अंग-अंग, तप
पाँच पैसे ले पुरोहित, शायद कमीशन,
दे गया है हाथ उसका
हाथ में मेरे अचानक,
भूल में ही रच दिया जुआ भयानक जिन्दगी से
डालकर बाँहों में बाँहें
सटाकर होंठ से दो होंठ प्यासे; प्राणवन्तिनि
खोलकर गिरहें नई-सी रेशमी सलवार की
खोलकर गिरहें नए-से शरबती-से प्यार की
मनुहार की, इनकार की, इकरार की
ले गई है,
ले गई मेरा सभी कुछ—
शक्ति, धन, मन, पराक्रम, श्रम,
ज्ञान और विज्ञान, संगीत और मधु-गान
मान और सम्मान, जीवन, प्रान,
तीर्थ-व्रत का खर्च, कफन तक का खर्च,
मूल-ब्याज समेत!
मैं गत को भूलकर
खुशी में दो क्षणों को फूलकर
सो रहा था,
दाग दिल के पीबवाले धो रहा था!
किन्तु,

वह तो–
कर गई हत्या उसी की
जो कि उसका प्राण-प्रियतम, देवता, पति,
धर्म, कर्म, सौभाग्य, सुहाग;
पाँव जिसके माँजती थी रोज
पाँव जिसके पूजती हर रोज
पाँव उसके बाँध डाले नींद में ही,
और फिर गोली चला दी
मुस्कुराकर!

[चाँदपुर, 28 अगस्त, 1952]

अमेरिका की आत्मा से

मैं तुमसे मुखातिब हूँ, हावर्ड फास्ट!
तुमसे; वही तुम–
जो कर दिए गए हो अँधेरे में गुम;
जिसे सलाखों के पीछे डाला गया है,
जिसे आग की लपटों में उछाला गया है,
हजारों सलाम तुम्हें मेरा!

मैं देखता हूँ–
अमेरिका के दरवाजे बन्द होने लगे हैं
अँधेरा छाने लगा, शोर मचने लगा,
गीतों के बोल हथकड़ियों में खोने लगे हैं
अमन के पुजारी रक्त की नदियों में सोने लगे हैं

दीप की अन्तिम लौ की तरह
भभक उठा है आज पूँजीवाद
जल रहे हैं जिन्दगी के, सच्चाई के तराने
जल रहे हैं अमन के आशियाने
हो रही है एटमी छाया में इन्सानियत बरबाद
फूट रहा है युगों-युगों की कोढ़ का मवाद
मैं देखता हूँ

एक शान्तिप्रिय लेखक का दिल
जो अमेरिका की रोशनी है
जो अब सायों में भटक रहा है
खूनी साम्राज्यवाद की फाँसी पे लटक रहा है
मौत और जिन्दगी के बीच अटक रहा है

ऐ गरीबों के रफीक!
जबसे इन दरिन्दों ने तुझको देखा है—
यह उजाड़ संसार
तारीक शव, खून, गम, भूख, और
आँसुओं की धरों में जल रहा है
नौकरशाही का कुचक्र चल रहा है
परबतों का कलेजा पिघल रहा है
मगर
फिर भी हर जगह क्रान्ति का झरना उबल रहा है!

अमेरिका ने तुमको लूटा
अमेरिका ने तुमको थूका
और सेलों की स्याह रातों में बन्द कर डाला,
तुम्हारी रचनाएँ जलवा डालीं
जुबाँ पे' सच्चाई के डाल दिया ताला;
मगर, तुम्हारी आवाज,
सच की परवाज नहीं रुकती है
टूट जाए तो कोई हर्ज नहीं
पर शमशीर नहीं झुकती है!

बहारें जल जाएँ तो जल जाएँ
फूलों की महक कौन जलाएगा, बोलो

चमन में आग जगी है तो आग बुझाएँगे जरूर,
सब मिल के मिटा देंगे
एक दिन मिट जाएगा सैयाद का सब शानो-गरूर;
जिन्दगी कैद नहीं रह सकती कभी—
कौन मेरा यह विश्वास मिटाएगा, बोलो

फ्रैंको, आइजनहॉवर और चर्चिल
जो सबके सब
इन्सानी आवाज से दूर भागते हैं
खुद अपने ही सायों के डर से दिन-रात जागते हैं,
ये हैं चन्द कैपिटलिस्टों के हाथ के कठपुतले
और उन्हीं के हुक्म से
अमन से, सच से इनकार करते हैं
फनकारो-शायर का शिकार करते हैं
हाथ में बाइबल, पीठ पे रायफल,
ये मानवता पर पीछे से वार करते हैं!

फ्रैंको, जिसकी टाई पे' लहू के लाल छींटें हैं
सांइक, जो अपने डॉलर को छींट देता है
और उससे बनाता है सोना
इन्सान के लाल-लाल रक्त से
जमाता है सोना, उगाता है सोना!
और ये चर्चिल, ये जेलों का खुदा
जो राजनीतिक बाजीगरी के मंत्र फूँकता है
जो, हवा-बन्द कठघरों से भूँकता है
चोट खाए कुत्ते की तरह
खिसियाई हुई बिल्ली की तरह;
इन सभी ने मिलकर
इन्सानियत के खिलाफ बड़ा षड्यंत्र कर
दुनिया की रूह को कुचला है!

फिर भी, इन्सानियत जिन्दा है मेरे दोस्त!
तुम्हारी किताबों में;
तुम जेल में जा चुके हो, मगर
तुम्हारी किताबें जो तख्लीकात हैं जिन्दगी की—
वो 'आखिरी सरहद'
वो 'अमेरिका की कहानियाँ'
वो 'आजादी की राह'

वो 'साको और वेंजिली की वहशत'
तुम अनके रूप में
हमारे पास हो हमारे सामने हो

तुम्हारी किताबें
जो अब बन चुकी हैं सुर्ख अलावें
जिसने अमेरिका को रोशनी दी है
जिन्दगी दी है
जिन्दा कर दिया है!

और अब,
वही बर्फ, वही रात, वही साए
जो अमेरिका की शान्त मुर्दनी में थे
फिर दुनिया-भर के करीब हो रहे हैं
क्या हिरोशिमा बन जाएगी सारी धरती

मगर नहीं,
झूठ मर जाता है, जुल्म मर जाता है
जिन्दगी की परवाज नहीं रुकती है!
टूट जाए तो कोई हर्ज नहीं,
पर शमशीर नहीं झुकती है!

[गया, रेडहाउस, 4 मार्च, 1953]

कवि उर निश्चय

अब तक मेरे गीतों में तूफान के सुर भी थे
और शहनाई भी थी
कामिनी के रूप का लालच भी था, और
क्रान्ति की अंगड़ाई भी थी
याद की बेहोश किरनें थीं
वर्तमान का घटाटोप अँधेरा था
रात की बेसुध खुमारी थी

और बेशर्म सवेरा था;
मगर,
मेरे गीतों में सच की परवाज नहीं थी
अमन के लिए,
आजादी के लिए लड़ते हुए मानव के
कलेजे की बुलन्द आवाज नहीं थी।

इसलिए, ऐ दोस्त!
आज से अपने गीतों में, नगमों में
मैं क्रान्ति की मशालें जलाऊँगा;
फिरूँगा घर-घर, नगर-नगर मैं गाता हुआ
जनता को उसके हक की बातें बताऊँगा;
मद्धिम, सजीली, लजीली, अवगुंठनमयी
कविता को, कविता की धारा को
तूफान की लहरें दूँगा
यौवन दूँगा, ताकत दूँगा, साहस दूँगा,
तेज करूँगा, तेज करूँगा—
मैं जीवन के सच्चे विश्वासों से अपने गीतों को भर दूँगा!

यह शोले खामोश न होंगे
रूप के सपनों में बेहोश न होंगे,
सुरा, सुन्दरी, सुन्दरता के
पीछे अब ये मदहोश न होंगे!
मुझको इसका अफसोस न होगा
कि, कालिदास की तरह, न मैंने
छन्दों के मधु-हार पिरोए
न लिखी दुष्यन्तों की काम-कथाएँ
प्रिया-विहीन यक्षों की विरह व्यथाएँ,
नहीं कुचों के कलश सँजोए;
कि, श्लेष, द्वैध, रूपक, दृष्टिकूट, अनुप्रास
के कठिन द्वन्द्व में
मैं भी ताल ठोककर नहीं भिड़ा
और न 'वासना के गीतों' के कारण
वेनिस की छोकरियों से घिरा;

और न, वाल्मीकि की तरह
राम-गुण-गाथा को भी
यह लिख गन्दा किया–
'नव संगमस्त्रीड़ा जघनानिव योषितः'
और न धर्म-प्राण तपोवनों को
काम-क्रीड़ा का फन्दा किया;
या, श्रीकृष्णों के माध्यम से
नारी का ही गुण गाया
परकीया राधा को योग-माहात्म्य बतलाया;
नहीं यही लिख सका देख सद्यःस्नाता का–
'विहँसति सकुचति-सीहिए, कुच आँचर बिच पाहि'
राजाओं के पीछे चलकर
बीन बजाकर, गाने गाकर,
लम्बे-लम्बे केश सजाकर,
मैं तो साथी, नहीं चलूँगा!
सामन्तों को कोकशास्त्र के आसन सिखलाना,
साकीबाला की बाँहों से प्याला छलकाना,
इस धरती से आसमान पर उड़ जाना,
या, शरमाती झट, बिखराती लट
अबला को विष कुम्भ कह, शरमाना–
मुझसे अब तो नहीं चलेगा,
नहीं चलेगा!
बुझ रहा दीप अब हरमों का
अब कविता की रानी का
कामोन्नत रूप जलेगा–
होगी कविता अब कल्याणी
जन-जन के उर की दीवानी!
मुझको इसका कुछ रंज न होगा–
बड़े-बड़े साहित्यिक सम्राट
साकार-दिव्य-गौरव-विराट
मुझे नहीं कवि मानेंगे!
धूप-दीप-नैवेद्य-हव्य-घृत-पूजन-अर्चन में
मुझको हिस्सा नहीं मिलेगा
बस, गाली की बौछार मिलेगी

मुझको कुछ परवाह नहीं है;
इन सबकी कुछ चाह नहीं है;
लोग मुझे फनकार न मानें,
सच्चाई से बचकर रहना
जुल्म, यातना सहकर रहना,
अब तो मुझसे नहीं चलेगा!

इसीलिए,
ऐ दोस्त!
अब मेरे नगमे
उजड़े हुए खेतों के होंगे
दयारों के होंगे, गाँवों के होंगे!
गुल के नहीं, बुलबुल के नहीं
शमाँ के नहीं, महफिल के नहीं
लैला के नहीं, महफिल के नहीं;
जिन्दगी के चमन के होंगे,
अमन के होंगे!

[पुष्पतीर्थ, नवादा, 21 जून, 1953]

इल्हाम

अम्मीजान!
अब हाथों में तस्बीह लीजिए

पतझर में झरे हुए
पत्तों में क्या हसरत रखा है
अजी, आपने तो पपड़ीले
होंठों का पापड़ चखा है
रेशम की सलवारों का चढ़ान-उतार
महलों में कब तक चलता है!
सुनिएगा, झुकने पर सब कुछ
जाँघों में जो सटता है

कोरिया में जुट गए लाखों जन, बालक, वृद्धाएँ
सुनकर डॉलर हँसता है
और आपके यहाँ रात-भर
धरमसेठ सिर घिसता है;
बुरा क्या है अम्मीजान
कम्बल ओढ़िए और घी पीजिए!
हाथों में तस्बीह लीजिए!
नपुंसकता की कहानी पर
मुर्दे कभी शरमाते नहीं
आपके कैम्प के लोग-बाग
आम फब्तियों से घबराते नहीं;
समझिएगा मेरी बात, वरना
धोखा हो जाएगा
आपके चमड़े पर जो पॉलिश है
उसका भेद खुल जाएगा;
सुना है, अमेरिका ने पाकिस्तान में
आसन जमाया है
लीजिए, वह सेठ पीके ताड़ी
आपकी भतीजी पे' आया है
वह, चाय की प्याली में
हाथी एक घुसा आता है
बन्द करो माताजी, कोक-कनस्तर को
बुढ़ापा अब गजब ढाता है
रात की पार्टियों से
हुस्न आपका और सँवर रहा है
नई कुर्सी पे' डार्वियन-थ्योरी का असर
उल्टा-सा पड़ रहा है,
रूप की रानी बनकर
कड़ाही में सिर, घी में उँगली दीजिए!
हाथों में तस्बीह लीजिए!

क्यों न मिलती हैं आप लोमश-मुनि से
खैर मिस कैट उनके पास हैं ही
जिनके कंधों पे' हाथ रखके चलते हैं महात्मागण

अमेरिकन लेडी में ईश्वर-निवास है ही;
सच्चा था बेटा, फ्रायड
सच्चे हैं लीडराने-वतन भी
कैकेयी को साथ रथ में रखकर
जीतेंगे वे तो देवासुरों का रण भी–
इसीलिए,
कांग्रेसाना बेवकूफियों का अम्बार
दिल्ली में सँवारे जाते हैं
लगाके कुम्भ में लाशों का एग्जिबीशन
मौज से पाँव पसारे जाते हैं
और अब कुम्भ में क्या रखा है
कल्याणी-कांग्रेस की जवानी निखरी
कैम्पों की रातों, में अँधेरों में
गांधीयन-प्रेम की कहानी बिखरी;
हॉलीवुड में न मिला हो जो सब
कांग्रेस-ऑफिस में जाके ढूँढ़िए!
हाथों में तस्बीह लीजिए!

अब तो रघुपति-राघव-राजा अपने
अमेरिका के सब डॉलर अपने
सैयाँ भए कोतवाल, लो, बोलो,
खोल दो मैया कॉलर अपने
लुटा दो हुस्न मेहरबाँ होकर
हमें क्या, तुम्हें क्या, देश कहीं जाए
दौरे करो, नाचा करो, करो जल्द
काया-कल्प करने का उपाय!
अफसोस है मगर, भतीजी आपकी
आज की रात मेरे पल्ले नहीं आती है
बड़े नाज से कहती है शट-अप
फिर, यूरोपियन-मसहरी में सरक जाती है
क्या कहूँ...मुर्गियाँ भी लगी हैं,
एटम-बम को छोड़ने में
चन्द चूहे लगे हुए हैं
हिमालय को कोड़ने में

फिर आप क्यों पड़ी हुई हैं
इन्दर-परी की मसहरी को मोड़ने में

क्या फायदा है माँ जी!
टूटे हुए इन तालों को तोड़ने में

छोड़िए उसे, आइए इधर
सेब तो हैं आप भी कश्मीर की
मेरे लिए तो आप ही रीता हैवर्थ हैं
बलाएँ लूँगा मैं अपनी तकदीर की!
अब भी अल्ला-ताला की मेहरबान
हस्ती पर यकीन कीजिए!
इल्हाम होता है अम्मीजान,
हाथों में तस्बीह लीजिए!

[गया-कॉलेज-स्टॉल, 23 मार्च, 1954]

बम्बई-ख्यालों की देवी!

बम्बई-ख्यालों की देवी!

एक छोटे-से गाँव में
शीशम के पेड़ों की शीतल छाँव में
सच्चाई से करता इनकार
कर्महीन-कर्तव्यहीन, अकर्मण्य
बस्ती के बड़े बुजुर्गों की अनल दृष्टि में—
पागल, मतिशून्य, नगण्य!

एक रात चुपके से
घर से भागा
ठोकर खाने, बना अभागा
पहुँच गया मैं बिना टिकट
तय करके अनदेखी राह विकट—

मान-भरी, अभिमान-भरी, शृंगार-भरी, अभिसार-भरी,
मनुहार-भरी, उपहार-भरी
सोने की छड़ी, हीरों से जड़ी, नीलम की परी
रूप की नगरी-बम्बई!
हर जगह रूप की दमक,
गन्ध की धमक, गीत की गमक, ज्योति की चमक
आदमी विचित्र से
खोए से, कुछ खोज रहे-से, भाग रहे-से
जैसे आया हो चंगेज शहर में
और डूब गया हो नगर कहर में
बड़े-बड़े प्रासाद
गगन से कर रहे विवाद,
विशालकाय राज-पथ
उन पर दौड़ता हुआ सभ्यता का स्वर्ण-रथ;
...नाचता उड़ता हुआ मन्मथ!

उन्हीं शहराहों पे' चलता हुआ
भीड़ के धक्कों से बचता हुआ
मैं पहुँच चौपाटी कामांचला
परिपाटी वहाँ की देखने को मन मचला,
जहाँ है जीवन–
यौवन का लोलुप शवासन,
है जहाँ की अप्रतिम महिमा–
एक वक्षोन्नता, कामासक्ता नारी की नग्न प्रतिमा!
जहाँ गोरियाँ, कुमारियाँ
साँवरी सुकुमारियाँ
छमकती हैं पार्कों में, बगानों में
घनी झाड़ियों वाले मैदानों में
खिली कमल की पात-सी
मंगल-प्रभात-सी!
और, सेक्स के हर भेद से दूर;
यौवन-सुरा पिए मखमूर
दिलरुबा, प्रेमिका, हीरोइन, परी, चिर-कौमार्यवती
सावित्री-सी सती, गन्धर्व-कन्या, अप्सरा,

उर्वशी, मेनका, रम्भा, जुलेखा, कैथरीन,
क्लियोपेट्रा, मैडम वेभेरी,
ख्यालों की देवी,
उमंगों की मलिका, आशाओं का जश्न
महफिलों की जान, कामशास्त्रों की खान,
परकीया, रति चंचला, सर्वपुरुषभोग्या,
सर्वभोग्या, श्वानशायिनी, अश्वप्रिया,
बुल-प्रूफ-बुलेट-प्रूफ,
(सच्चा था बेटा चार्वाक्!)
और, यह रहा–
सुबह-शाम के जुहू का सागर-तट
ब्रज-बम्बई का पनघट;
बिखराकर लट, बिखराकर पट
खोले बदन के हर हिस्से, हर घूँघट
करती शरीर के रेशे-रेशे को उजागर
करती आदिम भावनाओं का आदर,
बालू पे' खेलती, अंग-अंग खोलती
कूदती, कौंधती, केलि-कुलेलती,
–विभिन्न देश, नगर, प्रान्त की कुमारियाँ
स्वीकारती सेक्स की हिस्टिरिक बीमारियाँ
गरारे, सलवार, फ्रॉक और साड़ियाँ
तोड़ो न साजन, ये फूल हैं सरकारियाँ!
जन्म लो पुनः
श्रीकृष्ण जी बम्बई में,
तो भूलोगे ब्रज की अठखेलियाँ
भूल जाओगे राधा की गलियाँ,
यों ही मनःकामनापूर्ण पा जाओगे
निष्काम कर्म का दर्शन
विश्व को सुनाओगे
जुहू के तट पर साड़ी न चुराओगे
यों ही नग्न-नारी-रूप-दर्शन पा जाओगे
स्पर्शन, परिरम्भण करोगे
देह-वक्ष-कुचालिंगन करोगे!
मुग्धा थीं गोपियाँ, जो गाती थीं–

'केशी, मथनमुदारम् सखि हे!'
अब लो सुनो, बम्बई प्रौढ़ा है, रति-दक्ष है
गाती है–'बलमुआ नादान!'

भाँति-भाँति की,
विभिन्न वर्ण-रंग-धर्म-जाति की परियों के
वासना की फुलझरियों के
देख लिए खेल
बम्बई हो जैसे लड़कियों की रेल!
कदलिजंघा लम्बी गोआनीज
नारियल के जंगलों-सी स्निग्ध सिंहालीज,
अंग्रेजी फूलों-सी गन्ध-रहित, रंगीन एंग्लो-इंडियन
और जिप्सी, और मलायी, और मैड्रसियन,
छल्लों-बल्लों वाली गुजरातिनें
घाघरों वाली मारवाड़िनें,
दुबली-दुबली श्यामला बंगालिनें
सब्जी बाजार की भाजियों-सी पंजाबिनें,
और, सूट-बूट में फबती हुईं
धीरे-धीरे चलती हुई
खर-सी लचीली, म्यूजियम-सी सजीली,
पारसियन छोकरियाँ–
अल्लाह की टेबल का खास गुलदस्ता,
बम्बई का खास तोहफा

देखकर इन सुन्दरियों का हुजूम
होश हुआ ठंडा, दिमाग हो गया गुम
प्रदर्शन कर छातियों के उभार का
वासना के ज्वार का, नग्नता के प्यार का–
करती हैं ये सभी एडवर्टीजमेंट
कि, कमरा लगेगा रेंट
नए-नए ही किए गए हैं पेंट
कुर्सी, टेबल, ग्लोब और फर्नीचर;
कुछ ही देर में मुझे होने लगा डर,
बस,

भागा झट वहाँ से
लिया सहारा फुटपाथ का
छोड़ा मोह जुहू के सन-बाथ का;
कभी सिल्क की बाँहों से टकराया
कभी क्रेप की कमरों से हाथ छुड़ाया
कभी प्लास्टिक की छातियों से घबराया
संक्रामक स्पर्शों से शरमाया
और चलता रहा भीड़ में
शोरो-गुल में, मन की अव्यक्त पीर में!

देखी–
फोर्ट की व्यवसायी बस्ती
आवारों-मवालियों की मटरगश्ती,
ईरानी चायखाने
बड़े मिल, फैक्टरी, विलायती कारखाने,
चर्चगेट का कोलाहल
करने लगी मन को चंचल हार्नबी की हलचल
मगर, कहीं जिन्दगी नहीं
शान्ति नहीं, सादगी नहीं!
मालाबार-हिल की ऊँचाई
डूबता हुआ सूरज, लेता हुआ अंगड़ाई
समुद्र की अदृश्य गहराई
हर जगह बजती हुई विज्ञान की शहनाई
मेरिन-ड्राइव में कारों की कतारें
फ्लोरा फाउंटेन-रूप और बहारें
रेलिंगों से खड़ी शोख अदाएँ और इशारे
बुझती हुई शाम, बढ़ते हुए अँधियारे,
गेट-वे-ऑफ-इंडिया
जहाजों के स्याह-स्याह सिलहाउट!
और फिर,
नीरव, उदास, रात,
ताजमहल होटल में हुस्न की बरसात
इश्क की बारात
जिसमें होती हुई, जिन्दगी भस्मसात्!

शहराहों पे' खामोशी छाई हुई
जिन्दगी की गलियाँ पराई हुईं,
चारों ओर वीरानियत, बेहोशी
पथरीले बरामदों में मौत-सी तारीकी
काली छायाएँ रात की काली साड़ी की,
शान्ति-शान्ति,
जयति, जय, सर्वमंगला शान्ति!
और,
गली से निकलती हुई कोई छाया–
'आ जाओ सेठ!'
देखता हूँ छाया को
बीसवीं सदी की अनोखी माया को,
सूखे, उजड़े हुए बाल
फटे-फटे होंठ, धँसे-धँसे गाल
बुझी-बुझी आँखें
हड्डियों का ढाँचा-कंकाल!
औरत-इन्सानियत की माँ;
जी घबरा उठता है,
कदम बढ़ जाते हैं,
वासना भस्म हो जाती है
और,
ख्यालों की देवी-बम्बई,
अँधेरे के जहन्नुम में लौट जाती है

[राजगृह, 28 अप्रैल, 1950]

दहशत के खिलाफ

एकजुट हो जाओ, एक नया मोर्चा बनाओ;
जंग के खिलाफ, एटम-हाइड्रोजन-बम के खिलाफ
नफरत के खिलाफ, जंग की वहशत के खिलाफ
मौत की, भूख की दहशत के खिलाफ
बुलन्द करो अपनी आवाज–

छेड़ दो अमन का राग–
बजाओ जिन्दगी के नवीन साज
जनता के रक्त में ज्वाल भर दो!
मुर्दा गीतों के क्रान्ति की मशाल भर दो!
साहित्य को
सामन्ती कोकशास्त्र की दलदल से निकालो
सामाज को जंग के तूफान की हलचल से निकालो
विश्व को डॉलरी-वेश्या के छल-बल से निकालो;
जंगखोर युद्ध के अड्डे बन रहे हैं
नए टैंकों में नई रायफल सजा रहे हैं
आसमाँ को घेर रही हैं बमवर्षकों की कतारें
टूट रही हैं देशों की एकता की दीवारें
समय फिर बदल रहा है
समुद्रों में फिर बमों का खेल चल रहा है,
लोहों के परदों से शैतान फिर
नीरो की तरह और रावण की तरह
कंस की तरह और हिटलर की तरह
धरती को भस्म करने को मचल रहा है!

अफ्रीका में बूचर अंग्रेज
मानव-रक्त से खिलवाड़ कर रहे हैं,
सोने की खातिर गाँव-नगरों में बमबारी कर रहे हैं,
यू.एन.ओ. में न्याय का नाटक करके
बन्दर-पंख आज सच्चाई से इनकार कर रहे हैं!
बर्मा, वियतनाम, सिंगापुर, जापान में
दल-के-दल मानव,
उड़ा दिए जाते हैं आए दिन
मार दिए जाते हैं देशभक्त गिन-गिन
बिना किसी कारण आम फायरिंग होती है;
मानवता रोती है
दर-ब-दर भटकती फुटपाथ पर सोती है;
और वहाँ–
न्यूयॉर्क में, वाशिंगटन में, वॉल-स्ट्रीट में
सोने के बोरों पर बैठा

डॉलर के घोड़ों पर बैठा,
नग्न युवतियों की छाती पर बैठा
बच्चे-बूढ़ों की लाशों पर बैठा
पूँजी के सिंहासन पर बैठा
मिल और खान, खेत और खलिहान,
फोर्ट और मैदानों पर बैठा
फासिस्ट भेड़िया गरज रहा है—
अखिल एशिया हो रहा लाल,
कहीं न हो हर जगह चीन का हाल
लगा दो आग, लगा दो आग,
गिरा दो हाइड्रोजन-बम
जहाँ कहीं कोई शीश उठाए
कभी अमन का गीत उठाए
कहीं लाल झंडा फहराए
क्योंकि एशिया है अपना तो भृत्य पुराना!
किन्तु साथियो!
डरा सकेगी नहीं हमें अब यह थोथी-सी
बेजान सरासर बन्दर-घुड़की
जग उठा एशिया, और क्रान्ति की
जन-ज्वाला घर-घर में भड़की!
इन्कलाब के बादल घहरे,
बिजली कड़की!

पूँजीवादी गढ़ टूट रहे हैं,
जगह-जगह पर हार हो रही है उनकी
अब तो छक्के छूट रहे हैं
तड़-तड़-तड़-तड़ घड़े पाप के फूट रहे हैं;
टूट रहा अमेरिका का सपना
भाग रहे हैं छोड़-छोड़कर बिस्तर अपना;
हाँ भाई, यह सच है
कि खम्भा नोच रही खिसियानी बिल्ली,
दौड़ रही है शेर के पीछे
मरी हुई यह पिल-पिल पिल्ली;
पर यह भी सच है दोस्त!

कि क्रमशः
लाल हो रहे हैं तिब्बत और मलाया,
हिन्द-चीन में हो गया सफाया
फ्रेंचों का;
लाल हो रही है क्रमशः कैरो और कराची, दिल्ली
अब लाख-लाख उठ रहीं भुजाएँ
एक कदम हो हमदम होकर
बढ़ रहा काफिला मजदूरों का
अगर शान्ति के वीर पुजारी न शूरों का,
जो खिलाफ आएगा इनके
सिर पर शामत आई जिनके
उन सबको यह जाग्रत जन-महासमुद्र
लील जाएगा भग्न तरी-सा छन-भर में

सुनो साथियो!
नील गगन से, मन्दिर कल्पना के कानन से, स्वप्न-सुन्दरी के आकर्षक आनन से,
यौवन के शृंगार, रसों के परिप्लावन से,
उतर आओ, धरती पर आओ
धरती पर पहले जीवन का रस बरसाओ
दे रोटी भूखे पेटों को,
तब यौवन का शृंगारिक गीत सुनाओ!
रहो न केवल आत्म-विभोर
ऐ जन-नायक, देखो जनता की ओर;
शैतानियत के हवालदारों ने
मौत के मददगारों ने
हमें रायफलों के घेरे में जकड़ रखा है
पूँजी के चाबुक से पकड़ रखा है,
और,
भोंक दी हैं जहरीली संगीनें कलेजे में;
बना दिया है, मूर्ख अपाहिज, भक्कू,
ठूँस दी हैं नंगी औरतों की तस्वीरें
लेखकों, फनकारों, शाइरों के भेजे में!
अन्न की, कपड़े की, मकान की,

दवा की, धर्म की, सत्य की, ईमान की,
मुसीबतें बढ़ रही हैं
पैसा घट रहा है
और मौत की भयानक नागिन
जिन्दगी के शव पर चढ़ रही है!
इन्सानियत कैद है बारूद के कारखानों में
मजदूर कैद है मिलों में, खदानों, खानों में
किसान कैद है उजड़े हुए खलिहानों में
क्लर्क कैद हैं ऑफिस के टाइपराइटरों में,
हर नौकर कैद है वेतन के रजिस्टरों में
नारियाँ कैद हैं घर की चारदीवारियों में
जिन्दगी कैद है मौत की तीमारदारियों में
आज हर कुछ कैद है,
यह तिलिस्म की कैद कहो, तोड़ेगा कौन

जिन्दगी के पुजारियो!
क्या तुम भी आज रह जाओगे मौन

यह कला के तिलिस्म
यह आर्ट के म्यूजियम
यह फन के अजायबघर
हमारी जिन्दगी के वरदान नहीं
हम गरीबों के अरमान नहीं
हमारी भूखी, नंगी आत्मा का अपमान है
इसीलिए
ये पूँजीपति, अमीर, उमराव, नेतागण
अदब की उन्नति की बात करते हैं
बनाकर नए-नए एक्ट
और बड़े-बड़े प्रकाशनों के मालिक बनकर
हमारी रूह पर घात करते हैं
ये सभ्यता के वादे करते हैं
कला-प्रदर्शनियाँ लगाते हैं
आर्ट-गैलरियाँ सजाते हैं
यों समझो,

एक मकड़ी का जाला बुनते हैं
कैद कर लेते हैं, साहित्य की साधिका आत्मा
और बूटों से कुचल डालते हैं
सरस्वती की पुण्य, पावन, प्रतिमा को!
और,
प्रेमचन्द को भूखों मार डालते हैं
स्टीफन ज्विग को हर मुल्क से निकालते हैं
जूलियस फ्यूचिक को
कन्सेंट्रेशन कैंपों में जूतों से रौंदते हैं
हावर्ड फास्ट को सेलों में झोंकते हैं
निराला को, मजाज को पागल करार देते हैं
फैज को जेलों में ठूँसते हैं
और फिर गाते हैं—
'वीणा वादिनी, वर दे!'

खंड : तीन

इस खंड की कविताएँ जहाँ-तहाँ से पत्र-पत्रिकाओं में प्रकाशित हैं। अब तक ये संकलित नहीं हो पाई थीं। कुछ जो पहले से संकलित हैं, वे अपूर्ण हैं। यहाँ पूरी कविताएँ दी जा रही हैं। **—सं.**

'...' के प्रति

शील केवल इसलिए, व्यक्ति को मिल जाए कोमल आवरण
लालसाएँ हों उपस्थित, किन्तु, मंगल हो वरण।

डालता है समय हम पर फिर वहीं मोहमय अनुबन्ध
यज्ञ-जीवन होम-समिधा-अंग कामद देह-दाही गन्ध
संत्रस्त मेरी प्राण, अब तुम काल-पट पर करो अंकित
नमित अभिनय, दमित वरुणा, सुरति शंकित।

केन्द्र में है काम-धनु, और चारों ओर है सन्ताप
प्रतिदान में पर-प्राप्य है क्षुधित मृत्यु-विलाप
तिमिरदायिनी, अन्ध कारा है मुझे अभिशाप।

पशु नहीं हैं हम, कि केवल मरणग्राही भय करें
हस्तिनी को व्याघ्र-गरिमा से विवस्त्रित जय करें
लीलावती, यह निशा-जीवन स्वस्तिमय संचय करें।

कल्प यह संकल्प ही है, नहीं अभिनय, नहीं सम्भ्रम
विधि नहीं, विश्वास की मंदाकिनी अब वही अनुपम
तामसी को अमृतधारिणी करो, प्रिय, व्यक्तित्व-संयम

* *यह कविता श्री महेश नारायण 'भारती' ने उपलब्ध करवाई। 'कंकावती' के रचनाकाल के दौरान (श्री म.ना. भारती जी के अनुसार) यह कविता राजकमल ने श्री भारती द्वारा सम्पादित साप्ताहिक 'नवशक्ति' (पटना) में नए स्तम्भ 'नई कविता' में प्रकाशनार्थ दी थी। यह कविता राजकमल चौधरी ने श्री म.ना. भारती के विशेष आग्रह पर लिखी थी।* **–सं.**

कुल्लू की घाटी में रात

गलत नहीं कहूँगा : मुझको तुम्हारी नींद से नफरत है।
अथाह निस्तब्ध में टूटती-बिखरती हुई लम्बी साँसें
पाइन और देवदार के दरख्तों पर बेहोश पंछी
चेहरे के इर्द-गिर्द फैले हुए कोहरे का लगातार जाल
जंगल की स्याही में दुबके हुए गीत
डूबी हुईं ध्वनियाँ-प्रतिध्वनियाँ...
बर्फ और बर्फीली रातें-रुके हुए, उदास!
तुम्हारी नींद से नफरत है।
मैं देख रहा हूँ :
पराजित घाटियों के पार जल रहे हैं आकाशभेदी
सर्चलाइट/मशीनों की कतारें
चट्टानें को तोड़कर सड़कें बना रही हैं।
आदमी मर चुके हैं
मशीनें खिलखिलाती हैं।
गलत कहकहों से डरती हुई अँधेरे में
भटकती रहती है रात।
सुनो, धूप को अपने पाँवों की जंजीर बना लो
सुनो, धूप को अपने पाँवों की जंजीर बना लो
सुनो, पहन लो किरनों की फूल-हथकड़ियाँ
सोओ, मत जगी रहो, जगी रहो...
रात नहीं आएगी
अगर एक बार तुम सूरज को वरण करो
उसे अपनी शरण करो

[योजना, अप्रैल-मई, 1961]

महायज्ञ

[प्रणय का आदिगीत
वृत्र के विरुद्ध महा-अभियान
से पूर्व की एक
मधुयामिनी में इन्द्र द्वारा
सहयोगियों को उन्मुक्त
प्रणय-विलास का आह्वान]

बाँहों में, जूड़े में रचे हुए निशिगन्ध पुष्प, नव वल्कल
सिन्धु में प्रस्फुटित हुआ नवयौवन शतदल
परीक्षिता, अभिषिक्ता, अक्षता, कामतन्वी
रक्ताक्त कृपाणधारी पुरुष-मैं! और प्रणयधन्वी
आदिकाल
आकार लेती हुई, स्वरूप धरती हुई सृष्टि
करो हे दिग्वधुओं, आज मात्र अमृत-मधु-सोम वृष्टि
अब जल-प्लावन नहीं, रस-प्रलय हो
उन्मत्त प्रणय हो।

मुझे एक ऋचा, पूजा दो, आरंभ करो यज्ञ
आज काम-पीड़ित हूँ, नहीं स्थितप्रज्ञ
प्रशस्त हवनकुंड में डालो समिधा, प्रखर करो प्राण
संकलित करो सम्पूर्ण ब्रह्म, त्याग दो अभिमान
ओ ऋचीको,
हम सबके लिए रचना करो नए-नए अक्षर-मंत्र
रचना करो।
ज्योति-किरणों का वरण हो, स्वागत हो
रुद्रपुत्र मरुतो, वायव्यो, पर्जन्यो, मित्रो, अश्विनो, आदित्यो,
आओ, हे सौर-देवो, अभ्यागत हो
मिलेगा भाग तुम्हें प्रसाद का, हविश का, स्त्री का, होम का,
आओ, पियो, है नहीं अभाव मधु-सोम का
मधु से भरे जाएँ सभी कलश
नहीं हो रिक्तता, कहीं नहीं तिक्तता
शीत है, हिम है, प्रज्वलित हो महाअग्नि

पिपासा से खंडिता, सोम से उन्मत्ता सुन्दरियाँ नृत्य करें
अभी सभी अपराध क्षम्य हैं
अभी सभी दीप ज्योतिगर्भ हैं, मार्ग सभी गम्य हैं
आओ, हम त्रैलोक्य की विजय करें
सामुदायिक भंडार अभिवृद्ध करें, अक्षय करें
मंत्रध्वनि बन जाए सेतु
दंडस्खलित नहीं हो कभी अदिति-पुत्रों का केतु
आओ हे मरुत्, वरुण, अश्विन, अग्नि,
आओ हे विष्णु,
आक्रमण करें, हतवीर्य करें असुरों को
वृत्रासुर का वध करें
छीन लें उनके स्वर्णकोष, अस्त्र-शस्त्र
छीन लें कन्याएँ, पशु, धेनु, वस्त्र
उठाओ मधुपात्र, उठाओ परशु, उठाओ जयघोष
मेरे कर में वज्र है, मैं प्रस्तुत हूँ

मैं इन्द्र हूँ
कामतन्वी शचि है
श्रद्धा है, सावित्री है, ऊषा है, रुचि है
है मदोन्मत्ता, दिशा-दिशा
कल महायुद्ध है, अभी प्रणय-निशा

[ज्ञानोदय, अक्टूबर, 1958]

किसी की कान्ता के लिए

हम नंगी, खुली बाँहों में मिलकर, बाँधते हैं अपनी रिक्तताएँ
और, सो रहते हैं कहीं आस-पास।
एक बहुत उदास खालीपन को हमने एक घर बनाया।
एक बहुत बेजरूरत ख्वाहिश ने
हमें बेहोश किया।
शुरू-शुरू में तुम पूछती हुई भी शरमाती थीं।
बाद में बिना माँगें ही लेने लगीं

जो किसी तरह नहीं था तुम्हारा अनुराग या सौभाग्य।
नैतिकताएँ भी कभी मैत्री में बाधक हो सकती हैं–
तुमने कभी सोचा नहीं।
मैं जानता हूँ, मेरा सम्पूर्ण जीवन इच्छा का मात्र एक क्षण है
जब मैं तुममें समर्पित हो जाऊँ।
और, तुम्हारे इतिविहीन अस्तित्व को अपनी रिक्तताओं से
बाँध लेने का उपक्रम करता हूँ।
किसी बहुत बेजरूरत ख्वाहिश को किसी परेशानी में
ऊबकर,
तुम मुझमें दबे पाँव (बिल्ली बनकर) चहलकदमी करती हो
और,
मैं सोचता रहता हूँ कि मैं नींद में हूँ,
हर बार।

पीले कागज की सतह पर समानान्तर सरल रेखाओं में बँधा हुआ पीला आकाश और इच्छाओं की जटिलताएँ

मुझसे राय-मशविरा करने आए पाँच सदस्य
पी.पी. क्लब की दो स्त्रियाँ
पुरुष तीन बम हथियार और रुपए जमा करके
वकीलों ओर शिक्षकों की सहायता से
आगजनी
करना चाहते हैं उड़ा देना चाहिए राधा-कृष्ण
मन्दिर अस्पताल जला देना होगा
पानी-टंकी में प्लेगी चूहे
शहर के सत्ताइस हजार किरानियों को कत्ल करके
लटका देना सार्वजानिक पार्कों में
दुकानदार देशी शराब और विदेशी गेहूँ के सिवा
अब कुछ नहीं बेच सकते हैं

पी.पी. क्लब के सदस्यों से मैंने कहा और क्या
हो रहा है देसी शराब और
विदेशी गेहूँ के सिवा अपने शहर में हथियार
बम और रुपए
जो नहीं कर सकते अर्थात् प्लेग
अथवा सधवा स्त्रियों को बन्ध्या कर देना
अथवा 1942 के गद्दारों को
बना डालना
अपने देश की संस्कृति स्वाधीनता का राजदूत
अथवा आदिवासी स्त्रियों को
स्वाद बदलने के लिए सैनिकों से करवाना बलात्कार
वही तो करते हैं शासन के काले कानून
पी.पी. क्लब के सदस्यों से मैंने कहा और तीन
पुरुष और दो स्त्रियाँ
एक लम्बी मोटरकार में बैठकर कांग्रेस में
शामिल होने चली गईं
प्रसन्नचित्त

मुझे व्यक्तिगत रूप से लोकतंत्र-भंगी राजनीति
और राजनीतिक स्त्रियों से सर्वथा
अधिक स्वास्थ्यप्रद है आइसक्रीम आइसक्रीम इन दोनों आध्यात्मिक
शक्तियों से ढाई मिनट तीन मिनट अधिक समय
लेता है पिघलने में
घृणा करता हूँ मैं उन पुरुषों से जो खादी की टोपी
पहनकर सोना पसन्द करते हैं
सिर नंगा रहने से उड़ जाती है शायद
गर्म मुल्क की कपूरी
देशभक्ति
घृणा करता हूँ मैं उन स्त्रियों से जो केवल उसकी
शक्ल के कारण परहेज नहीं कर पाती हैं
आइसक्रीम
देशभक्ति की तरह उसकी भी अपनी राजनीति है
जमने और पिघलने की
अशोक मेहता की उधार योजनाओं और मोरारजी

देसाई के उधार बजट की प्रक्रिया
और आइसक्रीम की
प्रक्रिया में केवल इतना ही मौलिक अन्तर है
वह ढाई मिनट तीन मिनट अधिक
समय लेता है स्खलित होने में

छन्द-भंग

नहीं चाहता हूँ; किन्तु, कोहरा टूटने के पहले ही खुल जाती है
नींद। आँखें
अँधेरे में खोलता हुआ (भय का कारण क्या है)
सहम जाता हूँ।
मेरा ही शव अन्धकार की लहरों पर तैर रहा है,
मेरी ही आँखें हैं ज्वालामुखियाँ बुझी हुईं!
आत्मा मेरी है,
अनस्तित्व की अनजानी घाटी में भटक रही है!
सलीब पर मैं हूँ,
और किसे है साहस होने का?

धुआँ उगलती हैं कारखानों की लगातार चिमनियाँ
हम चलाते हैं पथरीली जमीन पर लगातार हाथ
चौड़ी सड़क की दोनों तरफ लगातार वृक्ष
लगातार नदी, निर्झर, नहरें,
लगातार सैलाब
वृष्टि...
मगर, यह सारा कुछ कितना अधूरा सपना है!
और, कोहरा खुलने के पहले ही टूट जाती है नींद
और, मेरा ही शव अन्धकार में तैर रहा है
कहीं नहीं है द्वार, नहीं वातायन
केवल मेरी ही आँखें हैं, जिन्हें खोलता डर जाता हूँ
नहीं चाहता हूँ, पर, दोबारा सो जाता हूँ।

['कविता' (नई कविता का प्रतिनिधि संकलन), सम्पादक : डॉ. देवराज उपाध्याय]

समय-रूपक

यह दरपन है उजलेपन
का प्रतिबिम्ब
मौन यह युग-पुरुष
शान्ति का
रूपकमय विद्रोह
मत्स्य-कन्याएँ जल का
विछोह सहती हैं
दग्ध वायु शान्तनु की
आँखों में
रहती है
किसका यह युग, किसका
दरपन
किसका मौन अनल है
किससे हम
जिज्ञासा करें
कि किसकी अँजुरी में
पूर्व-पुरुष
तर्पण कर जल है
वारि मैं व्याधि, व्याधि में
अव्याहत जल-रोग
शोक का–
नहीं उदर का
नहीं पितर का
नहीं शब्द का
केवल प्रतीक है चक्रव्यूह
जिसका भेद नहीं
सीखा है–
और, नहीं की है हमने
काल-परीक्षित
कभी परीक्षा

नए, अभय
महारथियों की।

['समय' (कविता संबंधी संकलन-1), जुलाई, 1966]

सूरज के ठीक सामने

सर्दियों की हल्की धूप में
सूरज के ठीक सामने
बैठकर
सुबह-सुबह जब यही नन्ही-सी
छह साल की लड़की
दूध और रोटी खाती है, और
यों ही बेवजह
मुस्कुराती है;
रोशनी में नहाती हुई
किरणमाला–
यह नन्ही-सी लड़की!
तो मुझे लगता है,
सुबह हो गई है;
गूँजने लगी है चिड़ियों की
आवाज।
सामने बगान में
झूमते हैं लगातार लाल-पीले गुलाब;
मुझे लगता है,
अखबार की कोई भी असाधारण
सूचना
कोई भी अफवाह
जीवन की इस किरणमाला को
तोड़ नहीं पाएगी!
अँधेरे का काला सागर सोख लेगी
अगस्त्य-कन्याएँ विजयिनी...
दूध और रोटी,

शंख और सीपियाँ, धूप, सूरज,
नदी, जीवन, प्रेम,
और रोशनी में नहाती हुई
किरणमाला—
यह नन्ही-सी लड़की
मुस्कुराती है।

फिर, कहीं अँधेरा नहीं रहता!
युद्ध की सूचनाएँ
अचानक
विलय की शुभ-सूचनाएँ बन जाती हैं!
यह हमारा देश है,
यह हमारी माँ,
और, हमारे घरों में
हर सुबह एक नन्ही-सी लड़की
धूप में
सूरज के ठीक सामने बैठकर
दूध और रोटी
खाती है;
रोशनी में नहाती हुई,
मुस्कुराती है!

हम अपने अन्दर चुपचाप खड़े
इस आदमी से
वादा करते हैं कि इस रोशनी, और
इस मुस्कुराहट की
हम रक्षा करेंगे—
हर जगह,
अपने घरों के दरवाजों पर
और, लड़ाई के मोर्चों पर,
हम प्रस्तुत हैं!

पाँच नई कविताएँ

(आज के नागरिक-व्यक्ति की चेतनात्मक विवशता और मानसिक उच्छृंखलताओं को शब्द और परिभाषा देती हुई ये कविताएँ नई कविता की एक विशिष्ट भंगिमा को अंकित करती हैं।)

1

रंगहीन सूने आकाश में गढ़ता हूँ मैं मृत्यु का महाकाल मन्दिर
शून्य-स्तूपों पर रचता हूँ वस्त्र-वयस हीन मूर्तियाँ।
वायु मृत है, मृत है गतिशीलता का सारथी;
सूर्यरथ इस मरुस्थल में टूटा हुआ उल्टा पड़ा है,
अश्व मूर्च्छित, दिशा मूर्च्छित, गूँजता है केवल बलत्कृत
आत्माओं का प्रेम-क्रन्दन।

और, इस क्रन्दन से प्रेरित
मैं गढ़ता हूँ वर्णहीन आकाश में मृत्यु का महाकाल मन्दिर।

2

प्यार तुम्हारी अविकल सुन्दरता का स्मरण है, जब तुम नहीं हो।
तुम्हारे अधरों पर अनकहे रक्तिम शब्द, अनकहे शब्दों में
तुम्हारे रक्ताक्त अधर
अधरों और शब्दों में तुम बुझे हुए दीये की तरह धूमवती
जब तुम नहीं हो, प्यार तुम्हारी एकान्त सुन्दरता का स्मरण है
ज्योतिहीन-लालसाविहीन।
और, तुम्हारा स्मरण, जिसमें मेरी पराजय और आत्मदाह
अंकित है;
तुम्हारी अक्षत सुन्दरता है।

3

लौट आए हैं पानी के जहाज, जहाँ से उन्होंने आरम्भ की थीं
अपनी यात्राएँ
हर बार लौट आए हैं पानी के जहाज...
सभी यात्री वमन की इच्छा से अभिभूत हैं, स्मृति-दंश, अनुभव
सभी स्त्रियाँ जल की सतह पर अधनंगी सोई हैं
सारे बच्चे बेहोश!

और, अधडूबा जहाज घाट के किनारे अटका हुआ, काँपता है
अधडूबा जहाज धीरे-धीरे नीचे धँसता जाता है...
मौत बीच सागर में ही नहीं, यहाँ तट पर भी है प्रतीक्षा
करती हुई
मौत है वह पिता, जिसका बच्चा बेहोश है
मौत है वह स्वामी, जिसकी पत्नी है अधनंगी सोई हुई
मौत है वह पत्नी, जिसका पति वमन की इच्छा से अभिभूत
जहाज पर पागल-सा घूम रहा है...
लौट आए हैं पानी के जहाज, और सारे यात्री ऊबे हुए, थके हुए
समुद्र-तट पर डूब जाने के लिए लौट आए हैं

4

बीते हुए दिनों की स्मृतियाँ वेश्याएँ हैं, नहीं याद हैं
मुझे जिनके नाम
या जिनके नगरों और गलियों के नाम...
मुझे याद हैं केवल उनके चेहरे, चेहरे पर दो आँखें
आँखों में हर जगह
एक ही अर्थहीन विषाद!
विषाद के अतिरिक्त नहीं है स्मृतियों में कोई भी तिक्त
मधुर-स्वाद,
केवल जिह्वा पर जैसे सर्प-दंशन है
केवल स्वप्न में सुना गया किसी जर्जरा वेश्या का क्रन्दन है।

5

नहीं, यह तस्वीर अधूरी है। नहीं, गलत है यह पूरी तस्वीर
कैदखाना नहीं बन सकती है, यह टूटी हुई जंजीर
खिड़कियों के अन्दर सजी हुई कब्रें लगातार
और, हर घर के सामने बनी हुई दीवार ही दीवार
और, फुटपाथों पर खड़े हुए प्रेम
और हर दरवाजे पर इन्तजार करते हुए ताबूतों की कतार
और, टूटे हुए सलीबों के टुकड़े...
गलत है यह पूरी तस्वीर

कब्रगाह नहीं बन सकती है, यह टूटी हुई जंजीर,
जो मेरी जेब में पड़ी है
जो एक बुत बनकर मेरी टेबल पर खामोश खड़ी है
यह अधूरी तस्वीर...
और, इस राखदान से सिर्फ धुआँ निकलता है
इस राखदान से सिर्फ धुआँ निकलता है

[नई धारा, फ़रवरी, 1963]

स्पर्श के प्रति आत्म-स्वीकृति

विस्मय से जन्म लेता है आतंक...जैसे जंगल में भटककर
जैसे जंगल से भटककर। किसी पहाड़ी शहर में आई हुई। किसी
ऊँचे मकानों को समझती है पशु-लीला। किन्तु, इसी विस्मय से।
आतंक की परिक्रमा समाप्त होने के उपरान्त, जन्म लेता है प्यार। आतंक में नहीं, आतंक
के पूर्व की विस्मय-विमुग्ध सरलता से।
जन्म लेती है यह इच्छा, कि हम हो जाएँ समुद्र। इस क्षितिज से
उस क्षितिज की लालिमा तक फैल जाएँ।
समेट लें अपने नीलेपन में, फैलाव मैं दिग्दिगन्त का सारा आकाश।
सारा शून्य समेट लें अपनी बाँहों में--यह इच्छा मुझे जंगल
से शहर में, तुम्हारे शहरों में। खींच लाती है।

अब दुनिया में कहीं कोई दुख नहीं है मेरे लिए। कहीं कोई दुख नहीं
क्योंकि सारा शून्य। मैंने अपने समुद्र में तिरोहित कर लिया है। केवल
ज्योतिर्मय उन दो सितारों के अतिरिक्त जो तुम्हारे आँखों में। तुम्हारी
अँगुलियों के पुखराज की तरह। दमकते रहते हैं...मैंने तिरोहित कर
लिया है सारा आतंक। और अब विस्मित भी नहीं आश्वस्त हूँ।

वही होगा जो होना चाहिए। समय के इस चौराहे पर--
एक ही रास्ता चुनेंगे हम। सहज और शान्तिमय भविष्य के लिए
लेकिन अचल स्थितियों और अचंचल मन का क्या होता भी है कोई
भविष्य क्या प्यार अतीत में भी और भविष्य में। केवल वर्तमान
नहीं रहता है ये स्थितियाँ अब तक अचल हैं, अचंचल हैं। तुम्हारा

अंतरंग : यह वर्तमान अजन्ता के भित्ति चित्रों में और कोणार्क की मूर्तियों में जीवित है।
यह वर्तमान जीवित है तुम्हारे शरीर में। और मेरी कविता में...एक अनजान चिड़िया इसी क्षण। सामने छत के किनारे बैठी हुई, एकटक देख रही थी। मेरी नींद खुले। सिर्फ तुम्हें अपने करीब देखने के लिए
यही तो तुमने मुझसे चाहा था—देखते रहना हमेशा एक-दूसरे को आवरण में और नग्नता में।
छन्द, संगीत, और लय की बन्दिशों में, और अपरिचित स्वच्छन्दता में। देखते रहना...दृष्टि ही सबसे पहले स्पर्श करती है। स्थूल के अन्तरंग की। निराकार, सुन्दरता, जिसे हम कभी प्यार और कभी ईश्वर कहते हैं। यही तुमने चाहा था और यही मैं तुम्हें देता हूँ। स्पर्श और स्पर्श का अनन्त सम्मोहन। तुम इसे स्वीकृति दो। सिर झुकाए हुए, नत नयन, मुस्कुराती हुई चित्रलिखित, और मुग्ध। क्योंकि यही कल्पना की थी। रूप स्नान सलज्ज सौन्दर्य की, मैंने कल्पना की थी।
दृष्टि की स्वीकृति और स्वीकृति स्पर्श की। स्वीकृति ही तो ग्रहण है समर्पण भी है, एक ही स्थिति में। एक-दूसरे को यथातथ्य। स्वेच्छा से स्वीकार कर लेना।
हरिश्चन्द्र घाट में नाव पर बैठे हुए। देखकर जलती हुई लाशें या 'हाउसबोट' में सोफिया लारेन का अनुभव करके अनुच्चरित प्रेम हम एक-दूसरे को स्वीकार करते हैं और कुछ भी करने से पहले यह स्वीकार करना ही होगा।

[पश्यन्ती, जुलाई-सितम्बर, 1977]

जंगल

मैंने निश्चय ही इस कमरे की व्यवस्था को गलत समझा होगा। गलत समझ ली होगी यह पूरी कहानी।
टेबलों के नीचे झाँककर मैंने देखा : मेरे और उसके पाँव टेबल के पाँवों से बाँध डाले गए हैं। और, नीचे खिसकती आ रही है।
कमरे की छत। कमरे की छत धीरे-धीरे नीचे आ रही है।

वह चीखती है : उसकी चीख एक नीला साँप बन जाती है,
कागज का नीला साँप। मेरी उँगलियों में उसका एक स्तन पके जख्म की तरह

फूटने लगता है।
वह चीखती रहती है।
यह पूरी कहानी मैंने गलत समझ ली होगी। इसलिए अनुभव नहीं किया होगा
टेबल से बँधे हैं हम दोनों के दोनों पाँव। और मेरी उँगलियों में
पका हुआ जख्म! और मेरे दिमाग में उग आया है
तुम करोगे प्रवचन, नहीं प्राप्त हो पाऊँगा;
नहीं है मेरा स्थान। तुम्हारी मेधा का निर्धारित विचरण।
विलीन हो जाऊँगा ध्वनि की रहस्यमय घाटियों में
अर्थ की तरह
तुम सुन भी नहीं पाओगे।

अर्थ, वचन, बुद्धि और कृति से नहीं
मैं प्राप्त होता हूँ
इन सबसे विच्छिन्न, केवल
स्वीकृति से
अपने सम्पूर्ण अस्तित्व में तुम मुझे प्राप्त करो
मैं न सही प्राण
न सही हिरण्यगर्भ देवता
अग्नि हूँ—स्वीकृति से ही मुझे
धारण किया जाएगा।

[पश्यन्ती, जुलाई-सितम्बर, 1977]

वीराने हिल स्टेशन में किसी का इन्तजार

पिघलने लगी हैं आवाजें
हर राह कब्रगाह को जाती है। बर्फ ही जमी है।
ठिठुर गया है बैरोमीटर।
माहौल इतना सर्द है। हवा में इतना दर्द है,
कि गल रही हैं वक्त की उँगलियाँ
बाजू
बाँहें
ओठ
पलकें खुली हैं। पलकें खुली की खुली हैं

बिस्तरे पर नई चादर थी, रात भर बिछी रही। अब तक धुली की धुली है
अब कौन हमें आगोश में बाँधेंगे

पिघलने लगी हैं आवाजें। अब दूर पहाड़ों से कौन दौड़ता हुआ उतरेगा

बर्फ ही बर्फ जमी है हर राह कब्रगाह को जाती है   तुम साथ आओगी

बीमार तो मैं तभी से था, तुम जिस दिन यहाँ थीं
इस कस्बे में इस नशे में इस जुलूस में
बीमार तो मैं तभी से था
तब भी नहीं। दवा अब नहीं चलती है।

एक तुमसे ही नहीं बताया था कि दवा में जहर था।
केवल दामन दोगी हवा को वक्त दोगी मुझे कि अभी
इस कस्बे से चली जाऊँ वहाँ, तुम जहाँ पर थीं
खुला दरवाजा नहीं
पूरा एक घर था।

[पश्यन्ती, जुलाई-सितम्बर, 1977]

❑❑